權商
呂不韋的秦相之路

立國家之主、任相國專權、著《呂氏春秋》、行宮闈淫事……結合商人與政治家的謀略，推動秦朝的統一大業！

林劍鳴 著

耕田農作能有幾倍利？十倍。
販賣珠玉珍寶能得幾倍利？百倍。
那麼立國家之主能得幾倍？**無數！**

立主定國 × 仲父專政 × 深宮豔聞 × 嫪臣之爭……
以「奇貨可居」的精準眼光，開啟奠定秦朝的商政偉業
從商賈到權臣，呂不韋的政治之路！

目錄

序

上篇　發跡
　　一　邯鄲覓寶　奇貨可居 ………………………… 014
　　二　咸陽密策　質子賣身 ………………………… 057

中篇　成功
　　一　籌措既成　富貴斯取 ………………………… 102
　　二　「多財善賈　長袖善舞」 …………………… 140

下篇　敗亡
　　一　驪山建塚　甘泉縱歡 ………………………… 194
　　二　蘄年兵敗　魂歸北邙 ………………………… 235

附：呂不韋生平大事年表

目錄

序

王子今

　　東周時期，中國歷史發生激變，中國社會走向動盪，而中國文化也獲得了豐收，當時社會經濟實現空前進步，同時若干強勢軍事政治勢力迅速崛起，在這一歷史階段，列國「宰割天下，分裂河山」，一時英雄輩出，有兩位在商業經營和軍政決策方面均有突出表現的人物，其事蹟留下了深刻的歷史記憶，這就是先從政而後經商的范蠡，和起先以富商身分成為聞人，後來又介入高層政治生活，插足執政集團的決策團隊，最終影響了中國政治史走向的呂不韋，唐人柳宗元〈招海賈文〉所謂「范子去相安陶朱，呂氏行賈南面孤」，並說「范子」與「呂氏」故事，講的即是這兩位重要人物特殊的人生經歷和特殊的歷史表現，明人姚夔〈耕雲紀〉所謂「呂不韋之識奇貨，陶朱公之豐府庫」，大致也表達了同樣的意思。

　　呂不韋是兼跨商界與政壇的名人，他以財富投資政治，以個人經濟實力影響了政治體系，作為秦史重要人物，他的人生軌跡，與秦統一的歷史進程相疊合，唐人李商隱詩句「嬴氏並六合，所來因不韋」，明確肯定了呂不韋對於秦實現統一這一歷史大變局的作用。

　　《戰國策・秦策五》「濮陽人呂不韋賈於邯鄲」條，記述了呂不韋決意就秦國政治繼承人的擇定，進行政治投資的心理動態：「濮陽人呂不韋賈於邯鄲，見秦質子異人，歸而謂父曰：『耕田之利幾倍？』曰：『十倍。』『珠玉之贏幾倍？』曰：『百倍。』『立國家之主贏幾倍？』曰：『無數。』曰：『今力田疾作，不得暖衣餘食；今建國立君，澤可以遺世。願往事之。』」

　　司馬遷《史記》卷八五〈呂不韋傳〉專門為這個人物立傳，其中指出呂

序

不韋因經商成功累積了可觀的財富：「呂不韋者，陽翟大賈人也。往來販賤賣貴，家累千金。」對於「建國立君」以求「利」「澤」之成本以及「贏幾倍」的核算，《史記》記述沒有《戰國策》具體，只是寫道：「子楚母曰夏姬，毋愛。子楚為秦質子於趙。秦數攻趙，趙不甚禮子楚。子楚，秦諸庶孼孫，質於諸侯，車乘進用不饒，居處困，不得意。呂不韋賈邯鄲，見而憐之，曰『此奇貨可居』。」呂不韋以「往來販賤賣貴」的商業經驗思考政治問題，是把可能有樂觀政治前景的子楚看作經營對象「貨」的，他後來果然取得了「立國家之主」、「建國立君」的政治成功，和「奇貨可居」對應的說法是，司馬遷記述他對子楚的利用，稱「欲以釣奇」，司馬遷以史家敏銳的眼光，發現了政治生活中在許多冠冕堂皇的標榜道德的宣傳話語的背後，其實是「贏」「利」的直接物質追求。

司馬遷並非完全漠視儒學有關「義」「利」的理念，《史記》卷二四〈樂書〉可見「明乎〈齊〉之詩者，見利而讓也」，「見利而讓，義也」的說法。《史記》卷三〇〈平準書〉也寫道：「《書》道唐虞之際，《詩》述殷周之世，安寧則長庠序，先本絀末，以禮義防於利。」《史記》卷八三〈魯仲連鄒陽列傳〉記載了這樣的態度：「盛飾入朝者不以利汙義，砥厲名號者不以欲傷行。」這也是強調「義」「利」關係的原則。《史記》卷一三〇〈太史公自序〉概括〈孟子荀卿列傳〉的內容，也說：「獵儒墨之遺文，明禮義之統紀，絕惠王利端，列往世興衰。」《史記》卷九二〈淮陰侯列傳〉也可見韓信對「鄉利倍義」的否定。《史記》卷四四〈魏世家〉引錄了孟軻的話：「君不可以言利若是。夫君欲利則大夫欲利，大夫欲利則庶人慾利，上下爭利，國則危矣。為人君，仁義而已矣，何以利為。」

對於「言利」、「欲利」、「爭利」的批判，又稱「好利」，是直接指向「秦」的：「秦與戎翟同俗，有虎狼之心，貪戾好利無信，不識禮義德行。」漢代政論家徐樂總結「秦失」的歷史教訓，也以為實現統一之後的秦帝國

如果「貴仁義，賤權利」，「變風易俗，化於海內，則世世必安矣」。

「秦與戎翟同俗」、「貪戾好利」、「不識禮義」的批判，和中原人對於草原遊牧射獵民族「苟利所在，不知禮義」的指責，是一致的，中原諸國對於秦人曾經「夷翟遇之」，視之為「夷狄也」，史稱「諸夏賓之，比於戎翟」。關東人又有「秦戎翟之教」、「秦與戎翟同俗」的說法，司馬遷在《史記》卷一五〈六國年表〉中說，「秦雜戎翟之俗，先暴戾，後仁義」，「秦之德義不如魯衛之暴戾」，然而他又寫道：「秦取天下多暴，然世異變，成功大。」肯定了秦的「成功」。其中所謂「世異變」的說法值得深思，司馬遷曾經說，「末世爭利」，秦人正是順應了社會價值取向的「世異變」，因而能夠「取天下」，「成功大」。

《史記》卷一二四〈遊俠列傳〉中有這樣一段話，說明了「義」和「利」在戰國晚期社會意識中的歷史性「異變」：「鄙人有言曰：『何知仁義，已饗其利者為有德。』故伯夷醜周，餓死首陽山，而文武不以其故貶王；蹠、蹻暴戾，其徒誦義無窮。由此觀之，『竊鉤者誅，竊國者侯，侯之門仁義存』，非虛言也。」對於所謂「已饗其利者為有德」，司馬貞《索隱》的解釋是：「言已受其利則為有德，何知必仁義也。」以往堅守「仁義」理念的動搖，以及「德」的原則的淡化，是時代演進造成的。「已受其利則為有德」，時勢變化，使得「德」在「利」的面前，已經嚴重貶值。

司馬遷在《史記》卷三〇〈平準書〉中以「太史公曰」的口吻更為明朗地肯定了戰國以來的「事變」怎樣否定了儒學「以禮義防於利」的傳統宣傳：「《書》道唐虞之際，《詩》述殷周之世，安寧則長庠序，先本絀末，以禮義防於利；事變多故而亦反是。是以物盛則衰，時極而轉，一質一文，終始之變也。」所謂「時」、「轉」、「事變」，「天下爭於戰國，貴詐力而賤仁義，先富有而後推讓。故庶人之富者或累鉅萬，而貧者或不厭糟糠；有國強者或並群小以臣諸侯，而弱國或絕祀而滅世。以至於秦，卒並海內。」

序

秦統一，是全面影響中國政治格局和文化面貌的重大的歷史事變，秦人之所以能夠實現統一，「並天下」、「竟並天下」、「盡並天下」，是順應時代趨勢的結果，也是秦文化重實用、重實力之傳統與世運相合的表現，而出身「大賈人」，「往來販賤賣貴，家累千金」的呂不韋，正是以「貴詐力」、「先富有」的商人資質，與秦國當時的進取國策和激越節奏完全合拍，從而成為一個特殊時段的有影響的政治領導人。

呂不韋言子楚「奇貨可居」時對「利」的明確謀求，司馬遷並沒有予以批評和斥責，這是因為他對於追求創造和積聚物質財富即「利」的心理和實踐有所理解的緣故，《史記》卷一二九〈貨殖列傳〉中相關內容體現的社會理念，是有進步意義的。

從秦莊襄王元年（西元前249年）起，到秦王政十年（西元前237年）免職，呂不韋在秦國為相12年，而這一歷史階段，正是秦國軍威大振，兼併戰爭取得決定性勝利，統一局面已經形成，正處於確定基礎的時期。

秦莊襄王元年，呂不韋親自率領秦軍滅東周，掃蕩了周王室的殘餘，真正結束了以周天子為天下宗主的時代，如《呂氏春秋·謹聽》所說，「今周室既滅，而天子已絕，亂莫大於無天子。無天子則強者勝弱，眾者暴寡，以兵相殘，不得休息，今之世當之矣」，提出了「當今之世」實現新的「主賢世治」的時代期望。同年，秦軍伐韓，取得成皋和滎陽，置三川郡，次年，秦軍強攻魏、趙，得趙地37城。秦莊襄王三年（西元前247年），秦軍又攻韓、趙，置太原郡，並瓦解了進逼函谷關的五國聯軍，秦王政尚幼弱，而呂不韋實際執政的數年間，秦軍順利進取韓、趙、魏，又擊破五國聯軍，逼迫楚國遷都，在呂不韋時代，秦國的經濟實力已經遠遠優越於東方六國，秦國的軍事實力也已經強銳無敵，當時，「以天下為事」，期望「得志於天下」，已經成為秦人直接的政治目標，應當說，秦實現統一，在呂不韋專權時大勢已定，後來大一統的中央集權的秦王朝的建

立，呂不韋是當之無愧的奠基者之一。

除了在軍事、政治方面的積極貢獻，呂不韋在文化史上也有重要的地位，司馬遷在《史記》卷一三〇〈太史公自序〉中用這樣一句話概括呂不韋事蹟：「結子楚親，使諸侯之士斐然爭入事秦。」可以說，呂不韋時代，是秦國吸引東方士人西行參與秦政，從而使秦的文化實力空前擴充的時代；也是秦文化汲取東方文化的成熟內涵，取得歷史性躍進的時代，這一文化進步的突出的象徵，是《呂氏春秋》的問世。

《史記》卷八五〈呂不韋列傳〉寫道，當時魏有信陵君，楚有春申君，趙有平原君，齊有孟嘗君，都能夠禮待士人，致使賓客傾心相從，呂不韋以秦雖軍力強盛，卻未能形成同樣的文化氣氛而深以為羞，於是，同樣招致士人，給予優遇，食客一時多至三千人。

當時列國學者遊學成風，多有倡論學說，著書流傳天下者。呂不韋於是組織其賓客各自著述所見所思，「集論」以為《呂氏春秋》，以為天地萬物古今之事，都充備其中。據說書成之後，曾經公布於咸陽市門，請列國諸侯遊士賓客修正，號稱有能增減一字者，給予千金獎勵，可見這部書當時在秦國已經占據了某種文化權威的地位。

《漢書》卷六二〈司馬遷傳〉載司馬遷〈報任安書〉有「不韋遷蜀，世傳《呂覽》」的名言，又與《周易》、《春秋》、《離騷》、《國語》、《孫子兵法》、《韓非子》以及《詩經》等名著相並列，稱其「賢聖發憤之所為作」，雖然「遷蜀」、「世傳」之說時序有誤，卻是高度肯定了《呂氏春秋》的文化價值的。

《漢書》卷三〇〈藝文志〉將《呂氏春秋》歸入「雜家」之中，又說「雜家」的特點，是兼採合化儒家、墨家、名家、法家諸說，而所謂「國體」「王治」，即合理的政體和成功的政策，正應當兼合諸學，博採眾說，取百

序

家思想之所長。

《呂氏春秋》的這一特點，應當與呂不韋往來各地、千里行商的個人經歷有關，這樣的人生閱歷，或許可以使得見聞較為廣博，眼光較為闊遠，胸懷比較寬容，策略比較靈活，不過，《呂氏春秋》能夠成為雜家集大成之作的更主要的原因，可能還在於即將來臨的「大一統」時代，對文化形態提出了涵容百家的要求，而曾經領略過關東多種文化因素，及其不同風采的呂不韋及其賓客們，敏銳地發現了這一文化進步的方向，明智地順應了這一文化發展的趨勢。

《呂氏春秋》的重要的文化價值，突出表現在撰著者有意在大一統的政治體制即將形成的時代，為推進這一歷史進步進行著一種文化準備，《古今考》寫道：「呂不韋作此書，欲秦並天下而行之。」清人喻端士說：「愚按呂不韋相秦十餘年，此時已有必得天下之勢，故大集群儒損益先王之禮而作此書，名曰《春秋》，將欲為一代興王之典禮也。故其間多有未見與《禮經》合者。」這些分析，都是大致符合呂不韋「作此書」的動機的。

據《呂氏春秋‧序意》，有人問這部書中〈十二紀〉的思想要點，呂不韋回答：調整天、地、人的關係使之和諧，要點在於「無為而行」。他的這番話，很可能是說明《呂氏春秋》中〈十二紀〉寫作宗旨的序言，全書的著述意圖，自然也可以因此得到體現，所謂「無為而行」，對於未來政治的設計，是體現出合理的歷史邏輯的，漢初的文景之治，證明了這一點，由於呂不韋政治生涯的終結，也由於秦王朝統治年祚的短暫，以致《呂氏春秋》中提出的有關思想，並沒有來得及走向真正的成熟。

在政治文化的總體構想方面，呂不韋和他的助手們為秦的最高統治者進行了認真的設計，《呂氏春秋》中，〈序意〉申明「智」識應當「由公」的理念，〈順民〉強調執政要「順民心」的原則，指出「先王先順民心，故功

名成。夫以德得民心以立大功名者,上世多有之矣。失民心而立功名者,未之曾有也」,「凡舉事,必先審民心然後可舉」。〈貴公〉發表了有關政治公平的主張,「昔先聖王之治天下也,必先公。公則天下平矣。平得於公」,「凡主之立也,生於公」,至於「天下非一人之天下也,天下人之天下也」的思想,尤其體現了非常開明的政治意識。

《漢書》卷三〇〈藝文志〉謂《呂氏春秋》「秦相呂不韋輯智略士作」,劉向也說「秦相呂不韋集知略之士而造《春秋》」,稱許其「皆明於事情者也」,他們都肯定了《呂氏春秋》執筆者的知識等級和文化層次。

《呂氏春秋》是戰國百家爭鳴時代最後的文化成就,同時作為文化史即將進入新的階段的重要的文化指標,可以看作一座文化體系的里程碑,儘管呂不韋在秦王朝建立時已經退出歷史舞臺,然而《呂氏春秋》的文化傾向,對秦政依然有一定的影響。

宋代仍然有學者稱美《呂氏春秋》,朱熹說,「云其中甚有好處」,「道裡面煞有道理」,「道他措置得事好」,推想所謂「措置得事好」,很可能是在肯定《呂氏春秋》為即將出現的秦王朝所設計的政治藍圖的合理性,我們或許可以說,《呂氏春秋》一書的文化內涵,體現了呂不韋較其政治實踐更為突出的歷史貢獻。

呂不韋歷來是富有爭議的人物,在《漢書》卷二〇〈古今人表〉所列九個人物等級中列為「中中」,《史記》卷八五〈呂不韋列傳〉之後,歷代史論對呂不韋評價者頗多,專門的傳記則僅見於馬非百《秦集史》中〈人物傳〉之〈呂不韋〉,惜文字簡略,大約只有兩千字的史料輯合以及一千五百字以「元材按」為形式的論說,史料只是《史記》與《戰國策》相關文字的簡單拼合,及《漢書‧藝文志》所見「雜家:《呂氏春秋》二十六篇」句,林劍鳴先生所著的呂不韋傳記,可以說是現代史家第一部以呂不韋研究為主題

序

的認真全面的史學著述。

林劍鳴先生是秦漢史研究大家。他的代表性學術專著如《秦史稿》、《秦漢史》、《法與中國社會》等成書於一九八〇年代，奠定了他在秦漢史研究領域的學術地位，及至九〇年代初，經濟大潮滾滾而來，史學研究面臨新的環境，「人們對虛構的文學作品的閱讀興趣遠比對某些歷史著作濃厚」，在此背景下，林劍鳴先生希望寫一部「深刻、真實、生動的，既有哲理性又有可讀性的，不使讀者生厭，不讓出版社賠錢的歷史傳記」，他選擇了呂不韋這一中國古代商人群體的代表性人物作為書寫對象，「不僅因其經歷曲折、神祕」，更是因為歷史研究的當代價值，即在於發現歷史與現實的相通之處，給讀者以啟迪和感悟，由此，他創作了這部代表著史學論著方式重大創新的著作。

林劍鳴先生的這部著作，無論是內容還是創作手法，都具有強大的生命力和鮮活的時代價值，是書界致力於歷史知識普及的有意義的貢獻，這部書的出版，相信應該受到讀書人的歡迎，也會得到關心秦史與秦文化的朋友們的關注。

上篇　發跡

　　凡遇，合也。時不合，必得合而後行。故比翼之鳥死乎木，比目之魚死乎海。

　　　　　　《呂氏春秋·遇合》

上篇　發跡

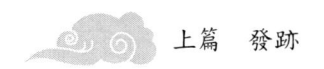

一　邯鄲覓寶　奇貨可居

時光倒轉，一直退到二十多個世紀以前，在亞洲東方的中國大陸，出現了這樣的場面：

從塞北高原吹來的冷風挾著陣陣黃沙，席捲華北大地，在黃河以北、太行山以東的這一片戰場上，暫時的沉寂使得廣闊的原野顯得更加悲涼、蕭瑟⋯⋯「噹啷啷⋯⋯」一陣清脆的鈴聲伴著細碎的馬蹄響，透過黎明的薄霧，從通往邯鄲（今河北省邯鄲市附近）的驛道上傳來。一匹雄健的駿馬，馱著一個商賈打扮的年輕人，向邯鄲城裡馳去。座騎輕快的步伐和馬背上的人躊躇滿志的神情，與周圍凝重肅殺的氣氛形成鮮明的反差。

這是西元前 3 世紀中葉。當時的中國北方，除了遊牧於蒙古草原的匈奴和戎人、狄人外，農業地區的人們將馬用於騎乘還不到三個世紀。除作戰的將士外，只有少數得風氣之先的富豪和貴族才縱馬馳騁於通衢大道，以顯示其富有和風流。這個乘著時髦的交通工具風塵僕僕地趕到趙國首都邯鄲的人是誰呢？

他就是腰纏萬貫、風流倜儻，而又野心勃勃地要闖進戰國上層政治圈裡的大商人呂不韋。

◆ 商海弄潮

呂不韋並不是趙國人，他的家鄉在邯鄲以南數百里。可是，在那兵荒馬亂的年頭，他卻不辭辛苦，急急忙忙地奔往邯鄲。

他從哪裡來？

他為何而去邯鄲？

一　邯鄲覓寶　奇貨可居

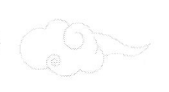

說起來話長，呂不韋是古代一個有聲望家族的後代，他的祖先可以追溯到傳說中的炎帝時代。據說，炎帝之裔、伯夷之後因有功而被封於呂（今河南省南陽市西），子孫就以呂為姓，其中就有呂不韋的遠祖。

西元前 11 世紀，呂氏門中出了一個大人物，從而使呂氏族譜熠熠生輝。

那是殷朝末年，在渭水上游的磻溪河畔（今陝西省寶雞市北部磻溪河），有一位老者在垂釣。只見這老翁手持釣竿端坐岸邊，兩眼凝視滔滔東去的河水，動也不動，像一座石雕。三天三夜過去，老翁連一條魚也沒有釣到。原來，這老翁所持的漁竿根本沒有釣鉤，當然不會有魚被他釣上來。此人就是歷史上有名的姜太公。姜太公字子牙，原名呂尚，是呂氏祖先中第一個顯赫人物，他之所以無鉤而垂釣，其心並不在魚，而是別有所求。

當時正是殷朝末年，殷王紂暴虐無道，民不聊生，而在殷人統治區域的西方（今陝西省寶雞市岐山縣、鳳翔區一帶），有一個周族，趁殷朝統治腐敗之際發展起來，這一支以農業經濟為主的部族，社會經濟進步很快，並不斷向東擴展，欲取殷而代之。

起初的時候，新興的周族尚且敵不過有數百年統治經驗且武力強大的殷人，屢遭殷人挫敗。率領周人發憤向東擴展的周文王尚未行動，就被殷王囚禁起來。據說周文王被囚在羑里（羑音「有」，在今河南省湯陰縣），曾潛心研究古代流傳下來的八卦，作《周易》[01]。

後來，文王從囚禁處返回周人住地，就決心積蓄力量推翻殷商的統治。為此他訪賢求才，終於在渭水邊遇到姜子牙，交談之後兩人相見恨晚，文王拜姜尚為師，共同籌劃伐殷大業。不久，文王去世，其子武王繼

---

[01]　見《史記・太史公自序》。

上篇　發跡

位。姜太公以「師尚父」之尊輔佐武王，終於率領周人及其他部族共同推翻殷商王朝，在西元前 11 世紀建立了周王朝（史稱西周，西元前 11 世紀至前 8 世紀）。

姜子牙（呂尚、姜尚）不僅能在亂世之時審時度勢，順從潮流從而取得不朽功業，而且他本人確有運籌帷幄之中、決勝千里之外的韜略，流傳至今的一部古代兵書《太公兵法》，就是記載呂尚用兵之術的軍事專著。

機遇加韜略，是呂尚成功的兩大因素。八百年後，呂氏門中出現的呂不韋也是靠這兩條發跡的。

人世間的某些規律不斷重現於歷史發展的長鏡頭之上，似乎有意向人們昭示著什麼。

西周建立之後，呂尚被封於齊，稱姜姓，呂氏反而逐漸被人淡忘。而原來呂氏集中的呂國，也不知何故而被除國。從此，呂氏後裔輾轉流徙四方，散布中原各地 [02]。

從西元前 770 年開始，歷史進入了「春秋時代」。那時候，經歷了數百年之久的周王朝「禮崩樂壞」，已開始走向下坡，統一的天下實際上已分裂為數十個大大小小的諸侯國，周天子雖名義上仍是「天下共主」，事實上各地諸侯多不服從朝廷的號令，各諸侯國的君主又常常打著「尊王攘夷」的旗號，以維護周天子「共主」地位的名義相互攻伐，攻城掠地，藉此擴大本國的地盤。到後來「尊王」的招牌也不要了，公開廝殺。這種「亂哄哄，你方唱罷我登場」的爭霸戰爭一直持續了三百多年，到西元前 400 多年 [03]，戰爭打得愈來愈大、愈來愈頻繁，以致後來的人們把此後的二百餘年，直至西元前 221 年秦統一中國以前的這段時間，稱為「戰國時代」。

---

[02]　見《史記‧齊太公世家》。
[03]　「春秋」「戰國」的斷限年代有西元前 475 年、前 403 年、前 468 年三種。

一　邯鄲覓寶　奇貨可居

呂不韋生活的那個年月，已經到了戰國的末期。經過長期的吞併戰爭，在中國這片土地上主要有七個大國，首先是楚國，占據長江流域的中部，其疆域從今四川省東端起，有今湖北省全部和今湖南省東北部，今江西省、安徽省北部，今陝西省、河南省、江蘇省的一部分，國都是郢（今湖北省江陵縣西北的紀南城），曾是七國中疆域最大的一國。

僅次於楚國的是秦國，秦國原來很小，最初僅占據今甘肅省東南部一小塊地區，但到呂不韋生活這個年代，秦已由一個「西戎小國」發展到擁有函谷關（今河南省靈寶市附近）以西的大國，國都在咸陽（今陝西省咸陽市東北）。其領土包括今陝西省、甘肅省主要地區，尚有小部分土地伸入今河南省境內。楚、秦以外的大國還有趙國（在今河北省東南部及山西省、山東省、陝西省的一部分），國都在邯鄲（今河北省邯鄲市）。

齊國（在今山東省偏北，兼有河北省東南部），國都在臨淄（今山東省淄博市東）；燕國（在今河北省北部及今遼寧省、山西省一部分），國都是薊（今北京市西南）；魏國（在今陝西省、山西省、河南省交界處，其大部國土在今河南省中部），國都大梁（今河南省開封市）；韓國（在今山西省東南部及河南省中部），國都鄭（今河南省新鄭市）。

以上這楚、秦、趙、齊、燕、魏、韓七個大國，就是所謂「戰國七雄」。除這七個大國以外，還有一些小國，如魯、衛、周、蔡等等。

那位行色匆匆趕赴邯鄲的呂不韋，就是居住在衛國的呂氏後裔，應當算作衛國人。

衛國早先也是個大國，西元前 11 世紀西周王朝建立之初，周武王封其弟康叔為衛君，建都朝歌（今河南省淇縣）。春秋時代的衛國，上層腐敗，政治混亂，西元前 660 年被翟國打敗，後來靠齊國幫助，將國都遷到楚丘（今河南省滑縣），從此成為無足輕重的小國。西元前 629 年又遷往帝丘（今

上篇　發跡

河南省濮陽市西南)。戰國時帝丘改名為濮陽，呂不韋的家鄉就在這裡。

在春秋戰國的四百餘年中，衛國的國君一個比一個昏庸、無能，在衛國的歷史上留下一連串令人齒冷的醜行紀錄。其中突出的有衛宣公（西元前718－前700年）。這個老色鬼為兒子伋娶妻，娶的是齊國女子，接來一見齊女貌美，宣公竟將這個兒媳奪過來變成自己的妾，宣公又害怕兒子對自己不滿，密令強盜殺死將他殺死伋。後世的衛懿公的行徑更是荒唐，他淫樂奢侈無以復加，竟給養在宮中的鶴建造豪華的軒車，這些動物神氣活現地乘著高軒華輦，排場堪比王公貴族地炫耀於國人面前，令國人怨聲載道，氣憤至極。

懿公九年（西元前660年），狄兵攻衛，懿公慌忙召集國人出征，但憤怒的國人沒有一個願替他賣命的：「請您讓那些鶴去打仗吧！」國人對懿公說：「鶴乘著那麼好的軒，比我們的待遇高多了，我們哪裡能作戰呢？」結果那些乘軒的鶴絲毫沒能給國君幫什麼忙，懿公被入侵的狄兵殺死，在歷史上留下笑柄。

懿公以後的國君獻公、靈公、出公、莊公、悼公、昭公、懷公等都是無能之輩，使衛國國勢江河日下，到戰國中期，衛國已經成為任人宰割的小國。有遠見的國人已對衛國失去希望，甚至連王公貴族和政治家都紛紛流向其他諸侯國，其中生於衛國左氏（今山東省曹縣北）的吳起（西元前？年－前381年）就是一個傑出的人才，但他在衛國無用武之地，很早就離開本土，先在魯國，後到魏國為將，都立有戰功，最後到楚國輔佐楚悼王實行變法改革，為楚國的強大立下了不朽功勳。

衛國的公子王孫衛鞅（商鞅）也是有謀略的政治家。他同樣不留在衛國，而先到魏國，又投奔秦國，自西元前361年至前338年協助秦孝公在秦國實行變法，使秦國由落後的小國一躍成為先進強國，奠定了統一中國

的基礎。可見，衛國並非沒有人才，只是由於國內政治腐敗，而使衛國人才外流，成為一個歷史趨勢，結果人才愈是外流國勢愈弱，國勢愈弱人則才愈留不住。

在呂不韋出生之前，衛國衰落日甚一日，衛成侯十六年（西元前356年），衛國國君的地位已由「公」被貶為「侯」。再過二十餘年，即衛嗣君五年（西元前330年），衛侯又被貶為衛君，國土更加縮小。衛嗣君之後是衛懷君統治時代（前282年至前252年）。在這風雨飄搖的衛國都城濮陽，呂不韋誕生了[04]。

幼年時代的呂不韋，耳聞目睹自己國家的衰敗，感受到弱肉強食的殘酷現實。這時，經過商鞅變法強大起來的秦國，正蠶食鯨吞地向關東擴展領地，而關東（函谷關以東）各國也在相互攻伐。在各大國攻伐中，又產生了「合縱」「連橫」的這兩種主要的外交策略。所謂「合縱」即「合眾弱以攻一強」，就是許多弱國聯合起來抵抗一個強國，這種活動主要是在關東的韓、趙、魏、齊、楚、燕之間展開，目的是對付秦軍的東進。所謂「連橫」，就是「事一強以攻眾弱」（《韓非子・五蠹》），即由一強國拉攏一些弱國來進攻另外的弱國，主要由秦國施行，以達到其兼併土地的目的。而小小的衛國處於各國「合縱」「連橫」的夾縫之中，常常是受凌辱、兼併、蠶食的對象。比如衛懷君去朝拜魏安釐王，原是小國討好大國的表示，不料懷君一去馬上被囚禁起來隨即殺掉。甚者魏安釐王竟擅自做主立自己的女婿元君為衛國國君[05]，由此可見魏國在強大的秦國進攻面前雖節節敗退，而在弱小的衛國面前卻稱王稱霸，這正是戰國時代各國之間的外交準則。此時的衛國已成了魏國的附庸，而衛國的國土實際上也只剩下濮陽一地。

---

[04] 見《戰國策・秦策五》及《史記・呂不韋傳》。
[05] 見《史記・衛世家》。

上篇　發跡

　　提起呂不韋的故鄉濮陽，倒是個很有意思的地方，這裡地處黃河北岸，混濁的河水沖積出大片的黃土地，連原野上稀疏的樹葉都像披上了一層透明的黃紗。在乾旱的日子裡，黃土地裂出一道道深溝淺縫，農夫、農婦心焦如焚地看著田裡的豆、麥秧苗由枯黃而逐漸枯死。然而，一遇發水的年景，數百里的範圍都成了澤國，那些窮困的村莊大部分被大水沖掃、淹泡而蕩然無存。尋常百姓在一次又一次的旱、澇、疾疫和戰亂中掙扎，每一個生命都像繫在一根細細的游絲上，稍稍一碰就會斷裂，就是僥倖能在這個世界上多存活些時日的人，也只能以豆為飯，或以豆葉為羹，甚至用糠來填充肚皮，貧窮和飢餓一直是籠罩在這一帶絕大多數家庭頭上的兩大陰影。

　　濮陽的土地雖然長不出什麼好莊稼，可濮陽城卻是當時的一個有名的商業城市。

　　中國古代城市的迅速發展，是在戰國時期。春秋時期以及春秋以前的西周、殷商，國都以外的城市是寥寥無幾的，而且城市的規模很小，人口也很少。春秋時期的諸侯國的國都也不過方圓九百丈，卿大夫的都邑僅有國都的三分之一、五分之一甚至九分之一。一般的邑，住戶不過千室，多數的邑有百室，最少的只有十室。

　　但到戰國時期以後，都市的規模顯著擴大，都邑的數目迅速增加，全國各地大小都市星羅棋布，三里之城、七里之郭的城市相當普遍，千丈之城、萬家之邑已十分尋常，各諸侯國的國都所在，都是相當大的城市特別是齊國的國都臨淄，乃當時各國中最大的一座，它建立在淄河西岸，有大、小兩城。大城南北約4.5公里，東西約4公里；小城在其西南角，周圍約7公里，豪華的宮殿就矗立在小城的西南角。

　　據記載，戰國時期的臨淄城十分繁華，城內共有七萬戶人家，約二十一萬男子，商業活動構成城市生活的重要內容，市民生活相當富裕，

豐富多彩,城裡有各式各樣的休閒活動:鬥雞、走狗、六博、蹴鞠(踢足球)等遊戲和吹竽、鼓瑟、擊筑、彈琴等演奏,供人們欣賞和消遣。寬闊的街道上忙碌的官吏、商賈和農夫、士人來來往往,人多時常常擠得車輪相撞,肩膀互碰。城裡的人多到衣襟連起來可以當帳帷,衣袖舉起來可合成幕,大家一揮汗就猶如下雨一般,這是一個多麼繁華、熱鬧的都市啊!

其他國家的國都,雖不如臨淄大,但也都相當繁榮:楚國國都郢,人多時街上也是車相碰,人擦肩,你擠我,我擠你,有的文獻記載形容:在郢都早上穿上新衣出門,晚上回來就擠破了。燕國的國都之一武陽(燕下都,在今河北省易縣東南)有東西兩城,河道將兩城隔開,東城的北半部和東半部有宏麗的宮殿群,其西半部和南側有密集的冶鐵、鑄錢、製骨、製陶等工業作坊,坊中的大道兩旁店鋪林立,熱鬧異常。鄭國的國都新鄭,其大城南北也有4.4公里,東西達2.8公里,商業、手工業發達程度一點都不亞於郢和武陽。此外秦的咸陽、趙的邯鄲、韓的新鄭、魏國的大梁等,都是當時首屈一指的大城市。

各國國都之外,戰國時期還出現一批商業城市,其中重要的有燕的涿(今河北省涿州市)、薊(也是燕國國都之一,今北京市西南);魏國的溫(今河南省溫縣西南)、軹(今河南省濟源市東南軹城)、安邑(今山西省夏縣西北);韓國的屯留(今山西省屯留縣南)、長子(今山西省長子縣西南)。趙國的藺(今山西省柳林縣西)、離石(今山西省長治市離石區);齊國的即墨(今山東省平渡縣東南)、安陽(今山東省曹縣東)、薛(今山東省滕州市東南);宋國的陶邑(今山東省菏澤市定陶區北);楚國的壽春(今安徽省壽縣)。

秦國的雍(今陝西省寶雞市鳳翔區南)、櫟陽(今陝西省西安市臨潼區北);二周之三川(洛陽、鞏義)等,這些都是交通發達、商業繁盛的重要城市。

上篇　發跡

　　衛國的濮陽在這些城市中，雖不如臨淄、咸陽、邯鄲大，但也相當繁華，其程度可與陶邑相比，人們常常是「陶衛」並稱。其中地理位置的優越帶給經商的人們得以發財的機會，濮陽恰在黃河的彎曲處，喧鬧的河水雖然常常把兩岸的莊稼、村莊以至老百姓都沖得一乾二淨，用厚厚的黃沙一遍又一遍地覆蓋大水後的中原大地，但是當黃河不發脾氣的時候，她又像一個溫順的少婦，穩重而和緩地從這裡流過。

　　在這些歲月裡，她又為人們提供舟楫之利，地處黃河岸邊的濮陽因此成為交通十分便利的地方，從這裡溯河而上，不遠就可到達周朝的國都洛陽。進入戰國後，洛陽雖已不是全天下的政治中心，但仍是有數的幾個繁華都會之一；從濮陽順黃河而下，則可抵達以盛產魚鹽粟帛豆麥著稱的富庶之鄉——齊國和魯國；由濮陽向南，黃河水系又與鴻溝水系和淮河平原水道交通網聯結起來；向北過黃河則可直抵北方的大都會趙國邯鄲。四通八達的優越地勢，為濮陽人經商致富提供了先天條件，從而造就了一批商人，濮陽也就成為當時中國境內的一個商業都會。呂不韋就是出生在濮陽一個家富千金的大商人家庭裡。

　　商人，是商品經濟出現後所產生的一個社會階層。早在西元前16世紀至前11世紀的殷商王朝時期，由於農業和手工業的發達，都市和交通的發展，商品經濟就呈現出空前繁榮的景象。不少奴隸主貴族從事商業交換的活動，在殷都（今安陽）出現許多的行商坐賈，商賈的活動足跡東北達到今日的渤海乃至朝鮮半島，東南達到今日之江浙，西南達到今日之湖北乃至四川，西北遠達今日之新疆。從甲骨文中可知，殷代已出現具有貨幣性質的等價交換物——貝，常被用來交換的商品除農產品、手工製品、珠寶、獵物以外，還有奴隸。有的商人長途販運，駕車浮舟數月往返一次；有的商人結隊遠行，獲利達十倍數十倍，商業活動在殷人社會生活中占極重要地位。

一　邯鄲覓寶　奇貨可居

　　到西周時代（西元前 11 世紀至西元前 8 世紀）以農立國，實行封建及井田制度，規模類似於莊園經濟，商業活動似不如殷代繁盛，但仍有不少封建君主在經營商業，他們往往派出大臣和軍隊「肇牽牛車遠服賈」，牽牛駕車到遠地去經商，有時竟能獲三倍以上之利。這個時期已出現了金屬貨幣，商品經濟有一定發展。

　　然而，身為獨立的商人，即並非奴隸主和封建君主而專門以經商為生的商人，是從春秋時期才開始出現的。他們是當時新興的階層，最早的一代商人是從下層奴隸主、封建地主、庶民或被解放的奴隸中分化出來的，商人是生產發展、經濟繁榮的產物，又以自己的經營活動推動經濟向前發展，哪裡有商人活動，哪裡經濟就活躍、交通就便利、市場就繁榮、生活水準就較高、社會風氣就較開放。總之，商人集中的地區往往是當時社會的先進地區。

　　然而，中國商人自從作為獨立身分剛一出現，就遭到統治者的歧視和排擠。春秋時期的齊國政治家管仲（西元前？年－前 645 年）將國中居民分為士、農、工、商四類，「定民之居，成民之事」[06]，令四民不准雜處，也不准改變身分，將商人身分壓在最末位，管仲還是一位懂經濟、善理財的改革家，對商人尚如此看待，其他的統治者更不待言。

　　而春秋戰國時期的絕大多數思想家和政治家，無論是持何觀點，幾乎都鄙視商人，其中以孔子（西元前 551 年－前 479 年）為代表的儒家影響極大，主張「君子喻於義，小人喻於利」，認為經商是「小人之事」，「君子」是不屑為的。而重視發展生產的法家，也視商業為「末業」，宣揚只有農業才是「本業」，商人被指定要穿特定顏色和質料的衣服，以與其他身分的人相區別。有的諸侯國還規定商人不准乘車，不准當官等等，這都反映了統治階級和全社會對商人的歧視和打擊。「重農輕商」是從商人一出

[06]　《管子・小匡》。

上篇　發跡

現就開始的，它是統治階級一貫的政策，又是社會的普遍心理和價值觀，最後形成一種根深蒂固的、頑固的傳統觀念。

不過，社會發展自有其本身規律，中國古代雖一貫「輕商」，但隨著經濟發展，到春秋戰國時期，商人已經形成一股不可忽視的社會力量。有些商人擁有鉅額資本，足以壟斷市場；有的富商竟能與國君分庭抗禮；有的大商人還能左右政局。如春秋戰國之際的范蠡，在交通中心、商業城市陶邑經商，他採用古代經濟學家計然的貿易理論「候時轉物，逐什一之利」，十九年中三次致富千金，家富鉅萬，號稱「陶朱公」；又如衛國的端木賜，字子貢，經商於曹、魯兩國，富可敵國，他常常帶著成群馬匹馱著禮品聘問各國，國君無不與之抗禮。到戰國末期，這種大商人愈來愈多，而不少大商人在擁有鉅額財富之後，往往像端木賜一樣，插手政治，其原因固然是經濟活動需要有政治上的保障這一必不可免的規律，而在商人的潛意識中對「重農輕商」傳統的反抗心理，大約也是使他們熱衷於政治活動的重要原因。

呂不韋經商，由經濟領域伸向政治領域，從販運財貨進而買賣國君，從操縱市場發展到控制政權，正是代表了中國商人投機的一般軌跡[07]。

在呂不韋的故鄉，因為商業發達，風氣更加開放，男女之間的往來似乎比中國的其他地方更隨便。早在戰國時期以前，一些文化「先進」的地方，比如齊國和魯國境內，早把異性之間的接觸視為「大防」。尤其是春秋時期，經過出生於魯國曲阜的孔子（西元前551年－前479年）那麼一提倡，恨不得連街上行走也要男女分開，以顯示「禮儀之邦」的高度「文明」。儘管在這些地區不少王公貴族背地裡偷雞摸狗：有的奸繼母，有的淫兒媳，有的與嫂通姦，有的霸占弟媳，甚至嫖妓宿娼無所不為，而表面

---

[07] 所謂「投機」，只是抓住機遇的意思。現在人們把它理解為貶義，顯然是不對的。一進行商業活動，必須投機，不會投機，必定失敗。

上還將「男女授受不親」奉為準則，正是所謂「禮教」把男女之間的關係弄得越來越不可思議的時候，在呂不韋的家鄉濮陽，卻可以常常見到另外的一些場面：不論是在風和日麗的白天，還是明月高照的夜晚，在濮水岸邊總是有一些青年男女雙雙前來幽會。他們卿卿我我地嬉戲於桑林之內，或用情歌表達思慕之苦。從流傳下來的一些歌詞中也可以想像出這些熱戀中的男女行為是多麼自由、大膽，他們唱道：

> 心上的人兒，等著我啊，等我在桑中。
> 咱倆悠閒地漫步，走啊走啊，
> 不覺地走到上宮。
> 平日去淇水的路那麼遙遠，
> 今天怎麼這樣快，
> 你就送完了這一段路程[08]！

深情的歌詞，反映出這裡的社會風氣多麼開放。可是，這種開放的風氣卻被那些「禮儀之邦」的「正人君子」斥為「淫邪」。流行於濮地的大膽表示男女之愛的情歌，也被視為洪水猛獸，被稱為「亡國之音」。其實，幾支流行歌曲如何能使國亡？所謂「桑間濮上」簡直被人說成是古代的紅燈區。奇怪的是，儘管外地的貴族老爺們對濮地的風俗看不慣，把包括濮陽在內的鄭、衛地區的流行音樂稱之為「亂世之音」，並嗤之以鼻，可他們背地卻又偷偷地學起這種「淫邪」的鄭衛之音。到後來連保守出名的秦國宮廷內也公然欣賞起鄭、衛的輕歌曼舞了。可見，濮陽地區的音樂、歌舞必是相當動人的，這裡在其他方面也應是開風氣之先的地區。包括商人在內，鄭、衛之地居民的文化和意識，都居領先地位。

這裡的商人走南闖北，見多識廣，又居於開放的文化氛圍之中，因此

---

[08] 據《詩經·鄘風·桑中》改寫。

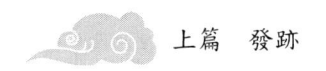

政治上極其敏感。許多商人參與當時的政治、軍事競爭，表現出相當高的水準。

春秋時期，距衛國不遠的鄭國，有個大商人弦高。鄭穆公元年（西元前627年），弦高販牛途中，在滑國（今河南省偃師市）偶然碰到大批的秦國軍隊從此地經過，向鄭國開去，經探詢原來是秦軍偷襲鄭國，剛剛離開鄭國的弦高知道國內毫無防備，秦軍一至必遭滅頂之災，他急中生智，當即將所販之牛趕進秦軍陣營，並請見主帥，「敝國國君知將軍來下國」，弦高對秦軍主帥鎮定地說，一點也看不出這是臨時編造出來的，「特派我送牛犒勞貴軍。」

秦軍主帥大吃一驚，以為鄭國早知此次軍事行動，不免放慢進軍速度，接受弦高犒勞，而弦高則暗暗派人回國報信，鄭國得到弦高的密報，舉國上下厲兵秣馬充分作好迎敵準備，秦軍主帥得知，自然不敢輕易進犯，原來計劃好的偷襲方案宣告破滅，率兵悻悻而返。可見弦高這個商人十分機敏，也表示商人並非不關心政治。

到呂不韋生活的那個年代，衛國成為秦軍與東方各國交戰的前線，每個有識之士都必需根據戰爭的變化，選擇自己的前途，乃至於商人對政治的關心程度，也遠遠超過弦高的時代。

事實上，衛國的處境也迫使呂不韋到衛國以外去謀求出路，因為魏國一直是秦國的攻擊對象，而從西元前275年開始秦國大舉進攻魏國，曾三次圍攻魏國的國都大梁，企圖滅亡魏國，只因燕、趙與魏聯合抵抗，才使秦放慢了亡魏的速度。

但此後的十年，秦和魏、趙的大戰連年不斷，衛國的濮陽處在雙方交戰的要衝，秦軍早已兵臨城下，在魏國卵翼下的衛國，被秦吞併只是遲早的問題。呂不韋的父親，是個家富萬金的大商賈。年輕的呂不韋自幼在商

一　邯鄲覓寶　奇貨可居

人家庭薰陶下成長，又生長在衛國濮陽這種特殊的文化背景中，面對著即將來到的社會劇變，無論是為保住萬金的家資，還是追求個人出路，他都必須將活動範圍擴大到衛國以外。而商賈的本性不僅是要保持家產，且隨時要準備將資本投向利潤最大的場所，以便獲取更多的財富，邯鄲又是當時天下有名的大都會。所以，抱著對未來的憧憬和遊樂的目的，懷著冒險心情，大約在西元前265年，呂不韋便來到嚮往已久的趙國國都邯鄲。

呂不韋初次來到邯鄲，這裡的一切使他眼花撩亂，邯鄲遠比濮陽繁華得多，這座趙國的國都始建於趙敬侯元年（西元前386年），到此時已有百年的歷史。這裡不僅是趙國的政治中心，而且是南通韓衛（今河南省境內）、北接燕涿（今北京市附近）、東連齊魯（今山東省境內）的交通樞紐，是關東各諸侯國中最大的商業城市之一，在政治上和經濟上都占有重要地位。

邯鄲城建得規模宏偉，布局嚴謹，全城呈不規則的「品」字形，由北、西、東三城組成。其中的西城聳立著巍峨的宮殿，北城和東城為市區和臣民住宅，全城安排得井然有序。那西城的區域中，高高的圍牆內，信宮和東宮等一座座龍樓鳳閣、桂殿蘭宮，錯落有致地佇立，有數不盡的瑤草瓊葩、珍禽異獸養育其間，還有聞名各國的武靈叢臺，如同仙境。王城長寬均逾公里，氣勢恢宏，在當時各國的王宮中，尚沒有能與之相當的。

連線王城和東、西兩城的幾條大道，可以並排走幾輛車，道路兩旁的店鋪、驛舍、酒肆鱗次櫛比，行商坐賈雲集，就是一般百姓的住宅，也比其他小城的茅屋草舍潔淨、整齊。

這裡且不說趙王的宮殿金碧輝煌，也不說那通往大路上的高軒華輦和行人熙來攘往，就說邯鄲城內的女子，也是極其時髦的。邯鄲女子頭髮梳成高髻，髻上綴滿珠光寶氣的髮飾，甩動著一雙飄然欲仙的長袖，走在路上那種姿勢簡直美極了。

上篇　發跡

也不單是女子令人嚮往，邯鄲男人走路的風度、姿勢，亦成了各地追求新潮的年輕人競相模仿的對象。有一個故事說，燕國的壽陵有幾個風流少年，聞知邯鄲人走路姿態優美大方，就相約到邯鄲來學走路，他們來到邯鄲後，竭力模仿這裡人的動作，可是他們只是從形式上模仿，結果不妙——這幾個追求新潮的小夥子，不但沒學會邯鄲人走路的樣子，而且連自己原來走路的能力也失去了，最後只好爬著回去[09]。這個「邯鄲學步」的故事雖然不免有點誇張，不過從這個故事中可以得知邯鄲是個多麼使人嚮往的地方。呂不韋來到這花花世界，不覺神魂飄蕩、目不暇接。

邯鄲城裡車水馬龍，俊俏的女子和年輕的少婦打扮得花枝招展，在鬧市上遊來蕩去，一點也沒有齊魯之地婆姨們的那種樸實之風，這裡的女子觀念十分開放：富貴、講究享樂是她們的人生宗旨。

呂不韋走在街上，只見道路兩旁的紅門粉牆之後，時時閃現出濃妝艷抹的美人，深院繡樓之間斷斷續續地傳出箏瑟管絃之聲。有些倚在門前的貌美小姐，大膽地向這位外地來的年輕商賈頻送秋波。趙國和鄭、衛的風俗一樣，女子皆以進入富貴之家為榮。因此，當時各國諸侯王的後宮和有錢人家的姬妾，幾乎都有來自趙國的風流女子，她們可沒有那麼多的顧慮和牽掛，只要符合她們的條件，就會不遠千里、不擇老少地投進一個哪怕是不相識的人的懷抱，而這唯一的條件就是財富[10]。

呂不韋是濮陽有名的闊老闆，就那一身裝束入時的打扮和隨身攜帶的貴重行李，就引得那些風流浪蕩的趙國女子垂涎，更何況呂不韋正滿懷壯志，眉宇間自不免流露出超凡脫俗的神采，簡直把邯鄲城裡所有的輕薄娘們都勾得魂不守舍。所以，當呂不韋經過長途跋涉，剛在館驛裡住下之後，就不斷有長衣曳地、身著流行服裝的時髦女人找上門來。

---

[09]　見《莊子・秋水》。
[10]　見《史記・貨殖列傳》。

一　邯鄲覓寶　奇貨可居

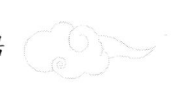

　　這位花花公子不僅來者不拒，而且主動出擊，到處尋花問柳，舉凡歌舞宴飲歡樂之所，都留下過他的足跡和錢財，不消數日，他幾乎把這座豪華城市的酒樓、妓館、賭場都玩遍，和他相好的俊俏女子、少婦、歌妓、舞妓以至姬、妾……等等，所在多有。

　　儘管流連於邯鄲的歌樓舞榭，懷抱著粉面細腰、如花似玉的美姬豔妓，呂不韋並未沉湎於眼前的享樂而忘卻他來到此地的目標——他是為獲取更多的財富而來，是要搜尋一種能贏大利的商品。早在離開家鄉之前，他就下定決心，不能像自己的父親一樣銖積寸累地撈取財富，而要做大買賣。因此，不論是那些勾魂懾魄的秋波，還是那令人骨酥肉麻的玉體，都絲毫未能削減他發大財的野心。他一面有一搭無一搭地做著生意，一面在歌舞場上、宴席之間尋找那足以一本萬利的奇貨。

　　真可謂皇天不負有心人，奇貨終於被呂不韋發現了。有一天，呂不韋行色匆匆地跑回家來，急不可待地對他的父親報告說：

　　「我找到了一宗一本萬利的生意。」

　　「什麼生意？」他父親急切地問道。

　　「春種秋收憑賣力氣耕田能收到幾倍的利？」

　　「大約有十倍吧！」

　　「販賣珠玉珍寶能賺幾倍利呢？」

　　「百倍！」

　　緊接著呂不韋提出一個令人意想不到的問題：「那麼，立主定國，把一個國家的君王買過來能賺多少倍呢？」

　　不難想像，聽到這樣的話，老父親嚇得目瞪口呆，停了半天才從嘴裡擠出兩個字：「無數……」

這個「無數」的含義，不知是指「立主定國」這種駭人聽聞的生意，自己從來沒聽說過，心中「無數」；還是指這宗膽大的買賣，可營利「無數」？反正老父親對自己的兒子想做什麼已經無法猜測了，只好聽呂不韋自己亮出底牌。

「當今之世，拚命種田，出死力耕作，到頭來也只能混個吃飽穿暖。」呂不韋以教訓的口吻說出了自己的打算：「若能定國立君，把一個國家的君王買到手，不僅一生吃穿不愁，而且榮華富貴可澤及後世，我就想做的，就是這筆生意。」

聽著呂不韋胸有成竹地一口氣說出這麼個驚人的計畫，老父親瞠目結舌愣了半天，一句話也說不出來。這個經歷大風大浪大商人一輩子什麼生意沒做過？可是，買賣國君的交易卻連想都沒想過，見兒子竟有這麼大的膽略和氣魄，他知道自己遠遠落後了，沒有什麼可說的，只有自嘆弗如的份了。

呂不韋向父親報告以後，沒有再停留，重新打點行裝，離開殘破的、岌岌可危的故國，再次前往邯鄲。

◆ 尋找目標

呂不韋對他父親說的，確實不是空話。他自己是心中「有數」的：他所謂的「定國立君」已經有了具體目標，他所要販的貨也早在邯鄲待價出售。

呂不韋離開濮陽晝夜兼程趕赴邯鄲，這時，邯鄲和濮陽間已成為秦、趙之間的戰場，需要穿過一道道秦軍、趙軍，有時還有魏軍的軍陣、防線，才能到達目的地。然而，這都沒能阻擋住呂不韋的行程。他必須盡快回到邯鄲，否則即將到手的寶貝就可能喪失。

一　邯鄲覓寶　奇貨可居

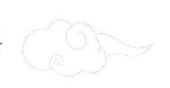

　　到底是什麼寶貝令呂不韋如此動心呢？

　　原來這個寶貝不是別的，而是秦國的公子異人。

　　異人，這是一個多麼奇怪的名字，大概給他取這個名字的人，早就盼他有番不同尋常的人生經歷吧？異人的經歷果然與眾不同。

　　當呂不韋發現異人的時候，這個寶貝正在趙國為「質」。

　　「質」就是人質，春秋以前只有自質於鬼神之法，據記載，周武王有疾，輔佐武王的周公設壇請老天保佑武王早日康復，而自己情願作為鬼神的人質，當時人與人之間還沒有交質的制度。

　　最早的質人制度，是在春秋時期開創的，當時鄭武公為周天子的卿士，周天子這個可憐蟲為向鄭武公表示信任，就將自己的兒子送到鄭國為質，鄭武公也將兒子送到周天子處為質。這次「周鄭交質」開創了春秋戰國各諸侯「交質」的先例，凡表示信用多交換人質。

　　不過，春秋時期各諸侯國尚較重視信義，所以「交質」或單方面以人為質的事畢竟不多，在春秋二百年中見於記載的「交質」只有六次。但到戰國時期，各諸侯國相互攻伐，很少講什麼信義，相互之間猜忌加深，用質來鞏固聯盟國之間的關係，或用質表示對大國的服從的事例多了起來。

　　戰國二百五十餘年間，見於記載的「交質」之事竟有二十四次，而這二十四次交質中，山東六國之間「交質」的僅九次，約占總數的三分之一，其餘十五次均與秦有關，各國送人到秦為質者九起，秦人到各國為質者六起，在在表明秦國是當時國與國之間「交質」的主要對象，多數為質的人，是國王的兒子或者孫子，亦有是重要的臣僚為質的記載。

　　戰國時期各諸侯國間派人到對方為質，多數是為相互聯合抗秦，而秦與六國之間的交質，則情況有所不同，多數國家派人到秦為質，有的是為求和，有的是為乞援，而秦派人到各國為質，則出於策略目的，拉攏一些

上篇　發跡

諸侯國以聯合攻擊另外一些諸侯國。

秦國為實現這一目的，不惜將國王的子孫們派到各國為質，如秦惠文王十年（西元前328年）為拉攏魏國，就派公子繇去魏為質，魏國為表示忠於秦，就獻少梁這個地方與秦國。後來當了秦國國王的昭襄王，也曾被送到燕國為質，秦武王四年（西元前307年），才被送回繼承王位。

呂不韋看中的異人，是秦昭王（昭襄王）時期被秦國送到趙國來為質的一個秦國王子。

異人為什麼要被送到趙國為質呢？這就要從秦國內部矛盾說起。

秦昭王是古代帝王中活的時間很長、在位的時間也很長的一個，他統治秦國的時間達五十六年之久（從西元前306年至西元前251年），在他統治的年代，正是秦國突飛猛進向東方發展的時期，這時的秦兵強馬壯，由於商鞅變法（自西元前359年至西元前338年）以後，秦國獎勵軍功，能在戰場上殺一「甲首」[11]，即可得到一頃地的獎賞，並可被賜一級的爵位，這些辦法極其有效地刺激起秦人打仗賣命的勁頭，人人都爭先恐後地去當兵，到戰場上像瘋了一樣拚死殺敵，以圖立功受賞。所以，秦昭王在位的年代，正是秦軍戰鬥力最強的時候，當時齊國的精兵稱為「技擊」，魏國的戰士稱為「武卒」，秦國的軍人稱為「銳士」，各負盛名。

魏國的武卒在訓練和裝備方面相當馳名，這些強壯的武夫披戴著全副甲冑，手持十二石的強弓，揹著五十支箭，還有戈、劍等武器，此外還要攜三天的乾糧，負擔相當沉重的，但他們行軍時半天就能走百里路，且一抵達戰場不需休養能即刻參戰，可見其多麼勇武，就連齊國的技擊在戰場上一碰到魏武卒即潰不成軍，如此強勁的武卒，在秦國的銳士面前卻不堪一擊，常常被秦軍打得落花流水。

---

[11]「甲首」是每輛戰車上執兵器披甲冑的戰士，在數十個戰士中才有一名。

一　邯鄲覓寶　奇貨可居

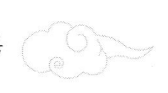

那時就有人形容秦軍作戰時勇猛的場面：在戰場上只見秦以外的山東各國戰士都穿戴甲冑打仗，唯有秦軍的戰士甩開甲冑、衣服，赤膊上陣，這些關西人僅左手提著割下來的人頭，右臂挾著活的俘虜，個個像大力士揍嬰兒一樣，把敵軍打得鬼哭狼嚎、狼狽逃竄。從這一段描寫的場面中，不難想像秦軍是多麼兇猛、可怕。秦昭王時代就是憑藉這樣一支軍隊打了不少勝仗，占據了其他諸侯國許多土地，使秦國的國土迅速地擴張起來。

譬如秦昭王七年（西元前300年），秦軍攻克楚國的新城，殺死楚國名將景缺，次年竟把楚國的國君——楚懷王騙到秦國，當作人質扣押起來。秦昭王九年（西元前298年）秦軍攻楚，斬首十五萬，占領十餘城；秦昭王十四（西元前293年年）秦國大將白起率兵攻韓、魏聯軍，斬首二十四萬，奪五城；秦昭王十八年（西元前289年）秦又取得魏國的六十一城及河東的四百里地，同年又將韓國的二百里地據為己有。從秦昭王二十二年（西元前285年）起，秦國將打擊的矛頭直指東方的齊、趙等國了。

在秦昭王統治的年代，秦國實行了「遠交近攻」的策略，然而，秦昭王初登王位時，秦國的對外策略是不穩定的，當時昭王還未成年，按慣例由他的母親宣太后聽政，宣太后的兩個弟弟：同母弟魏冉為相，被封為穰侯，掌握大權；異母弟芈戎為華陽君，也有極大權勢。同時，宣太后的另外兩個兒子也被封為涇陽君、高陵君，因此實際上秦國的朝政就全都控制在魏冉和華陽君、涇陽君、高陵君這四個外戚王子之手。魏冉被任命為相，其權勢之大自不必說，華陽君、涇陽君和高陵君這「三大家族」也是不可一世，他們不僅擁有大片封地，私家財富遠遠超過王室，而且進入王宮根本不必通告，也無須像其他的王公大臣一樣向秦王朝請、跪拜。

但就在西元前300年（秦昭王七年），秦國為拉攏齊國，還將涇陽君送到齊國為質，後來因魏冉專權，秦國逐漸改變了邦交策略，秦昭王八年）

上篇　發跡

(西元前299年,秦國突然與齊國斷交,涇陽君就從齊國歸來,秦、齊之間的關係由此開始緊張起來。

魏冉本是個很能幹的人,在他把持秦國大權的四十餘年間,最初打了不少勝仗,軍事上取得了很大進展,國內政治上也比較穩定。但到後來,這個人愈來愈驕橫,獨斷專行,狂妄自大,目中無人,不僅不把滿朝文武官員看在眼裡,就是對已經長大的秦昭王也不太尊重。他又不顧一切地把王室的財富大量攫到自己家族裡,讓自己親屬和親信把持各種大權,這樣一來使秦國的政治日趨腐敗,軍事上也由於不注意邦交策略而不斷遭到失敗。秦昭王三十九年(西元前268年),魏國的范雎來到秦國,他不投奔當權的魏冉,反而設法直接晉見秦昭王。

「陛下的秦國現在好像堆起來的一堆雞蛋,好危險啊!眼看就要碎了!」范雎一見秦昭王就危言聳聽地說了這麼一句。

「你說的話是什麼意思?」已經五十多歲的秦昭王急切地問道,范雎的話使他出了一身冷汗。

范雎見自己的話引起昭王重視,就進一步分析秦國在魏冉執政下軍事方面的失誤,范雎指出:魏冉不去指揮軍隊進攻距秦國最近的韓、魏,卻去進攻遠在東方的齊,這種捨近求遠的策略是近來一系列戰役失敗的原因之一,正確的策略還是遠交而近攻,先從韓、魏開始,逐步由近到遠吞併各諸侯國。

秦昭王一聽果然有道理,立即拜范雎為客卿,實行他的主張,派兵伐魏,結果取得勝利,當年就占領了魏國的懷邑(今河南省武陟縣西南),後來又取得邢丘(今河南省溫縣東)。

范雎出的主意見了實效,得到秦昭王的信任。秦昭王四十一年(西元前266年),他估計時機已經成熟,又在秦昭王面前挑唆了:「臣在山東

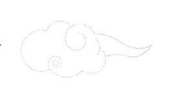

時，只聽說秦國有宣太后和穰侯魏冉，以及華陽君、涇陽君、高陵君，從來沒聽說過大王陛下。」

范雎專門揀最能刺疼昭王心的事氣他，本來宣太后和魏冉的專權早已惹得昭王不滿，他已經不是任人擺布的小孩子了，聽了范雎的話必然火冒三丈。但范雎沒有容他說話，緊接著說：「當國王的就應當有權控制國家，有生殺之威，而現在的秦國，太后、穰侯和那三個家族權力都比陛下大。這種形勢國家不危險才怪哩！我聽說：凡臣下的權力、名聲超過君主的，君主就沒有地位。以前淖齒在齊國專權，後來竟將齊閔王吊死在廟裡。李兌在趙國專權，竟將趙主父活活餓死。現在秦國太后、穰侯及三大家族專權，我看和淖齒、李兌差不多了，恐怕後來坐在王位上的將不再是您的子孫了。」

范雎的這番話給昭王極大的刺激，這位不甘受人擺布的國王也早已不滿魏冉的專權，又估計自己目前的勢力足以壓倒他，經范雎一激，昭王下令免掉魏冉的丞相之職，任命范雎為相，又將華陽、涇陽、高陵三君從國都趕回到各自的封邑，免得他們干預朝政。

范雎為相後又被封為應侯，掌握著秦國的政治、軍事大權，在外交上貫徹「遠交近攻」方針，以便各個擊破。在他剛上任的那一年，就有不少主張各國聯合起來對付秦國的遊說之士，鼓吹合縱，他們都跑到趙國的國都邯鄲開會，商議如何活動，消息傳到咸陽，秦昭王立即緊張起來，急忙召范雎詢問對策。

「請大王不必憂慮。」聽完介紹情況後，范雎胸有成竹地說：「瞧我把他們這夥遊士拆散！」

「你能用什麼辦法拆散他們呢？」秦昭王不解地問道。

「秦國與天下的遊士、說客並沒有什麼仇和怨。」范雎回答道：「而那

上篇　發跡

些合縱之士，遊說各國君主聯合起來攻秦，無非是想當官、發財。」

「那當然。」秦昭王忙點頭稱是。

「大王看見您養的狗了嗎？」范雎話頭一轉，突然說起狗的事了，他說：「您的那些狗，平時臥的臥、起的起、走的走、停的停，沒有互相咬架的，如果您給牠們一塊骨頭，您再瞧，馬上就相互撕咬起來，為什麼？」

秦昭王不愧是聰明人，聽到這裡就明白了，馬上令大臣唐雎攜五千金到距邯鄲不遠的武安，大會賓客，並且揚言：凡有功於秦者重賞，並且當場兌現。消息一傳出，在邯鄲開會的遊士們紛紛退出策劃合縱的會議，設法向秦表功，到武安來領賞，結果還沒用完三千金，參加邯鄲聚會的遊士們就相互鬥起來。

秦用錢財收買遊士，拆散、瓦解敵人方面的聯盟，以後還有過多次，這種辦法相當有效。

拆散主張合縱的遊說之士，只是給各諸侯國的聯合設定了一點障礙，並不等於阻止了各國的合縱攻秦。如秦昭王三十七年（西元前 270 年）那時候，趙國的名將趙奢大破秦軍，使秦國暫時不敢攻趙，而把主要攻擊目標對準魏國，對於趙國還是採取拉攏政策，因此，秦國就決定派昭王的孫子公子異人到趙國為質。

雖說秦在昭王四十一年主攻方向是魏，但韓、趙和秦的大戰仍是一觸即發，這個時期被派出去當質，是一件相當危險的差事，在戰爭期間，各國的國君為各自利益，往往不惜犧牲派出去的人質而背信棄義，一旦國君背信棄義，派出人質就失去重要性，稱為「空質」，此時人質就可能成為本國的替罪羔羊，往往遭受凌辱甚至殺害，其生死前景難以預料。所以當秦、趙大戰前夕，出為人質的異人，大概就是準備送去犧牲的。

一　邯鄲覓寶　奇貨可居

為什麼這個倒楣的差事偏偏落到公子異人身上了呢？

讓異人充當倒楣蛋的角色也不是沒有來由，他的父親安國君柱原來並不是太子，是秦昭王四十年（西元前267年）原來立的太子悼死後，才立安國君柱為太子，可是秦昭王的壽命特別長，到安國君柱快四十歲的時候，秦昭王的精力依然十分旺盛，等到安國君柱已經五十三歲時，秦昭王才離開人世，這樣的境遇使異人的父親安國君柱在漫長的歲月裡，過著極其難耐的、望不見準確盡頭的日子，同古代所有的貴族王子一樣，在空虛無聊中，他就把精力消磨在聲色犬馬的淫逸嬉戲之中，安國君柱的好色在秦國的貴族中是少有的，他到底有多少姬妾和妃子，現已無法考證，但僅從他有二十幾個兒子這一數目（還不算女兒），也可猜測到他的後宮中定有一大群女人供其淫樂。

而異人就是這二十幾個公子其中一個，且他偏偏又是不受父親待見的兒子，之所以不受待見，一是因異人並非安國君柱的長子，更重要的是異人之母夏姬早在安國君柱身邊失寵，結論十分清楚：一個不受寵的姬妾所生的不受寵的兒子，在眾多的兄弟中間，無疑是不會得到什麼優待，所以當質子的命運落在異人的身上，絲毫不覺奇怪。

大約在秦昭王四十二年（西元前265年）左右，十幾歲的異人就被送到趙國為質[12]。

異人在趙國國都邯鄲為質的那幾年，若是秦、趙兩國關係友好，身為秦國王孫的異人自然被奉為上賓，可是恰在此時，秦國和趙國的關係愈來愈緊張，咄咄逼人的秦軍不斷向趙地進攻，就在異人來趙國這一年，秦國就攻取了趙國的三座城，兩國進入戰爭狀態，為質的異人一開始就成了趙國的階下囚。

---

[12]　見《史記・呂不韋列傳》及《戰國策・秦策五》。

秦國攻趙,使趙國朝野相當恐慌,因為這時北方的燕國也趁機向趙進攻,而趙惠文王剛剛去世,趙孝成王即位後由趙太后主政,在秦、燕夾擊下,趙國首先怕的是秦國,雖然不久前趙國大將趙奢曾打敗過秦軍,但此刻趙國政治很混亂,大臣間矛盾很大,軍隊的戰鬥力大減,根本無力與秦軍抗衡,在無計可施的情況下,趙國只好向齊國求援,齊王答應出兵,但提出一個要求:「必須派趙國的長安君到齊國為質,才能出兵。」

這的確是給趙國出了個難題。因為長安君是趙太后的小兒子,最為太后所寵愛,把這麼個心肝寶貝派出去當人質,太后當然是不肯的。然而,國家危難之際,強秦圍逼,齊國若不出兵則趙國前途險惡,所以群臣紛紛要求太后同意長安君去齊為質。太后堅持不允,並揚言:「誰再說令長安君為質,我必把痰吐到他臉上。」

態度如此堅決,群臣誰也不敢再勸,偏偏有左師觸龍要求面見太后,太后知觸龍為此事而來,沒好氣地令他入殿,看他要說什麼,觸龍慢悠悠地來到殿上,入見太后。

「老臣腳上有點毛病,不能快走,多日不見太后。」觸龍一上來並不提及長安君的事,反而道:「臣知道太後身體不太好,故此想看望太后。」

「我出門有車,不須走路。」太后回答。

「吃飯怎麼樣?」觸龍表示關心。

「吃粥還可以。」太后應付道。

「老臣以前也是食慾不振,後來強迫自己走路鍛鍊,每天三四里路,慢慢地吃飯也稍微多一些,身體也逐漸舒服了。」觸龍說了一套養生之道。

「我可不行。」太后口頭雖仍表示冷淡,但心裡的氣差不多都消了,面色也稍好了一點。

「老臣有個小兒子叫舒祺,是個不成器的東西,可是,我最愛他,請

求太后開恩，給他任命個職位，在宮裡當個黑衣衛士。」觸龍突然提到小兒子的事。

「可以嘛！」觸龍畢竟是老臣了，太后當然要給個面子，立即答應道：「你的小兒子多大了？」

「十五歲了。」觸龍回答，緊接著又補充說：「雖然小了點，可是我希望在死之前能把這個兒子的事辦完，也就放心了。」

「男子漢大丈夫也愛小孩子嗎？」太后不無譏諷地問。

「比婦人還愛孩子。」觸龍的回答總是使太后意外。

「婦人愛孩子可不同於一般。」太后笑道。

「我還以為太后不太愛長安君呢。」轉了一大彎，觸龍的話才提到長安君。

「誰說我不愛長安君！我最愛的孩子就是長安君了。」

「父母愛子女都是為他們深謀遠慮。記得前幾年太后送女兒出嫁時，抱著她大哭，捨不得她遠行。她走後，太后朝思暮想，牽腸掛肚，可是每次祭祀時卻禱告不要讓她回來。這不就是祈求為她能在夫家長長久，害怕她被人家休回來嗎？」

「對！是這個意思！」

「請您想想：三世之前至現在，趙王之子孫仍為侯的還有嗎？」

「沒有了！」

「不僅趙國，其他諸侯國也都算在內，能保持三代貴族地位的家族還有嗎？」

「我沒有聽說過。」太后老實回答。

「這就是近者禍及其本人，遠者禍及子孫。」觸龍終於說到正題道：「哪一個有地位的人不希望他的子孫保持自己的地位。可是為什麼不少國君的

039

子孫都保持不住祖上給留下的地位呢？難道是這些子孫都不成器嗎？其實也並不單單如此，而是位尊而無功，奉厚而無勞，擁有極高的地位，享受著優厚待遇，又負擔著國家興亡的重任，卻做不出一點貢獻，沒有任何功績，怎能維持下去呢？」觸龍先做一般論證，對其所說的道理，太后無言以對。

「今天，太后給小兒子封以長安君的高位，又封給他膏腴之地，令其掌握國家大權。」觸龍進一步說服太后，提出長安君的問題道：「但是，您又不讓他為趙國建功立業，萬一太后百年之後，長安君這麼一個沒功勞、沒業績的人靠什麼保持他的地位呢？所以，我覺得太后您為長安君的安排，不如對您女兒的安排長遠，您愛兒子不如愛女兒。」

觸龍正話反說終於使太后動心：「那好吧！就讓長安君去齊為質吧！」

其實，國君愛不愛兒女，並不單表現在捨不得讓他們為質上面，秦國的異人就是因不被寵愛才被派到趙國為質的。不過，這裡的觸龍是花言巧語說動太后使她改變主意罷了。戰國時期的士大夫多有這種本事，而這個觸龍說趙太后的故事也就成為教育貴族子弟必須建功立業的重要典故。

因趙國派出長安君為質，齊國也按約出兵，所以秦兵攻趙三城之後，就沒有繼續前進，對趙的威脅暫時解除。

然而，北方的燕仍然威脅著趙國。

這時北方的燕國派宋人榮蚠為將率兵攻趙，年輕的趙孝成王慌了手腳，掌握實權的平原君趙勝連忙求救於齊國，答應割數十個城邑請齊國的安平君田單為將，率領趙國的士兵抵抗燕軍，趙國有名的大將馬服君趙奢聽到這個決定後，找到平原君趙勝，勸他設法改變這個錯誤的決定。

「難道趙國就沒人了嗎？」趙奢生氣地質問平原君趙勝道：「太過分了！割那麼多城邑給齊國，就為請一個安平君給我們率兵，這不是和割地

給燕國一樣嗎？」

「太看不起趙國自己的人了！」不容平原君趙勝插言，趙奢連珠炮似的猛轟道：「為什麼不委派我為將？本人曾在燕居留過，還曾經當過燕國的上谷太守。燕國的通道、要塞我瞭如指掌。百日之內，我就能把燕國拿下來！不知道你為什麼非要請齊國的安平君為將？」

趙奢的話雖不免有激動和吹嘘自己的成分，不過他確實是一位善於用兵作戰的將軍，其指揮水準絕不在安平君田單之下，因而他對平原君的指責還是有一定根據的。誰知道號稱善於「養士」的平原君也是一個糊塗蟲，對於趙奢的質問，他無法正面回答，只能說：「將軍算了吧！我已經向國王建議這麼辦了，國王已經答應，您就別說啦！」不打自招！原來這個主意就是他出的。

聽了這話，趙奢仍不甘心，繼續勸平原君改變主意道：「原來是您的主意！你之所以請齊國的安平君率趙兵與燕軍作戰，大概是以為齊和燕有仇吧？其實，依我看則不然，如果安平君是個笨蛋，他當然打不過燕國；若安平君聰明，他必然不肯和燕拚命打仗。」趙奢一口氣把自己的分析判斷通通倒了出來說：「不論安平君是聰明人還是笨蛋，都對趙國沒好處，因為趙國強大，齊國就不能稱霸，如果用趙國的兵和燕國軍隊曠日持久地打仗，打上幾年，人也死得差不多了，國庫也空了，趙、燕兩國都弱了，這究竟對誰有利呢？」

儘管趙奢說得平原君無言以對，但仍未能改變趙王的決定，後來的結果真如趙奢預料的那樣，安平君率兵抗燕，雖暫時制止住了燕的進攻，但趙國並沒得到任何好處，反而失去十八個城邑。

趙國內部如此混亂，秦國當然不會不知道，從昭王四十二年以後的一年多，儘管沒有繼續攻趙，秦國卻一直虎視眈眈地盯著趙國，一場大規模

的戰爭，即將在秦、趙之間展開。

在這樣的背景下，派到趙國為質的異人日子顯得十分難過。

可以想像，在戰場上被秦打敗的趙國，君臣們回過頭來一定會拿質子異人出氣，喝斥、凌辱自不在話下，連食物的供應也不予保障，更不用說車乘用品了。這位落魄的秦國貴族，在邯鄲活得慘澹無比，自己的國家天天打勝仗，他卻被扣在敵國，有國回不去，而且隨時有被處死的危險。

異人身處逆境，又不是一個貧賤不移、威武不屈的人，這位安國君柱小妾所的庶子不僅沒什麼本事與志氣，兼且貪婪好色，被送到趙國來之前他就是個沒出息的傢伙，到趙國為質之後，更像丟了魂、落了水、斷了脊梁的癩皮狗，戰戰兢兢、窩囊懦弱地混日子。

邯鄲城裡大街小巷白天都擁擠著忙碌的人群，一到傍晚，酒樓、伎館門前都點上紅燈，富商大賈和達官貴人、風流公子和市井無賴都紛紛出來尋找各人最感興趣的去處。

這個東方通衢大路上的大都會，就是在烽火連天的戰爭年代，也沒有削減它那令人眼花撩亂的繁華盛景，只要戰火沒有延及城內，那十字街頭的酒樓上每天都高朋滿座，喝采行令，笙歌管絃之聲不絕；那紅燈密集的深巷，夜夜都車水馬龍，鶯啼燕語、打情罵俏之音陣陣從繡戶中飛出,；就是有時進攻趙國的敵軍已兵臨城下，邯鄲城內仍有吹竽、鼓瑟、擊筑、鬥雞、走狗、六博、蹴鞠的悠閒者；至於繾綣在豔粉嬌紅、柳腰繡被之中的浪子，更不管什麼戰場烽煙、政壇風雲，只顧擁妖姬、攜美妾沉醉在帷帳裡，享受著千般歡樂和萬種柔情。這就是商業都會的特點，因為邯鄲已不僅是一個政治中心。

在那熙熙攘攘的人群中，異人也混跡其間，從一身過時的裝束上，就可以看出他是位並不富裕的貴族，而瞅他那一副見到了女人、美酒、華冠

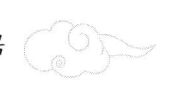

豔服和珠寶貝幣就流露出的饞涎欲滴的下作相，就知道這個落難的王孫對眼前可望而不可即的上層貴族社會是怎樣的羨慕。

然而，對於此刻的異人來說，邯鄲城內趙國貴族優遊享樂的生活猶如天上的彩雲，只能在遙遠的地面瞭望，他在這裡的地位和囚犯、俘虜相差無幾，而以前在秦國王宮內那些錦衣玉食的日子，也早已似夢幻般地過去，對照當下的處境，不時勾起撕心裂肺的痛楚和難以名狀的心酸。

異人在邯鄲被安置在距趙王王宮不遠的地方居住。這裡可以遠遠地望見瑤臺瓊閣、曲欄迴廊的叢臺。叢臺是趙國王宮中最好的一處，它雖然沒有秦國的宮殿池苑宏偉、寬闊，卻比秦國王宮內所有的建築和風景都精巧，而異人居住的地方，則是名副其實的貧民窟。異人每日的三餐雖說不至於斷糧，可也沒什麼足以勾起食慾的東西，要想出門逛逛，車、馬是沒有的，只有辛苦自己的兩條腿，到了鬧市，望著呼酒行令、擁姬攜伎出入於伎館、酒樓的達官貴人、富商巨賈，他既羨慕又嫉妒，一股說不出的滋味湧上心頭，為此，異人寧可終日枯坐於陋室之中，也不願到繁華的街頭顯得格格不入、自慚形穢而飽受身心折磨。

有時，異人實在難耐那清淡而粗糙的飯食，青春的慾火也使他在孤寂的長夜中無法安然入睡，落日餘暉剛剛在邯鄲城頭上消失的黃昏，這位困居趙國的秦國王孫，偶爾也取出篋中僅餘的一點錢幣，直奔酒肆而來，他看中了一處有舞姬歌伎伴酒的豪華酒樓，卻只能在一個偏僻的角落裡獨酌，因為他囊中羞澀，不敢召歌伎陪酒，只好冷冷清清地看著別人尋歡作樂、嬉笑調情，心中好不悲哀。

中國古代經書之首的《易經》「否」卦〈象〉曰「否終則傾，何可長也」，意思是說物極必反，倒楣的事到了頭，必然向好的方面轉化，即所謂「否極泰來」。正當異人困苦潦倒，囚居邯鄲，歸國無望，前景難以測定，心

上篇　發跡

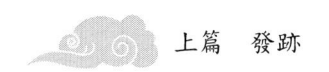

情幾乎近於絕望之際，他碰到了呂不韋，從此改變了命運。

呂不韋當時正在邯鄲一面尋歡作樂，一面搜尋著得以使其富可甲天下、澤可遺後世的一本萬利的「奇貨」。初到邯鄲，呂不韋就聽說有一位秦國的公子困居於此地，經過多方探聽，他把異人的身世、家庭關係、目前處境以及品性、愛好等掌握得一清二楚。

他很輕易地找到一個機會與異人相見，當呂不韋一看到這位落魄的王孫之時，憑他多年經商的經驗，一眼就明白多方尋覓的寶貝就是他！他脫口而出的一句話就此成為千古名句：「此奇貨可居。」他回家向他父親稟告的、可營利「無數」的寶貝，就是異人。

異人怎麼會成為呂不韋的「奇貨」呢？莫說一般的人弄不清楚，就連異人自己也壓根沒想到，他的價值還需呂不韋指點和鼓吹才能顯示出來。

◆ 拍板成交

呂不韋再次回到邯鄲時，已經是秦昭王四十五年（西元前262年）了。

回到邯鄲後第一件事當然就是找異人談判。

一個華燈初上的傍晚，呂不韋例外地謝絕了每天都要聚在一起喝得酩酊大醉的富商、闊少的邀請，也沒有直接地去情意纏綿的新舊相好的姬伎房中廝混，而是乘著馬車、攜帶著大包小包的禮品直奔異人而來。

在邯鄲城的一個不顯眼的去處，呂不韋費了好長時間才找到異人的住所。看見狹小的門庭和那些寒酸的陳設，呂不韋更堅定了信心。

「嘭！嘭！嘭──」一陣敲門聲驚動了正在屋裡發呆的異人。當他急忙開啟門時，見到的是一個打扮闊綽的陌生人。

「我能把你現在這連身都轉不過來的門庭擴大起來。」沒等異人弄清怎

麼回事，呂不韋就沒頭沒腦地、一語雙關地丟擲這麼一句。

異人愕然，不知如何回答。

待到弄清來者呂不韋無非是個商人而已後，這位秦國的貴族輕蔑地笑了：「你還是回去先把府上的門庭設法弄大，然後再來說我的門庭吧！」異人也一語雙關地回敬了一句，他從骨子裡看不起呂不韋這個投機商。

「且慢。」對冷嘲熱諷，呂不韋並不在乎，他繼續頑強進攻道：「你難道不知道嗎？敝人家裡的門庭光大也正等著足下的門庭光大呢！」

聽了這句繞口令似的意味深長的話，異人方知呂不韋話裡有話，立即改變態度，忙把客人讓進房中落座，詳細詢問來意。

一陣寒暄之後，呂不韋開始進入正題：「你的爺爺秦王老啦！」成竹在胸的呂不韋早把秦國王室內部的情況弄得瞭如指掌，當時在位的秦昭王已經當了四十餘年國君，六十多歲的年紀，當然可說是「老」了。他接著說：「足下的父親安國君是太子。」這也是事實，異人聽後覺得沒有什麼新鮮的，對此毫無反應。

但是，呂不韋以下的一番話，卻把異人說得五內俱焚、肝膽欲裂，因為它正觸動了異人心靈深處埋藏已久的隱祕，他說：「聽說令尊安國君所寵愛的不是足下的母親，而是那位華陽夫人，又聽說華陽夫人雖得到令尊安國君的寵幸，可又偏偏沒能生個兒子。按照宗法制度，要繼承王位必須立嫡長子，決定立哪個妃、姬、妾生的兒子為嫡長子，看來只有華陽夫人有這個力量，因為她能左右安國君，華陽夫人在枕頭邊的每一句話，安國君都不敢不聽。」說到這裡，呂不韋稍稍停頓了一會兒，好讓異人想一想，而異人的遐思此刻也的確隨著呂不韋的話，回到似乎剛剛離開但又相當遙遠的秦國後宮……

呂不韋的話使異人想起了生母夏姬被父親安國君冷落的慘狀，更不難

想像那個華陽夫人得寵的樣子，心中如刀割一樣難過。

異人心裡十分清楚，自己落得現在這般處境和生母夏姬不受寵有直接關係，而在父親眾多的姬妾中，特別得寵的就數那個臉蛋漂亮、年輕風騷的華陽夫人，安國君對她簡直是言聽計從，夏姬失寵和華陽得寵形成鮮明的反差，以至於身為夏姬兒子的異人也不能待在秦宮中享福，而被送到異國他鄉來當人質，活受罪。

其實，華陽夫人之所以受寵還與她的家庭背景有關。華陽夫人就是魏冉專權時期三大家族之一的華陽君之後[13]，華陽君則是秦昭王母親宣太后的娘家人，儘管自秦昭王四十一年（西元前266年）范雎為相以後，奪了魏冉的相權，驅逐華陽君、涇陽君等貴族勢力出關，但宣太后在朝廷上仍有相當大的影響，這不僅因為她是昭王的母親，長期干預政務，而且由於宣太后特殊的個性和經歷。

宣太后是中國古代最富有浪漫色彩的一位女性，正像在任何社會的劇變中都會產生幾位不同凡響的人物一樣，宣太后也是在秦國社會飛躍向前發展的偉大時代，出現的突破傳統的、引領潮流的時髦女性，她有遠見、有魄力，在秦國實行變法的秦孝公的兒媳、秦惠文王的妃子，秦惠文王的遠見卓識一點也不比其父差，他於西元前337年一繼位，就把宿怨極深的、幫助自己父親孝公變法成功的商鞅殺死，但對商鞅在世時所推行且行之有效的改革新政，並沒像歷代的許多次改革一樣人亡政息，而是堅定的實施下去僅從這一點看就可知惠文王絕非一般的守成之君，所以在惠文王統治的二十七年（自西元前337年至前311年）間，是秦國在孝公變法的基礎上，繼續增強國力，使秦國飛速發展的時代。

秦國的發展，除占領的國土愈來愈多以外，更重要的是吸取外來的文化，從而根本改變秦國原有的習俗風氣，秦國在商鞅變法前被中原各國視

---

[13] 見拙著《華陽夫人考》，《社會科學戰線專刊》1980年第2期。

為「戎狄」，文明程度很低，商鞅變法之後，秦國逐漸強大起來，東方各國不敢以「戎狄」視之，但提高文明程度的絕非一朝一夕之事，到惠文王時代，秦國敞開大門，招來東方各國能人、賢者、有識之士，對戰國以來活躍於各國的「士」（包括文士、武士），熱情歡迎，優禮相加。

惠文王禮賢下士，使得一批批軍事家、政治家、縱橫家、思想家、遊說之士、文人、學者以及遊民流氓、術士騙子、冒險家等，紛紛湧向位於邊陲西方的秦國，其中，自然不乏有真才實學足可為秦國棟梁的人才，如有名的縱橫家張儀，墨家的代表人物腹䵍、田鳩[14]。雖然來秦的學者中還以法家及遊說之士為主，而且幾乎沒有儒家，但各色人物擁入秦國以後，逐漸把關東禮儀之邦的文化傳來，潛移默化著秦國保守、落後的固有文化，形成了一種異常開放的風氣。這種風氣也傳進了宮內，身為惠文王的後妃宣太后，耳濡目染自然就成為一個開風氣之先的人物。

宣太后原為楚人，羋姓，後成為秦惠文王的姬妾，稱羋八子。她雖非惠文王的正宮王后，僅是諸多妃子中的一個，但由於惠文王王后所生的秦武王無子而早死，羋八子身為偏妃恰有則、顯、悝三子，依秦國法制，王位由羋八子所生的長子則繼承，是為昭王。羋八子順理成章成為控制朝政達數十年的宣太后，在她數十年的政治生涯中，充分利用了身為女人的優勢，她的性生活不僅放蕩，而且大膽公開，更能恰當地和政治結合起來，甚至為秦國做過貢獻。

義渠，是秦國西方的一支遊牧民族。這支民族雖比秦國落後，但因其強悍善戰而長期以來與秦國為敵。在孝公、惠文王、武王時代都曾因義渠戎的進攻而遭到損失。昭王繼位之後，宣太后執政，當義渠王來秦國國都咸陽向新登基的昭王朝拜、祝賀之時，風韻猶存的宣太后竟然與義渠王勾搭成奸。也許是守寡數年的宣太后耐不住深宮的寂寞，或者是英俊的義渠

---

[14]　見《呂氏春秋·去私》《韓非子》《戰國縱橫家書》。

上篇　發跡

王確實吸引了這位美貌的少婦,這一對異族的情人公開通姦竟達三十餘年之久,並生下兩個兒子。在這段時間內,義渠王在溫柔鄉中樂而忘憂,自然無攻秦之野心,而宣太后在滿足了性慾需求之後卻沒有忽略對義渠的防範,因而在這三十餘年中,秦國和義渠兩方相安無事。

到秦昭王三十五年(西元前272年),宣太后已年屆七十,義渠王早已被玩弄於她的股掌之中。此時,義渠王不僅失去對秦的進攻之心,就是對秦的基本戒備都已放棄,趁義渠王不備,宣太后突然對她情人的民族發動襲擊,頃刻間擊潰強悍的義渠戎,威脅秦國西方安全的義渠戎終於在宣太后的「美人計」下澈底瓦解。

宣太后對於性觀念的開放,達到令人吃驚的程度,在她的觀念中並不像後來的人那樣,把男女之間的性生活視為多麼不光彩的事,為了政治需求,她甚至勇於把自己性生活的感受公之於眾。

有一次,韓國的使臣來向秦國求援,當時尚在聽政的宣太后,出面同韓國來的使臣尚靳談判,身為一位太后,直接與外國使臣交談,這與她尊貴的身分不符,更令人驚異的是,在談判中,宣太后竟用自己床笫間的感受作比喻向韓國討價。

「我和先王做愛之時,先王全身都壓在我的身上,我一點也不覺得重。那是為什麼?」她臉上一點不好意思的表情都沒有,自問自答地說:「那是因為對我有利,我感到全身舒服!」

韓國使臣目瞪口呆地一句話也說不出,不知這位太后要說什麼。

「可是,」宣太后娓娓而談:「當先王不和我做愛的時候,就是一條腿壓在我身上,我都覺得支援不住啦!」

說到這裡韓國使臣尚靳已經完全明白,若對秦國無利,秦是不會支援韓國的。這次談判結果如何姑且不論,身為秦國的太后竟把做愛的感受公

然對外國使者宣布，這些言論是低階下流還是先進開通？反正談判的結果是秦國得到了便宜。

這個浪漫而又膽大的宣太后還是個長壽老人，直到異人來邯鄲為質的秦昭王四十二年，才戀戀不捨地離開人世，就是臨死之前，這個風流一生的太后，還念念不忘一個名叫魏醜夫的男寵，在彌留之際，她竟提出要魏醜夫為她殉葬，這時秦國早已廢止了殉葬制[15]，使昭王非常為難，而那個魏醜夫當然也更害怕，正在不知如何是好之際，一位聰明的大臣庸芮出來解了圍。

「太后認為人死之後還有知覺嗎？」庸芮畢恭畢敬地、輕聲細語地在太后耳邊問道。

「當然，」太后上氣不接下氣地回答：「沒有知覺。」

「太后聖明！」庸芮緊接著說：「以太后如此之神靈，明知死者已經無知覺，又何必讓所愛的活人陪著無知的死人呢？」

「再者，」見太后沒有反應，庸芮又進一步說，只是下面的話就很難聽了，「如果死人有知，先王對您生活的不檢點積怒日久，您死後小心先王找您算帳都來不及，哪裡還有暇去和魏醜夫恩愛呢？」

這種極其刺耳的話竟當面對太后講出來，在病榻旁的太子和貴戚、大臣未免都捏了一把汗，不知宣太后要如何動怒，說不定庸芮的性命就此完蛋，空氣立刻緊張起來。

「好……」停了一會兒，只聽宣太后有氣無力地從嘴裡吐出一個字。

究竟這個「好」是什麼意思？是指庸芮說得對，還是無可奈何地表示「隨你們怎麼辦吧」？

她無可奈何地放棄了對魏醜夫陪葬的要求，嚥了氣，可憐的面首魏醜

---

[15] 秦獻西元年（前384年）秦國「止從死」（《史記・秦本紀》）。

上篇　發跡

夫得了救,在場的人也鬆了一口氣。

華陽夫人就是在這麼一個大膽、浪漫的太后調教下長大的,有這樣的靠山,再加上她自己年輕、貌美,更有可能繼承宣太后的心計和性格,所以她能在安國君眾多妃妾中備受寵愛一點也不為過。

異人當時聽到呂不韋提及華陽夫人受寵,在難過的同時,一定也覺得很奇怪,秦國王室內部的事,這個陌生人何以知道得這麼清楚?殊不知,呂不韋專門為此做過細緻的調查,政治投機和經濟投機一樣,不摸清行情怎樣下手?

異人的思緒隨著呂不韋的話起伏,他不知道突然來訪的這個陌生的商人為什麼提到華陽夫人,又為什麼關心起華陽夫人能否左右安國君立嫡的問題,還沒等異人把這些思緒理清楚,又聽呂不韋說:「現在足下有兄弟二十多人,而你居中,你既非長子,又不受令尊的青睞,送到這裡為人質,回秦無望,一旦昭王逝世、令尊安國君繼承王位,你根本沒任何機會和你的兄弟們爭奪太子之位。」

「說得不錯,確是如此。」異人點頭稱是道:「那又有什麼辦法呢?」

「辦法是有的。」呂不韋開始和異人攤牌了道:「就看你願不願意了。」

早就盼望改變人質地位的異人,焉有不願的道理。這時要他做什麼傷天害理、下流無恥的事他都會答應,何況呂不韋要他做的比他自己想的容易得多。

「你目前是個窮光蛋,困在邯鄲,一定沒有什麼財物可以拿出來獻給親屬和結交朋友吧?」呂不韋這樣問,但並不需要回答。

異人沒什麼可說的,因為呂不韋說的是事實。

「既然如此,敝人不韋雖不算富裕,但拿出點錢來還不困難,我願出資千金,為你的事西入秦國,設法勸說安國君和華陽夫人,立你為嫡子,

一　邯鄲覓寶　奇貨可居

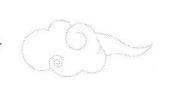

好讓你將來能繼承王位，如何？」呂不韋將投資計畫全盤托出。

異人聽到有如此便宜的事，大喜過望，連忙就地頓首，感激涕零地答應說：「如果您的計畫能實現，等我當上國君，一定和你共享秦國！」

至此，呂不韋的投資計畫已經具備了實現的可能性。邯鄲裡一個尋覓一本萬利之奇貨的商人、一個待價出售的潦倒王孫，在雙方都滿意沒有經過討價還價的條件下，「平等互利」地拍板成交，做成了古今中外最大的一筆生意。

呂不韋和異人敲定計畫之後，二話不說即刻執行，當下就拿出五百金給異人，讓他用來在邯鄲結交賓客、朋友。異人有了錢自然欣喜雀躍，服飾器用全然置換一新，車乘坐騎也講究奢華起來，宴飲遊冶，恣意享樂，縱情聲色，又恢復昔日身為貴公子時的故態，這位身為質子的秦國王孫花天酒地、尋歡作樂，幾乎忘記自己的處境。

呂不韋給錢讓異人揮霍，其目的是使異人廣交朋友，培植勢力，改變在趙國貴族眼中的落魄形象，以便為回國奪權鋪平道路。對此，異人自然心領神會，他用呂不韋給的錢結交趙國貴族和其他諸侯國來到邯鄲的頭面人物，又收羅賓客為自己鼓吹以增加聲譽，在各國貴族上層中大造輿論。「果然錢能通神」，不出幾年，異人的聲望勢力翻然直上，成為邯鄲不容忽視的存在，他在趙國和其他諸侯國貴族眼中的形象就此澈底翻轉。

異人之所以能在短時間內改善自己的境遇，除了呂不韋的錢外，重要的條件是時機。這幾年秦、趙之間一場大戰雖正在醞釀中，但又處於戰火未燃、戰雲密布的間歇時刻，雙方暫時沒有發生正面的直接的衝突，這恰給給了異人積蓄力量、準備回國奪權的大好時機。

原來范雎自西元前266年登上秦國相位後，就堅持實行「遠交近攻」的策略。他認為只有這樣才能鞏固所取得的土地，所謂「得寸則王之寸，

得尺亦王之尺」，根據這個原則，他主張先伐韓，而把齊、趙等國稍稍放下，因為韓國的土地與秦地交錯，是秦的「心腹之患」。所以，從秦昭王四十三年（西元前265年）秦軍就大舉向韓國進攻，當年攻取了韓的少曲（今河南省濟源市東北少沁河曲處）、高平（向地，今河南省孟州市西），次年秦國派白起攻韓，奪取汾水旁的井隆城（今山西省曲沃縣東北）等九座城池，斬首五萬。

白起是昭王時代的重要將領，此人又名公孫起，郿（今陝西省眉縣境內）人，長得頭小而尖，瞳子黑白分明，瞻視不常，為人兇狠，善用兵，自秦昭王十三年（西元前294年）即為左庶長，率秦兵攻韓、魏、楚等國，屢建奇功，被封為武安君，曾在秦昭王三十四年（西元前273年），攻魏國華陽，與趙、魏聯軍作戰，斬首十三萬，並將趙國士兵兩萬人沉在河中活活淹死。

昭王四十三年白起攻占井隆等九城後，次年又攻取了太行山南的南陽地，至此，秦軍對韓國的攻擊勢如破竹，節節勝利，而秦對趙則尚無正面衝突，本來趙國尚可苟安一時，避開銳不可當的秦軍進攻的矛頭，不料趙國國君貪小利而招大禍，從而過早地把秦軍的打擊鋒芒引向自己。

西元前262年，秦軍繼續向韓國的上黨郡（今山西省和順縣以南、沁水流域以東）進攻，占領了野王（今河南省沁陽市），如一把利刃將韓國分成兩半，把韓國的本土與上黨郡隔絕開來。

上黨孤懸於外，韓國驚恐，又無力奪回。韓桓惠王派陽城君入秦，請求將上黨之地獻給秦國求和，得到秦國首肯，沒想到當韓桓惠王派人傳達這一決定，令上黨太守靳向秦投降的時候，卻遭到靳義正詞嚴的拒絕。

他對國王派來的人大義凜然地說：「人們常說：『挈瓶之知，不失守器。』替別人儲存一個汲水的瓶子，尚且不能輕易丟掉。何況國王令我守

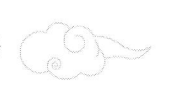

這麼大的一片土地呢？我絕不能信您所言，將上黨拱手割讓給秦。臣請求傾全部兵力抗秦，若抵抗不成，死而後已！」

這擲地有聲的言辭反映了韓國將士不屈的決心，只是韓國國君已被秦軍嚇破了膽，對於靳這樣的愛國志士竟不敢支援，當來人將靳的話轉報給韓王時，韓王卻無恥地說：「獻上黨的事我已經答應秦國的應侯范雎，如果不給就會失信於人。」被人打得割地求饒，一副軟骨頭，還談什麼失信不失信？真是賣國賊、亡國奴的邏輯！

韓桓惠王見靳不願降秦，就另派馮亭為太守代替靳，馮亭到上黨後堅持三十日，仍不願將地拱手送給秦國，他派人到趙國邯鄲，請求趙王接受上黨之地。

馮亭派去的人對趙孝成王說：「韓國守不住上黨，韓國的國王想把上黨讓給秦。可是，上黨的民眾不願降秦，寧願歸趙。這裡有上黨的十七座城，願獻給大王。請大王接受！」

對於這從天而降的喜訊，接受還是拒絕？趙孝成王一時也拿不定主意，於是趙王召平陽君趙豹來諮詢：

「韓國守不住上黨，準備送給秦國。可是當地百姓不願為秦民而寧願歸趙。現在馮亭派人來獻地，你看這件事如何處理？」

「我聽說聖人對於無緣無故得到的好處，是會擔心其後患無窮的。」平陽君趙豹想得畢竟比趙王遠。

「人家仰慕我們趙國的仁義，怎麼叫無緣無故呢？」趙王自鳴得意地說。

「秦蠶食韓國土地，因上黨與韓國本土斷絕，才把這塊地獻給我們。」趙豹直截了當指出韓國獻地出於無奈說：「而且韓地獻給趙，乃是將秦的攻擊矛頭引向中國，這不是給我們土地，實是把禍患轉嫁給趙國。」

「再說，」趙豹進一步分析利害道：「秦國出兵勞師而趙國得到上黨之

上篇　發跡

地,這種事連大國都不做,何況我們趙國比秦弱小得多,試問能避得開秦的鋒芒嗎?秦國現在生產水準很高,已經用牛耕田、以水運糧了。秦軍戰士們打仗立功都可以得到土地,所以到戰場上個個都無比勇敢,軍隊令行禁止,所向無敵,我們敢與其較量嗎?請大王考慮,還是不要自找麻煩為好。」

趙豹的話相當深刻,也正確地反映了秦、趙兩國的實力。在當時避開秦國的鋒芒是唯一的圖存之法。

可惜趙王利令智昏,根本聽不進趙豹忠言,竟勃然大怒:「我們曾經用過百萬之眾攻戰,經年累月地打仗也沒得到一城,現在不用一兵一卒而得十七城,為什麼不要!」

趙豹見趙王如此不可理喻,只好默默告退。

趙王見趙豹不支持自己,又召平原君趙勝和趙禹問以此事。

這兩個人倒善於觀風向,知道趙王貪圖小便宜,就順著他的意思說:「這麼有利的事為何不做!」

趙王當然高興,立派趙勝前往上黨受地。

趙勝來到上黨後,也知形勢嚴峻,他首先採取籠絡人心的辦法,宣布「賞太守封地三萬戶,賞縣令封地千戶,諸吏皆連增三級爵。百姓凡能守城者每家賜六金」,企圖用獎賞刺激吏民鬥志,以保衛趙國新增加的這塊領土,得到最高賞賜的當然是太守,可是在這種情況下受賞,連太守馮亭也無顏接受。

他垂涕道:「我有三不義:為國守地而不能以死來保住它,一不義;國君命我將地獻給秦,我卻獻給趙,二不義;把韓國土地賣給別人,自己反而得賞,三不義。」堅持拒絕封賞,最後終於辭別趙勝回韓國去了。

太守馮亭雖無力挽回失敗結局,但這種氣節也令後人感動。

一　邯鄲覓寶　奇貨可居

　　馮亭回韓國覆命，韓王見趙軍已占領上黨，只好如實通知秦國，秦王大怒，立即派白起、王齕率秦兵向上黨進發，趙國果然將戰火引到自己身上。

　　趙國占領上黨後，就派名將廉頗率兵屯駐，決心與秦軍一決雌雄，一場空前的血戰即將爆發。

　　不過，即將爆發的大戰，是在邯鄲以西數百里之遙的上黨地區。因此，儘管趙國邊境戰雲密布，趙國國都卻仍然歌舞昇平。而且由於趙國上下都在注視著西邊的韓、秦之戰，反而無人留意邯鄲城內的秦國公子異人，這倒給他留下活動的空隙。

　　異人在邯鄲活動，除花天酒地結交趙國和其他諸侯國來趙的將相、賓客以外，無疑也不可避免地被當地的學術文化氣氛所感染。

　　戰國時代的邯鄲，不僅是政治、經濟中心城市，而且也是文化中心。邯鄲之所以成為文化中心之一，一方面因其地理位置處於四通八達之樞紐要衝，活躍於各國的知識分子──「士」很少有不來趙國的；另一方面，由於趙國貴族有「養士」之風，從而招集了一大批士人。

　　據記載，戰國時期在齊、魏、楚、趙都有一些貴族重視網羅知識分子，以壯大家門的勢力，這就在客觀上促進了學術的繁榮，如齊國宣王喜文學遊說之士，鄒衍、淳于髡等七十六人皆賜宅第，在稷下講學，形成稷下學派，人數多時達數百人。齊國的孟嘗君養「食客」數千人；魏國信陵君無忌也養士「致食客三千人」；楚國春申君也有三千賓客。和這些養士的公子相同的，在趙國就屬平原君趙勝，平原君養士也不下數千人，這些養士之家，無疑成為知識分子集聚之地，而士之集聚地自然成為學術研究的中心。

　　趙國的邯鄲學術風氣不同於齊、魯，也不同於秦、楚。齊國的臨淄以稷下學派著稱，儒家學說或陰陽五行學說占主要地位；而秦國則一貫堅持

上篇　發跡

法家傳統，到昭王時代尚且「無儒」；趙國的邯鄲則不同，這裡的學術以包羅百家為其特點，舉凡戰國時代各個主要學派的代表人物，幾乎都在趙國留下足跡。

首先是儒家學派，孔子逝世後，儒家分為八派，其中主要是孟軻和荀況，孟軻長於詩書，荀況長於禮，而荀況就是趙國人，他曾遊學於齊國的稷下，到過燕、秦、楚等國，其活動年代大約在西元前298年至西元前238年。

值得注意的是，荀況在趙國的時代恰恰是呂不韋和異人在邯鄲的那幾年，從呂不韋以後所表現出的思想觀點來看，荀況對他有很明顯的影響，荀況與孔丘、孟軻的儒學最大的不同點，在於他批判地吸收了儒家以外的一些理論觀點，如性惡說和「重法」思想以及五行學說……等等，這些思想在呂不韋的一生活動中都有反映。

荀況又是法家集大成者韓非（約前280年至前233年）和法家學說的實踐者李斯的老師，另外，據《漢書‧藝文志》記載，屬於法家的《處子》九篇，作者處子也是趙人，可見，邯鄲也是法家學說的重要講壇。

再者，著名的古代邏輯家──名家公孫龍，也是趙人，為平原君趙勝的門客。其他如道家、墨家學派的人物都曾來過邯鄲或在這裡長期為客，這就使得邯鄲的學風既不同於稷下，也不同於關中的咸陽，而是以「雜」為其特點。

公子異人揣著呂不韋的錢，在這裡結交賓客，不僅不拘一格地廣結各派士人，為呂不韋和自己網羅一批羽翼和爪牙，而且無形中接受各家各派思想觀點，極少有先秦各學派的門戶之見，這為後來呂不韋在秦養士，和以《呂氏春秋》為代表的「雜家」學派的產生奠定了基礎。

邯鄲是呂不韋和公子異人的發跡地，也是他倆的政治搖籃。

二　咸陽密策　質子賣身

呂不韋安頓好異人之後，又用五百金購買各種新奇物品、珍貴特產，然後打點行裝，啟程向西，直奔秦國而去。

◆ 豔后憂思

趙國的邯鄲距秦國國都咸陽有千里之遙，呂不韋攜著大批行李長途跋涉，經過韓、魏等大國和一些小國，沿途關卡盤查，兵、匪騷擾自不在話下，辛辛苦苦地奔波了幾個月，終於進入函谷關，抵達秦國本土。

一進入秦國境內，呂不韋就感受到這裡與關東地區迥然不同的風土和民情。他的車騎緩緩地走在華山腳下通往咸陽的「平舒道」上，左側巍峨的華山聳立，右側湍急的黃河在這裡轉彎向東流去，函谷關像一個瓶口控制住出入秦國本土的通路，極目向西望去，八百里秦川一片沃野，南山鬱鬱蔥蔥長滿了檀、柘、松、竹，平原上種植著稻、麥、菽、稷，村落間雞犬之聲相聞，農田裡阡陌井然有序。

儘管呂不韋是個商人，也能看出秦國的關中地區是個土地肥美、物產豐富的地方，一路上，呂不韋所見到的秦國人，也都保留著先民周人的遺風，對種田、稼穡之事十分認真，這一點與他的老家濮陽和他到過的邯鄲完全不同。秦人不像關東人那樣浮華，也沒有那麼多人趨利而棄農經商，皆是安分地固守本業，踏踏實實種地為生。

僅從裝束上觀察，秦人也不像衛、趙等國那裡的人們穿戴時髦、輕佻，一般百姓都相當樸素，剛剛從繁華、奢靡的邯鄲來到這裡的呂不韋，愈接近秦國國都咸陽，感受愈深，一路走來使他對秦國必勝的信心愈來愈

上篇　發跡

堅定，從而對此次政治交易的成功愈來愈有把握。

其實，對秦國必勝的看法，不只是呂不韋一個人有，當時一些有遠見的政治家、思想家都能看得出這個大趨勢，尤其是秦國以外的關東人，親自來到秦國本土實地觀察，就會得出相同的結論。

就在呂不韋入秦的前後，有一個著名的大學者、思想家趙人荀況也來過秦國考察，到咸陽後，見到正在秦國執政的范雎，因為荀況已是名揚各諸侯國的有名人物，范雎以禮相待，會面時范雎不免問客人，來秦國後有何見聞和感想。

荀況當即以其思想家的高度，概括地說出他對秦的觀感道：「秦國所處的地理位置相當好，又有山林川谷之利，物產豐富，這是一大優勢。」荀況不慌不忙地侃侃而談：「我到貴國後觀察地方風俗，明顯地感到這裡的老百姓都很樸實，不尚浮華，從秦國流行的服裝和音樂中，也強烈地感到，這裡的人們不喜歡浮躁和輕佻。」

荀況這樣說，顯然是與東方的諸侯國特別是鄭、衛、趙這些國土內的風俗對比而言的，這位老先生是嚴謹的學者，每句話都是有根據的。接著他又評論起秦國的政治道：「秦國的老百姓對官府很害怕，都服服貼貼地聽從政府官吏的擺布，遵守法令；而衙門裡的官吏，則個個奉公執法，認真為朝廷辦事，不偷懶，不營私舞弊，這樣的官和民真是太理想了。」

在荀況的政治理想中，上古的官民關係就應是如此，其實這僅是他個人的想像，不過，對秦國的吏治，老先生還是很滿意的，他接著說：「還有貴國的士大夫，也都守法奉公，出家門進官府，出官府即回家，從不結黨營私、拉關係培植私人勢力，每個人都識大體、顧大局；再看朝廷，處理政務簡捷明快，絕不拖沓，也未見為煩瑣細務糾纏賴皮的情況，真像恬然無治的樣子。」

二　咸陽密策　質子賣身

「恬然無治」也是荀況最高的政治理想，最後，荀況得出這樣的結論道：「怪不得秦國不斷取得勝利！這不是僥倖，是必然的結果啊！」[16]

荀況不愧是一位大思想家，他觀察、研究秦國社會制度、風土民情之後概括出來的結論，是相當正確的。當時的秦國不僅在軍事上較關東各國強大，而且在內政上也建立起了一套適合社會發展的制度，在各諸侯國中是最先進的，可以說秦國已經初步建立了保障中央集權便利行使的官僚制度，為統一以後以至此後的數千年的官制奠定了基礎。

咸陽是秦國的政治中心，這裡在秦王以下有一整套中樞官僚機構，政治中樞最高官吏有丞相和國尉（統一全國後稱太尉），丞相又稱相國、相邦，有時亦尊稱相君，秦武王時始置，負責協助國王掌萬機，總攬朝政，分右、左二人，以右為上；國尉掌武事，為全國最高軍事長官，昭王時已設，出征時國尉命將軍統兵，下有尉、司馬等等，相國及其他大官皆有屬官，一般的屬官為「舍人」。

在相國、國尉之下的官吏有：

太祝。穆公時置，掌宮內禮儀。

大夫。穆公時置，有太中大夫、中大夫、諫大夫等等，多至數十人。

郎，或郎中。惠文王時已置。

謁者。掌宮內接待，昭王時置。衛尉。掌宮門保衛。

典客。掌蠻戎事務，屬官有「行人」。尚書。主在殿中發書。

太醫令。主醫藥。屬官有侍醫。

宦者令。掌宮內宦者，屬下有宦者或稱寺人、閹人。

佐弋。主弋射。

永巷令。掌宮人。

---

[16]　見《荀子・強國》。

鐵官長丞。掌鐵專賣，商鞅變法後置。下有左採鐵、右採鐵客卿。中尉。

太傅，或曰太子師、太子傅。庶子，等等。

以上這些官員除無御史大夫外，基本構成統一後「三公、九卿」官制的基礎。

在中央機構之下，全國各地設郡、縣兩級政權，商鞅變法時，全國普遍設縣，成為秦國政權基本地方單位，郡只是邊境之軍事組織，隨著地域擴大，郡才成為縣以上的一級組織，不過在呂不韋抵秦之時，秦尚未統一中國，在秦國統治地區，郡縣制尚未完全實行，至西元前262年（秦昭王四十五年）左右，秦國已設的郡有：

上郡，秦惠文君十年（西元前328年）由魏歸秦。

巴郡，秦惠文王更元十一年（西元前314年）始置。

漢中郡，秦惠文王更元十三年（西元前312年）始置。

蜀郡，秦惠文王更元十四年（西元前311年）始置。

河東郡，秦昭王二十一年（西元前286年）始置。

隴西郡，秦昭王二十八年（西元前279年）始置。

南郡，秦昭王二十九年（西元前278年）始置。

黔中郡，秦昭王三十年（西元前277年）始置。

北地郡，秦昭王三十五年（西元前272年）始置。

南陽郡，秦昭王三十五年（西元前272年）始置。

隨著秦國領地擴大，郡數也逐漸增加，至秦始皇統一中國的西元前221年，已達到三十六郡的規模。

郡的長官為郡守，亦稱太守；郡以下設縣，有縣長或縣令；縣以下則

有鄉、里組織；鄉、里以下又把百姓編為什、伍組織，五家一伍，十家一什，平時生產，戰時出征當兵。

這一整套官僚行政機構，就將全國各地牢牢地控制在以國王為首的專制政權之下，為全國統一後的中央集權政治制度奠定了基礎。

為取得兼併戰爭的勝利，秦國軍事制度實行全民皆兵，凡成年男子皆須服兵役，故秦國的兵源充足。秦昭王四十五年（西元前262年）遊說之士統計各國的兵力如下：

燕國：地方二千餘里，帶甲數十萬。

趙國：地方二千餘里，帶甲數十萬。

魏國：地方千里，武士二十萬，蒼頭二十萬，奮擊二十萬，廝徒十萬。

楚國：地方五千里，帶甲百萬。

秦國：帶甲百餘萬。

這還是在呂不韋入秦前的情況，到呂不韋抵秦後，魏國、楚國的軍隊實力已遠遠小於上列數字，而秦國的兵員數已大大超過上列數目。

秦軍的戰鬥力之強，已為各國所公認，當時人稱：秦國車千乘，騎萬匹，孔武強壯的「虎賁之士」在戰場上不戴盔甲，揮舞刀戟，奮勇殺敵如入無人之境；秦國的良馬，矯健的騎士，揚鞭奮蹄一躍九尺，馳騁疆場，這樣精壯的戰騎，多得不可勝數[17]，這種形容絕不是沒有根據的。

秦軍之所以強大，原因之一是有充足的糧食給養，後勤補給相當豐裕。

秦國糧食積貯豐裕，源於農民生產熱情高，而農民之所以具有極高的生產熱情，乃是和秦國實行土地私有制有關。在春秋戰國期間，各諸侯國大多繼續維持西周以來的土地國有制，「普天之下，莫非王土」，無論從觀

---

[17]　見《史記·張儀列傳》。

念上還是從實際上，勞動者所耕種的土地都不屬自己所有，儘管井田制破壞以後，春秋以來各國都有承認私田的改革，如魯國在西元前594年實行的「初稅畝」，秦國在西元前408年實行「初租禾」，按實際占有的土地徵稅，表示承認私人田產的事實，但真正將國有土地分給私人所有，乃是商鞅變法之後從秦國開始的。

商鞅變法時為獎勵軍功，規定殺敵一「甲首者」除賜爵一級外，還賜田一頃、宅九畝，也就是說這一頃九畝地就由國家的公田變為私田。據統計，自商鞅變法以後，到昭王四十五年之前，可查到的秦軍殺敵數已近百萬人[18]。若以其中百分之一為「甲首者」計，則有一萬人。這就意味著上萬頃國有土地變為私田，再加上其他途徑出現的私有土地（如個人私自開墾荒地），則秦國的私有土地數量可觀。而這種生產關係的變化，直接也形成巨大的生產力，使得秦軍取得勝利有了根本保障。

秦國的法律制度也是當時最先進、最完備的，自商鞅變法樹立法的威信之後，歷代國君無不重視立法、守法，依法治國，不僅商鞅時代有利於強國的法令，在以後的各代國君統治時期繼續生效，而且不斷建立新法。據現代出土的秦簡數據可知，秦法到昭王時代就已相當嚴密，法律形式方面就有令、律、法律答問（法律解釋）、爰書（法律文書格式）……等等。在律令內容上，已經有田律、倉律、廄苑律、金布律、關市律、工人程、均工、徭律、司空、置吏律、效律、軍爵律、行書律、內史雜、尉律、屬邦……等等。從律名上看遠遠超出戰國時魏國李悝始作《法經》時六律的範圍，荀況說秦國是戰國時法律最完備的國家，確是有根據的。

秦國的國君一貫重視依法治國，而不是僅憑君主的個人權力處理問題，就在呂不韋來秦之前，有一次秦昭王生病臥床，消息傳出宮後，有的百姓買牛當犧牲為昭王禱告，祈禱保佑昭王早日恢復健康，大臣公孫述

---

[18]　見拙作《秦史》，臺北五南出版公司1992年出版。

二　咸陽密策　質子賣身

見百姓如此擁戴國君，興沖沖地到宮中向昭王報告：「報告大王，百姓聽到大王病重，都買牛為王祈禱，企望大王康泰。」他原以為會博得昭王欣喜、稱讚，沒想到昭王聽到之後，不僅沒表示絲毫稱讚之意，反而下令：「凡買牛為我祈禱的人，罰二副甲。」

接著，昭王解釋要罰的理由說：「秦國法令規定，不准私自殺牛。沒有得到允許而殺牛為寡人祈禱，這固然是愛寡人。但因愛寡人就這樣不顧法令，也因此而改法令，豈不是將法令破壞了嗎？法不定，是亡國之道。不如對每個破壞法的人都罰二甲，而保障法的威信使國家立於不敗之地。」眾臣民聽到昭王說的這個道理，更加心悅誠服地守法了。不過，昭王這樣做，是為了維護法的尊嚴，絕不是替老百姓著想。

還有一年，秦國發生饑荒，許多百姓無糧。應侯范雎向昭王請求開放國王宮內五苑，讓饑民入內拾蔬菜、橡果、黍粟以度過災荒。

昭王堅決不准，理由也是不能因此破壞法令，他說：「我們秦國法令規定，民有功受賞，有罪受罰。今天你要把五苑開放，讓有功無功者都入內得到蔬果，這實際是破壞秦法，讓他們吃點蔬菜果實是小事，從而把有功者賞、有罪者罰的法令原則破壞，這可是大事，不如不開放五苑而保持法令的嚴肅。」當然，百姓有無可食之物，昭王就不關心了。但由此可以看出秦國國君對法令的重視。這是秦國政治清明的一個重要原因。

總之，秦國的政治制度在當時的各諸侯國中，具有極其明顯的優越性，不僅思想家荀況看得很清楚，就是呂不韋也不可能不知道，他雖然沒有荀況那樣高度的概括能力，但當他運載著沉重的行李進入關中、走向咸陽的旅途上，一定也會得出荀子那樣的結論。

呂不韋一路觀察，一路思索，終於到達秦國國都咸陽。

咸陽，這座自秦孝公十二年（西元前 350 年），商鞅變法過程中建設

起的國都,是一個有計畫修建起的新興城市,它地處渭水之濱,坐落在渭水兩岸東西並行的大道交叉處,呂不韋的車騎沿著渭南的一條古道由函谷關、崤山直抵潼津(在今西安市臨潼區),一到這裡就感覺到國都的氣氛,儘管此地距咸陽城尚有數十里之遙,但秦王陸續修建的離宮別館已列於大道兩旁的渭北高原和南山腳下,而臺榭陂池和陵寢、苑囿則分布於咸陽東西兩方的數十里內。

整座城市的布局甚具浪漫色彩,沿著北原高亢的地形營造殿宇,並以這些殿宇為中心,殿門向四個方向伸展開來,有如天上諸神之首的上帝所居的「紫宮」;滔滔東去的渭水穿過都城,恰似銀河亙空,劃破無垠星野;而橫橋飛架,把南北的宮觀闕廊連接起來,真像在滿天星斗的蒼穹裡飛來的「鵲橋」,使牽牛、織女得以團聚[19]。

秦人崇尚神靈和吞併全國的野心在國都咸陽的布局中充分地展示出來,不過,剛剛來到咸陽的呂不韋對這裡的寬闊街道、整齊房屋和宏麗殿宇都沒有多大興趣,當他找到館舍暫時住下來之後,就急急地尋找門徑,設法面見華陽夫人。

在太子安國君的後宮,華陽夫人正侍奉著太子日夜宴飲,嬉戲遊樂,不過在宴飲、遊樂之餘,年輕的華陽夫人獨自對鏡時,也時時有一陣陣悲涼的憂思掠過心頭,一種莫名的寂寞和空虛襲來,使她覺得似乎生活中還缺少點什麼,而且,常常有一種恐懼感騷擾著她,尤其是在太子撫愛和溫存之後,意興闌珊之際,細細體會著受寵的欣快時,偶爾又夾雜著一絲絲失落感,這究竟是為什麼?華陽夫人自己沒有深想,反正日夜有多情的太子眷戀,餐餐有珍饈美味品嘗,處處都能顯示出比妃、夫人、妾、姬優越的地位,還有什麼值得憂慮的事呢?

---

[19] 見《三輔黃圖》。

二　咸陽密策　質子賣身

身居深宮的豔麗夫人大概還不懂「居安思危」的哲理，不過對王室內部的傾軋和姬妾之間的爭鬥，她不會沒有體會，在得意之餘隱隱地憂慮，在歡快之後淡淡地哀愁，這位工於心計的華陽夫人的心弦輕輕顫抖，這種莫名的心緒若不昇華為理性的思考，並作出冷靜的判斷，則只能永遠停留在她個人身上，屬於與社會無關的少婦閨情或豔后宮怨之類的情愫。

然而，因華陽夫人的特殊地位，這種完全屬於個人情感上的因素，卻又可以和嚴酷的政治鬥爭連結起來，甚至決定一代國君的命運，開啟華陽夫人理性之窗的不是別人，正是從邯鄲匆匆趕來的濮陽大賈呂不韋。

千里迢迢地來到咸陽，呂不韋唯一的目的就是向華陽夫人遊說，然而，要面見深居後宮的寵妃談何容易？只好在咸陽住下來，慢慢找尋接近華陽夫人的門路。

以其商人特有的鑽營精神，呂不韋很快找到了門路，不用說，他攜來的豐厚禮物必定發揮了作用。

一天，呂不韋去見新結識不久的陽泉君，這是他到咸陽後最重要的一次行動，因為陽泉君是華陽夫人之弟，也是能和華陽夫人說知心話的少數幾個人之一，向陽泉君遊說無異於面見華陽夫人。

「足下大禍臨頭，該判死罪。」呂不韋一見陽泉君的面，劈頭就說出這樣一句令人毛骨悚然的話：「難道還不知道醒悟嗎？」

陽泉君嚇了一跳，不知說什麼好，急於聽下文。

「足下全家沒有一個不居高位、當大官的，府上駿馬多得沒處放，後院美女數不過來。」呂不韋把早已準備好的話不慌不忙地說出來：「再看看安國君的兒子，家裡的人卻沒有一個有權有勢的。如果有一天安國君嚥氣離開人世，他兒子有了權，足下不是如同坐在火山口上，說完蛋就完蛋嗎？」

上篇　發跡

「敝人有辦法可使足下避災得福。」像戰國時期的遊說之士一樣，呂不韋也有一套煽動人的技巧，話頭一轉：「能讓府上全家長保富貴，永無危亡之患。」

「請趕快告訴我吧！」陽泉君自然心急如焚地想知道怎樣才能躲災趨福。

於是，呂不韋將在邯鄲與異人策劃的方案如此這般地端了出來，陽泉君聽後大喜，立即找到他和華陽夫人的姐姐，把呂不韋的話又複述了一遍，華陽夫人的姐姐也頗以為然，急急入宮找華陽夫人談話。

「我聽說，憑年輕、漂亮贏得男人寵愛的女人，一旦年老、不那麼好看了，男人對她的寵愛也就減少啦！」姐妹間說話十分坦率，姐姐開門見山，直接點到華陽夫人的要害。

聰明的華陽夫人經姐姐一語道破，立即明白了平日何以常常有莫名的惶恐襲來，在滿足之餘究竟是什麼原因感到悵惘和迷茫，原來靠色相而取得寵幸的女人，其地位是極不保險的，歲月無情，無論多嬌豔的女子，使用任何「永駐青春」的方法，都不能阻止隨著時光的流逝而變老，昨日黃花少女，明天白髮老嫗，這一淺顯道理往往被人忘記，經姐姐一點，華陽夫人簡直不寒而慄。

呂不韋的遊說之所以一語中的，打動華陽夫人及其一家人的心，除了「以色事人不能長久，年老色衰就會失勢」這個淺顯的道理以外，還有一個最根本的原因，那就是呂不韋來咸陽之前，秦昭襄王四十二年（西元前265年）宣太后離開了人世。

宣太后不僅是對秦國政局影響最大的一位王太后，而且是秦、楚間特殊關係的一個關鍵人物。

春秋戰國時期，秦國在和東方、南方的諸侯國以致四周的戎、狄的關係中，唯有和楚國的關係極為特殊，這種特殊關係不是表現在秦與楚之間

二　咸陽密策　質子賣身

時而伐攻、時而會盟友好，或是在友好期間也不斷相互攻伐方面，這些和中有戰、戰中有和的現象在秦與其他諸侯國之間也不例外，其特殊的點是秦與楚兩國在戰爭和友好的關係中表現出更多的感情色彩，也就是說，秦、楚兩國王室成員之間個人恩怨的因素，在兩國關係中占有極重要地位。

當然，個人情感的因素在處理諸侯國之間的關係中產生一定作用，這在春秋戰國時期是不可避免的，然而各諸侯國間皆無秦、楚間的關係突出，這首先表現在聯姻的活動上，為加強聯盟關係，國與國之間王室聯姻是一種重要的政治手段，秦與魯、趙、魏、韓等國都有嫁娶之事，然而聯姻最多的一個諸侯國則是楚，自春秋以降，見諸文獻記載的秦國自外娶妻十五次，其中來自少典之子、姚姓女、太戊女、驪山之女（以上均為傳說時期）、申侯女、魯、晉、韓、趙各一次，來自魏國的兩次，而娶自楚國的女子則有四位之多。

秦國王室女子出嫁在外的共十三位，其中嫁給豐王、越王、燕、齊、趙的各一位，嫁給晉的兩位，而嫁往楚國的秦女則多達五位[20]。

可以看出，無論是秦王室女子出嫁國外，還是外國女子嫁給秦國王室，與楚的聯姻都比與其他諸侯國多出幾倍。這種顯然超過其他諸侯國間的親密關係，隱隱約約地透露出秦、楚兩國歷史上不同尋常的淵源。

秦、楚間有什麼特殊關係呢？

如果追根溯源，可以清楚地發現秦、楚兩國的祖先有極密切的血緣關係，據偉大的史學家司馬遷撰的《史記》記載，秦、楚的祖先都是顓頊之後，這雖是傳說，但也可看出秦、楚之間較秦人與周人、殷人之間的血緣更近，從《史記》中的記載來看，殷、周人的祖先與秦、楚人的祖先不

---

[20]　見拙著《秦史》。

同，乃是玄囂、蟜極[21]，這種傳說反映了秦、楚人和殷、周人來自兩個不同的種族；此外，秦人嬴姓，楚人熊姓，古音嬴、熊相通，這就進一步證明秦、楚同祖的傳說是有根據的。

直到西元前11世紀西周王朝建立之初，秦、楚和殷、周淵源的不同，人們仍相當清楚，西周王朝的統治集團，主要是姬、薑兩姓氏族組成，周初大封諸侯，多係姬、姜兩姓封國，貴族通婚也多限在兩姓之內，這樣就形成「家天下」的格局，天子為「大宗」，諸侯為「小宗」，周天子既為天下「共主」，又是氏族制中的大家長，這種宗法制維繫著的西周王朝，跨越了四個世紀，到西元前8世紀，西周王朝結束，歷史進入春秋時期，周天子成為有名無實的「共主」，但對各諸侯國來說，他仍是「大宗」，是宗法制的「家長」。春秋戰國時期有爭霸實力的大國中，主要的仍是姜、姬兩姓的諸侯，然而，在春秋戰國時期的大國中，有兩個大國不屬於姬、姜兩姓，因而也不歸於周天子的宗法系統，這兩個大國就是秦國和楚國。

秦國和楚國在周天子宗法系統的諸國──例如齊、魯、晉、燕及後來的韓、魏等──眼中，始終被視為外族，處於被排斥、被蔑視的地位。在商鞅變法之前的秦，仍被視為「戎狄」，楚國則被譏為「南蠻」、「荒蠻」，事實上，秦、楚兩國立國也確實很晚，與西周立國時分封的諸侯不同，秦國長期處於原始社會不定居的遊牧社會階段，西周時代尚在西方邊陲牧馬，社會文明處於很低的階段。

到西周末年，周王室衰落，秦人趁機發展，才勉強當上了附庸，所謂附庸就是沒有資格直接向周天子呈送貢獻，而將自己希望送給周天子的貢品附在其他諸侯的貢品之中，請有資格呈貢品的諸侯帶上。直到西元前770年，周王室被戎、狄趕出關中，西周滅亡，平王東遷，因秦襄公護送平王逃難有功，最後才指定已被戎、狄占領了的關中為秦人領地，秦從此

---

[21] 見《史記》中之〈五帝本紀〉、〈夏本紀〉、〈殷本紀〉、〈周本紀〉、〈秦本紀〉。

二　咸陽密策　質子賣身

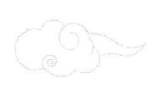

才躋身於諸侯國的行列，可見秦立國很晚，也不像晉、魯、燕等國與周王室有宗法關係而立國。

楚國的經歷也與秦相仿，西周以前楚人散居在南方長江流域，被中原民族視為「蠻夷」，到周成王時，楚人的祖先熊繹才被周人封於蠻夷，其地位也不能與中原的諸侯國相提並論，其正式成為諸侯國的時間比秦還晚，西元前 740 年，熊通才自立為楚武王，且之後許多年內都沒有得到承認，三十五年之後楚武王尚自稱「我蠻夷也」，請求周王室承認他的尊號。

秦、楚兩國在中原各大國的統治者眼中，是「非我族類，其心必異」的外族人，而秦、楚這兩族之間，則有相當密切的關係，除前面提到的傳說中共同的祖先外，在相當長的時間內，他們自視與中原各諸侯國不同，以外族人自居，而這種心理狀態，又促成秦、楚兩國相互之間的接近和交流，從而在文化心理素質及價值觀方面有更多的一致之處。

在秦、楚早期歷史上，兩國的友好關係維持了絕大部分時間，而很少有戰爭的紀錄，就是在春秋時期秦穆公稱霸期間，秦與各國間不斷進行戰爭，也只同楚國發生了兩次小衝突，其中一次衝突後兩國痛定思痛結盟明誓，要世代婚姻、永通婚好，這種相互認同的關係確實保障了秦、楚兩國間數百年內很少有大戰爆發，而留下較於其他諸侯國更多的聯姻紀錄。

到戰國時期，秦、楚之間的戰爭次數增加，其激烈的程度一點也不比其他各國小，然而儘管戰爭是一樣的，但秦、楚之間的戰爭顯然帶有極濃烈的感情色彩，這是別的國家所沒有的。

秦、楚之間的這種特殊關係，在秦惠文王更元十三年、楚懷王十七年（西元前 312 年）時，秦、楚之間的一場衝突中，由秦國所發的一封公文得以充分證明。

在這場衝突中，秦惠文王派兵伐楚之前，先到宗廟祈禱，並在祈禱詞

上篇　發跡

中羅列楚懷王「罪惡」，說明伐楚的正義性，在歷數楚王罪該重懲的劣跡中，特別回顧秦、楚之間的親密關係，在這一段溫情脈脈的文字中，秦王指出，昔日我先君秦穆公及楚成王協力同心，兩邦若一，用婚姻將兩國的友好關係牢固地結合起來，並對天盟誓，保證子子孫孫世代不發生戰爭，接著話鋒一轉斥責楚懷王違背十八世之盟約，在國內暴虐無道，對秦國則興兵侵略，發動戰爭。最後，禱詞宣布：秦國即將傾全國兵眾伐楚以自救，並祈神威之助，打敗楚兵，這就是歷史上有名的〈詛楚文〉[22]。

兩國交戰發檄文，指責敵國「罪行」，宣布我方出師的「正義」性，這並不奇怪，但〈詛楚文〉所不同的是在全文中特別強調「我先君」與楚國「同心」，和楚懷王之「背盟」，其文句幽幽怨怨似兄弟吵架，似夫妻反目，而不像兩國交兵，恰恰反映了秦與楚非同一般的關係，這種關係決定了兩國間的聯姻，以及聯姻中嫁娶雙方在各國的政治生活中，必然發揮到相當大的作用。

秦昭王時代的宣太后之所以能長期控制朝政，不僅因她是昭王的母親，是太后，更重要的是她來自楚國，是楚國貴族芈家的女人，而在當時的各大國中，除秦國之外，楚國是最強的一個諸侯國，戰國末期「帶甲之士」逾百萬者，只有秦、楚兩國而已，故而，儘管在范雎奪權代替魏冉專政以後，宣太后也隨之顯得失勢，然而楚國仍是一個足以與秦國抗衡的大國，所以宣太后在秦國的勢力並沒有徹底消失，芈氏家族在秦國王室內的影響力仍不容小視，而呂不韋要說服的華陽夫人，正是宣太后所代表的芈氏家族中的重要一員。

簡而言之，華陽夫人之所以得寵，一方面因她年輕美麗，更重要的是她與宣太后同出於楚國的芈氏，這一深層原因在當時人和後世人的心裡是

---

[22]　見《全上古三代秦漢六朝文》。又〈詛楚文考釋〉，見《郭沫若全集》考古編第九卷，科學出版社1982年出版。

二　咸陽密策　質子賣身

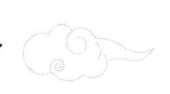

十分清楚的,她有宣太后為靠山,加上風流、豔麗,自然得寵於太子,即使姿色稍差,也有恃無恐。

但若宣太后一死,華陽夫人必定頓失靠山,從而也失去了與楚國聯繫的紐帶,即使其青春永保、風韻不減,失勢的前景也是昭然若揭的。

呂不韋選擇在宣太后去世之後向華陽夫人遊說,是經過深思熟慮後周詳的安排?還是偶然的巧合?反正歷史給了他成功的機遇,使他設計的關鍵一招順利實現。

聽了對自己現實處境及前景的分析,華陽夫人確實感到了危機,如何保持住受寵的地位,如何避免屢見不鮮的失寵后妃的悽慘、可怕的前景,是她迫切想要知道的,怎麼辦?只有透過姐姐、弟弟向呂不韋討教,而呂不韋則適時地將早已策劃好的奪權方案和盤托出。

◆ 深宮定計

任何一個正確的謀略,都是建立在對客觀形勢清醒分析的基礎之上的,呂不韋設計的方案,也是在了解秦王家族內部矛盾的前提下提出來的。

呂不韋曾對陽泉君分析過華陽夫人及其家族將要面臨的危險前景。他說:「秦王年事已高,太子安國君不久就可繼承王位。然而當今受寵的華陽夫人卻連個兒子都沒有,安國君另外的夫人所生之子子傒就有繼承其父地位的資格,子傒身邊還有一個能人士倉輔佐,一旦子傒順利登上王位,士倉掌權,華陽夫人全家絕沒有好日子過,說不定會從此絕戶哩!」

呂不韋這番話也並非僅是危言聳聽,當時貴族內部的爭鬥,這種情況層出不窮。

「現在趙國的異人,是位賢才。」呂不韋亮出底牌,同所有的商人一樣,賣什麼就吹什麼好,他接著說:「這位異人公子,雖非華陽夫人所生,

卻也是安國君之子，被送到趙國當人質，怪可憐的，他連做夢都想回秦國，若能使華陽夫人將其認為兒子，並勸其父立異人為繼承人，將來異人就可當秦王，華陽夫人當太后的夢想也就能實現了，真是異人無國而有國，王后無子而有子，豈不兩全其美！」

透過華陽夫人的弟弟陽泉君和其姐之口，呂不韋的看法和主意被灌輸到華陽夫人的頭腦中。

「你既然也知道『以色事人者，色衰而愛弛』的道理，」姐姐對妹妹說：「現在太子愛你，可惜你又無兒，如不趁目前有利地位早作打算，將來我們的命運都不堪設想，最好的辦法是在安國君的這些兒子中，找一個對你忠心的認為己子，然後勸安國君立他為嫡子。這樣，你的丈夫在世，你的地位尊貴，丈夫死後，為王的還是你的兒子，你的權勢仍不動搖，這真是一句話就可獲萬世之利啊！」不難看出，這番言論都是從呂不韋那裡販來的。不過，為了說服華陽夫人，道理還需反覆地、不厭其煩地講：「若不趁現在受寵時辦這些事，將來色衰愛弛時，丈夫都不願看你一眼，那時要說什麼他還能聽你的嗎？」

其實，華陽夫人不用他們如此苦口婆心地反覆勸說，也早已朦朦朧朧地預感到自己可怕的前景，只是一經道破心中更明確了，潛藏於羋氏家族性格中的野心和絕不甘居人下的精神，一下被激發出來。她決定接受呂不韋提出的方案。

這時，呂不韋適時地獻上從關東帶來的禮品，又不失時機地向華陽夫人誇獎在趙國的異人，說他如何「賢」「智」，又說他如何遍結天下賓客，以暗示其有一定勢力，呂不韋特別強調異人多麼忠心地崇拜華陽夫人說：「異人把夫人您當作他自己的親媽。」呂不韋把謊言說得像真話一樣道：「他整日思念著夫人您和父親安國君，想得他天天哭泣，別提多傷心啦！」

二　咸陽密策　質子賣身

鬼才知道異人是不是對華陽夫人真有如此深的感情！說不定他此時正在邯鄲擁著嬌妾美姬調情嬉笑呢！好在華陽夫人聽到這些阿諛之詞十分高興，對異人產生了好感。

華陽夫人的姐姐同呂不韋緊密配合，進一步給華陽夫人出主意：「異人確是好孩子！」她也必須幫著呂不韋吹捧異人，否則這個「貨」就推銷不出去，她接著說：「他知道自己不是長子，親生母親又得不到寵幸，願投靠夫人你，甘心給你當兒子，夫人何不趁此時把他立為嫡子，永保妳的地位呢！」

這個建議與華陽夫人自己的想法不謀而合，華陽夫人當然願意，痛痛快快地接受了呂不韋的建議，於是，她等待時機向安國君推薦異人。

有一天，瞅準了安國君無事，心情又好，華陽夫人向他讚揚起異人來了。她先說異人被送到趙國表現如何「賢」，從趙國來的人沒有不說異人好的，說著說著，這位夫人竟抽抽搭搭地哭起來道：「妾身有幸得到您的恩寵，可又不幸無子。」她一面啜泣，一面嬌滴滴地軟語，大凡人在傷心哭泣之時，很難把話說清楚。只有那些工於心計的厲害女人，才一面裝得極度悲傷，同時還能把要說的話表達得明白無誤。華陽夫人就屬於這種女人，她說：「請求您把異人立為嫡子，並當我的兒子，好讓妾身有個依靠。」

看著愛姬可憐巴巴的神情，安國君焉有不允之理，當即答應華陽夫人的請求，並刻符為據，此時尚遠在邯鄲當人質的異人，就此搖身一變成為秦國王位的繼承人。

既然地位變了，當然也不能再當人質，於是秦國派呂不韋前往趙國，請趙國放回異人，但當時秦、趙兩國關係正值緊張之際，趙國豈肯輕易將異人放回，呂不韋又施展出他的遊說本領，他對趙王說：「異人這個公子，

上篇　發跡

是秦太子的寵子，他自己母親雖不得寵，可現在最得寵的華陽夫人將他認為兒子了，貴國若強留異人，一點用處也沒有，如果秦國決心屠趙，根本不會顧及一個在這裡為質的異人，若貴國能送異人回秦國，將來異人登上王位，必定對趙有好處。」巧舌如簧的呂不韋如此這般地一番遊說，最後竟說服了趙王，同意將異人遣送回國。呂不韋這一招棋又贏了。

正在異人和呂不韋歡天喜地地打點行裝準備回國之際，卻發生了一件大事，使異人無法成行，只好待在邯鄲等待時機。

這件大事就是秦、趙間發生的長平之戰。

自從韓國的馮亭將被困在秦軍包圍之中的上黨「獻」給趙國之後，秦軍的進攻矛頭也就由韓國轉向趙國，貪圖小利的趙孝成王為了一片戰火中的土地而引火燒身，秦、趙兩國又一次正面展開了廝殺。

趙孝成王在接受上黨之後也知形勢嚴峻，即派老將廉頗率兵駐守由上黨通向趙國邯鄲的咽喉之地長平，以抵禦秦軍進攻。廉頗是趙國名將，不僅戰功卓著，而且品格超群，早在趙惠文王十六年（西元前283年）就因率兵伐齊大獲全勝而被拜為上卿，在趙國位居眾臣之首，其勇猛善戰聞名於各國諸侯。後來，藺相如也因功被拜為上卿，位居廉頗之上。這引起廉頗的嫉妒和不滿，他竟有意刁難和汙辱藺相如，在寬懷大度、深明大義的藺相如忍讓並誨以「先國家之急」的大義之後，廉頗幡然悔悟，徹底捐棄前嫌，甚至主動向藺相如「負荊請罪」，在歷史上留下「將相和」的千古美談，趙孝成王派這樣一位有膽識、有謀略的老將守長平，是十分恰當的部署。

廉頗接受任務後，分析敵我雙方實力，認為秦軍以得勝之師進攻趙國，氣勢銳不可當，但其軍隊遠離本土，兵源、給養難以及時補充，一定急於攻城取勝，而趙國軍隊雖有距後方近的優勢，但戰鬥力則遠遜於秦軍，不

二　咸陽密策　質子賣身

宜急於與秦軍展開正面較量，因此，廉頗決定採取以逸待勞的戰術，堅持守城以消耗秦軍實力。

他向軍中宣布，秦軍攻城，趙軍堅不出戰，違者以軍法處置。於是，無論秦軍如何挑戰，趙軍皆巋然不動，堅守壁壘，在當時的武器條件下，這種戰術竟使秦軍毫無辦法，只好長期圍城，趙軍堅持守城，雙方在長平對峙近三年之久，始終不分勝負。

年復一年的對壘，顯然對遠途出擊的秦軍十分不利，經過大本營的謀士們研究、分析，秦國君臣終於醒悟到不能再繼續僵持下去，他們決定破壞趙國軍隊「以逸待勞、堅不出戰」的方針，就策劃了一個離間趙國君臣的陰謀。

秦昭王四十七年（西元前260年），在趙國的前線陣地和國都邯鄲突然流傳開一個消息，開始，人們還是在私下裡悄悄地議論，很快就成為公開談論的話題。

「秦國軍隊其實並不怕廉頗。」有人這樣說：「為什麼？」

「因為廉頗暗地裡和秦軍勾結呢，別看他表面似乎挺忠於趙國。不然為什麼不主動出擊，老是守在城裡？」

「秦軍真正怕的是誰呢？」

「秦軍最怕的是馬服君趙奢的兒子趙括。」

軍營、陣地、街頭、巷尾中的這些議論，原來都是秦國派出的間諜有意散布的，而這些謠言又迅速傳入趙國王宮，愚蠢的趙王不僅對自己的臣下缺乏最基本的了解，而且對這種極明顯的離間性質的謠言也沒有任何辨識能力，當聽到秦國不怕廉頗而怕趙括的謠言後，糊塗的趙孝成王竟下令撤換前線主帥，以趙括代替廉頗為將，有效地抵禦秦軍進攻達三年之久的大將廉頗，竟這樣輕易地被撤換下來了。

上篇　發跡

代替廉頗到長平率兵的趙括是怎樣一個人呢？其實他是一個只會「紙上談兵」的角色。

趙括本是將門之子，他的父親趙奢乃是趙國名將，其軍事才能和戰功並不亞於廉頗，因而被封為馬服君。趙括自幼學習兵法，在談論兵法時，這個年輕氣盛的小將說得頭頭是道，有時連趙奢也說不過他，趙括也以為自己兵法精通無人能比，可惜，自視甚高的趙括只善於空談軍事，卻毫無實際的戰鬥經驗，更不懂書本上的理論如何運用到實踐中去，更可悲的是恃才傲物的趙括一貫自以為是，根本聽不進旁人的勸告，而趙孝成王卻輕信敵軍謠言，任命趙括代替廉頗統兵，這就埋下了悲劇的禍種。

其實，悲劇並非不可避免，對於趙括的致命弱點早有不少人看出，在長平之戰開始以前，藺相如就說趙括只知照搬書本，不會結合實際靈活運用軍事知識，如同「膠柱鼓瑟」（把瑟上面的弦用膠黏住，還妄想撥響瑟弦），就是他的親生父親趙奢也毫不掩飾地斷言：「趙括若為將，軍隊就會毀在他的手裡。」

「你根據什麼這樣說？」趙奢的妻子、趙括的母親不解地問道。當時趙括還未被任命為將，母親聽到對自己兒子如此評價，不免憤憤不平，反問的口氣不免略有不滿。儘管這個評價是趙括親生父親、有名的將領趙奢給出的。

「兵法是生死存亡的大事。」趙奢冷靜地分析道：「但趙括小小年紀竟把戰爭這件事說得似乎是輕而易舉的，豈不是十分危險的嗎？」知子莫如父，趙奢一針見血地指出趙括的致命弱點：只會誇誇其談，不務實際。趙括的母親聽到趙奢如此分析，也深以為是，如果藺相如和趙奢這些看法能影響趙王，大概趙王不會任命趙括為將，悲劇也不會發生。

可是，當趙孝成王任命趙括之時，趙奢早已去世，黑白不分、是非不

二　咸陽密策　質子賣身

辨的趙王根本沒有聽取趙國國內任何人的意見，而是按照秦軍的意圖撤回廉頗，派趙括接任長平前線軍事統帥，當得知趙括即將赴任之時，趙括的母親挺身而出，毅然上書趙王反對自己的兒子趙括為將。

接到奏書後，趙王連忙召趙母詢問：「你身為趙括生母，為何聲稱趙括不能為將？」

「妾的丈夫趙奢在世為將時，知己的朋友甚多。」趙母從容回答，她先從趙括的父親說起：「吃飯時至少有數十人，平時親密的朋友也有百八十位，趙奢從大王這裡得到賞賜，每次都全部分發給屬下軍吏、士兵。接受戰鬥任務後，一心一意謀劃戰事，從不問家務。」

趙王在上面耐著性子聽著，對老將的遺孀和剛任命的青年將領的母親，不好隨便發脾氣，只好神色木然地讓老太婆說下去。

「可是，今日大王任命趙括為將，」趙母話鋒一轉，說到趙括道：「他一接受委任，就神氣活現地面朝東接受將士拜見，威風凜凜，嚇得屬下都不敢正臉看他一眼，大王賜給他的錢財金帛，趙括全藏在家裡，而一門心思地想著購置良田美宅，從這些表現就可看出他比起乃父究竟如何了。」

「趙奢、趙括父子絕不是一個類型的人，請大王務必收回成命，不能委趙括為將。」趙母情懇意切地又補充強調，態度十分堅決。

「這件事我已決定，不能變了！」趙王根本聽不進任何意見，他不願改變已發出的命令，大概覺得那樣做會有礙國王尊嚴，許多君主往往把個人面子看得比國家利益還重，趙王更是如此。

「若大王一定要派趙括為將，請准許妾身的一個請求。」趙母見無法說服趙王，只好無可奈何地提出最後的請求。

「什麼要求，說吧！」趙王只得應付她。

「若小兒趙括在指揮戰鬥中犯法被刑，妾身請求不要牽連於我。望大

王寬赦我免受連坐之罰。」趙母這個撕心裂肺的要求，分明是用另一種形式給趙王敲警鐘，誰知最後這一著也沒有對趙王發揮任何作用，昏瞶的趙王竟答應了趙母的「請求」，仍然堅持派趙括立即啟程，換回廉頗。

於是，一切可以避免悲劇發生的機會都失去了。等待著趙國的是一場空前的大慘敗。

志得意滿的趙括率領親信從邯鄲奔向長平赴任，秦國的離間計得逞了。

針對趙國走馬換將的新形勢，秦軍及時改變軍事部署，秦昭王四十七年（西元前260年），秦國增派殺人不眨眼的白起為上將軍，以王齕為裨將，加強對趙國的攻勢，準備著一場惡戰。

趙括到長平接任廉頗統軍後，立刻改變了戰術。他認為原來堅守不出的策略是怯弱畏敵，遂下令全線出擊，交戰起初秦軍佯裝敗走，暗地卻埋下伏兵，當趙軍追逐秦兵時，秦軍退入城內，同時又以一支部隊斷絕趙軍糧道，趙軍開始時尚能與秦軍對抗，後來則漸漸不支，另一支秦軍部隊則進擊趙軍後方，將趙軍截斷在兩處，徹底壓住趙軍反擊的力量，數十萬趙軍被困在壁壘之中不敢出戰，只得等待救兵，因糧道已斷又無救兵，自七月至九月，趙軍四十六日無糧，因飢餓待斃，以致人相食。原來誇海口的趙括，此時束手無策，最後只好決定孤注一擲，下令向秦軍包圍部隊拚命突擊。他魯莽地親率部隊出戰，結果被秦軍射死，趙國軍隊失去主帥立即瓦解，四十萬人向秦軍投降。

長平大戰，秦國取得勝利，趙國誤中反間計，輕易換主帥，以致慘敗。而誇誇其談紙上談兵的趙括則成為後世的反面典型。趙國戰敗固屬必然，但趙國士卒卻實屬無辜，秦將白起是個殘酷成性的屠夫，趙軍投降後，由於擔心不易統轄，他竟下令將四十萬降卒全部活埋，只留下幼小的二百四十人歸趙，放回之前又把這些虎口餘生者割耳、截肢弄成殘廢，讓

二 咸陽密策 質子賣身

他們回去後宣揚秦軍的「聲威」，製造了歷史上空前的大慘案，藉以威嚇趙人。

長平一戰，趙國損失士卒達四十五萬之多，秦軍死亡也超過一半。這是戰國時期秦、趙間最大的戰役之一。

長平大戰期間，異人自然無法飛越戰場返回秦國，而在長平戰後，秦軍緊接著就向趙國國都邯鄲逼進，趙王也就改變主意，禁止異人回國。

異人不能回國，無可奈何地在邯鄲混日子，呂不韋也在邯鄲替異人尋找機會逃出趙國，就在這期間，呂不韋和異人又成交了一筆生意。

呂不韋在邯鄲早選中了一個姿容豔美又善舞的年輕女子與其同居——這個女人的名字，可惜現已不可考，姑且稱她為邯鄲姬吧！有一天，邯鄲姬告訴呂不韋說，自己已經懷孕，肚子裡有了呂不韋的孩子，呂不韋聽到後，立刻計上心來，當晚就請異人到自己和邯鄲姬的住宅飲酒。

貪杯好色的異人得知呂不韋宴請，當然欣然赴約，這一次不同以往，在宴席間不僅有美酒佳餚，還有一位妖冶、風流、豔麗動人的少婦陪伴飲酒。大概第一眼看到這位美人，異人的魂就被勾走了，幾杯黃湯下肚，更不能自持，仗著酒蓋臉，也未及問清楚這女人和呂不韋的關係，就起來向主人請求：「把這個美人贈給我吧！」異人涎著臉，無恥地向呂不韋提出要求。

「豈有此理！」呂不韋心中暗自欣喜，但表面上卻裝出一副生氣的樣子，喝斥他道：「這是我的姬妾，你如此無理，我絕不饒你。」說著就裝模作樣地要與異人拚命、絕交。異人嚇得連連請求寬赦，但好色之心仍促使他死皮賴臉地向呂不韋要這個美人。

「既然我已破產棄家為你奔走，也沒什麼捨不得的了！」經過一番掙扎，呂不韋最後以無可奈何的口氣嘆道：「既然你喜歡她，我就送給你了。」

上篇　發跡

　　呂不韋的「慷慨大度」幾乎使色迷心竅的異人感激涕零，恨不得跪下來給他磕幾個響頭，他心中充滿感恩之情，歡歡喜喜地、心滿意足地把那位風流、標緻、肚子裡懷著呂不韋孩子的邯鄲姬接回了住處，在烽火連天的邯鄲城裡過起「恩愛夫妻」的生活。

　　這是呂不韋的又一筆投資，它的效益要在秦國下一代國君身上收回。

　　呂不韋在邯鄲一面與異人做著風流的生意，一面緊密注視秦、趙間戰局的發展。

　　長平大戰之後，被白起有意放回的士卒倉皇逃回邯鄲，他們拖著殘廢的身子向人們描述著四十萬趙軍被活埋的殘酷一幕，消息一經傳開，趙國國都一片驚惶，舉國上下進入備戰狀態。

　　對於呂不韋來說，這種形勢則是喜憂參半，喜的是秦軍戰勝，於將來稱王的異人無疑有利，憂的是當前趙國失敗，當然不可能輕易放歸異人，而異人的命運就是呂不韋的命運，他自然不能不以全部精力關注著秦、趙的戰局。

　　長平大戰之後，白起乘有利形勢，率秦國之師，繼續向韓、趙兩國進攻，秦昭王四十八年（西元前259年）十月，秦軍攻占上黨，接著，白起命王齕率一路軍攻占趙國的武安皮牢（今山西省翼城縣東北），又命司馬梗率另一路軍攻太原（今山西省太原市），白起率秦軍主力留在上黨，準備進攻邯鄲。

　　邯鄲告急！

　　早在大軍壓境之前，趙國就加強了對秦國質子異人的控制，急於消滅趙國的秦國也無暇顧及一個人質，率軍的大將白起更不會想到邯鄲城內的質子會是秦國未來的國王，異人在當時的形勢下隨時有被趙王殺掉洩憤的可能。

二 咸陽密策 質子賣身

不過不管形勢如何緊張，異人依然過著花天酒地的日子，自娶了邯鄲姬之後，守著妖冶的美人，這個花花公子在外尋歡作樂的時間似乎少了一些。一年以後，秦昭王四十八年（西元前259年）正月，邯鄲姬生了一個兒子，取名為「政」，稱嬴政，因生在趙國，又名趙政，他就是後來的秦始皇。

政的誕生給歷史留下千古之謎，首先，就是他父親是誰的問題，據一些記載說，秦始皇的生母嫁給異人之前，就已懷著呂不韋的兒子，而且這是精心設計的；另一個記載卻又說異人之妻「大期」而生子政，於是有人考據，「大期」者超過十二個月也，既超過十二個月，所以不可能是呂不韋的兒子，說秦始皇是呂不韋的私生子，乃是當時和後來恨秦始皇的人攻擊、汙辱之詞，不足為據。

如仔細考察呂不韋和秦始皇的生平，及後世有關數據，可以肯定後一種說法是缺乏根據的。因為：第一，證明趙政與呂不韋關係非同一般的不僅是一兩處記載，在呂不韋死之前的許多行為中，都可顯示蛛絲馬跡。第二，即使是邯鄲姬「大期」超過十二個月而生趙政，也不能排除趙政與呂不韋有血緣關係的可能，這是由於呂不韋與邯鄲姬的私通，並未因她與異人結婚而中斷，這種關係一直延續到趙政繼王位之後，既不斷有發生性關係的可能，又如何能證明她與異人婚後所生之子是異人的而不是呂不韋的呢？何況古今中外不能按期生產──早產或遲產──的嬰兒亦不在少數，何以趙政的降生必須十個月內呢？第三，關於趙政是呂不韋的私生子這個問題，當時的人並不太避諱，秦國王室內部對這一類事的態度與後世所想像的大為不同，呂不韋同趙政的關係，在當時似乎是公開的，直到漢代人們尚不懷疑他們的血緣關係。

這裡有一段歷史故事可證明，西漢末年，丞相王商為人肅敬敦厚，深得成帝（西元前32年－前7年在位）敬重，皇太后下詔，欲選徵王商之女

入宮，王商卻託辭女兒有病謝絕，不料王商的政敵王鳳卻抓住此事大肆散布謠言，說王商有意與太后作對，使王商處於困境，王商無奈，又透過成帝新寵李貴人將女兒獻給皇帝，而王鳳之徒又攻擊王商別有用心，說他步呂不韋後塵，「求好女以為妻，陰知其有身而獻之王，產始皇帝」。

把王商獻女說成是和呂不韋一樣，將有孕之女送給君主，從這個記載來看，呂不韋這件事在漢代就已成為無可懷疑的定論，所以王鳳之徒才能用它作為攻擊王商的口實[23]。漢代的史學家對此也都不曾產生過懷疑，司馬遷在《史記》中就鄭重地記下此事，而東漢的班固作《秦紀論》也直接將秦始皇（趙政）稱為「呂政」，唐代大史學家司馬貞就解釋「呂政」就是呂不韋的兒子，連秦始皇的姓都改了，可見，漢人唐人對趙政是呂不韋的私生子一事，深信不疑也毫不諱言。

基於以上三點理由，應當說秦王政來歷之謎是不難解開的，之所以產生問題，主要還是後世人們對於秦國文化傳統中的價值觀和道德觀缺乏了解，認為「私生子」和「私通」乃極大之恥辱，故當時秦始皇的政敵可能以此事汙辱、攻擊他，實際上秦國宮室內部並非將這一類問題看得如後世那樣嚴重，如果真有攻擊秦始皇者，也不必以此為武器，而後世人則認為私生子乃奇恥大辱，對秦王嬴政之母竟長期與呂不韋私通，以及其本人為私生子之事不敢置信，始出而百般辯護，這種態度是極不可取的，事實上歷史上許多偉大人物都是私生子[24]，這並不妨礙對其一生評價的肯定或否定。

趙政誕生後出現的第二個謎就是：異人本是秦國公子，本姓嬴，但趙政卻何以姓趙？固然是因政誕生於趙國邯鄲，這種解釋並不錯，但尚不甚完全，若以此推理，難道秦人生於齊就可姓齊或姓姜了嗎？可在歷史上從

---

[23]　見《漢書・王商傳》。
[24]　如耶穌和孔子，見威爾斯（H. G. Wells）《世界史綱》及《史記・孔子世家》。

二　咸陽密策　質子賣身

未見到過這種記載，秦人嬴姓出生於本國外的後裔有別姓的，只此一例，看來，嬴政之所以又姓趙，除了生於趙國以外，尚有別的奧祕。

這個奧祕就是秦趙同源。

考察秦人和趙人的祖先後發現，原來他們出於同一始祖，也就是說上溯至遠古，秦人和趙人是同族。

據《史記‧秦本紀》記載，秦人是顓頊之後，其後代繁衍若干世後，至中衍為帝太戊禦，其後世又有蜚廉，蜚廉有二子，其中一子為惡來，事殷紂王，西周興起，周武王殺紂王，惡來也被殺，其弟季勝，即為趙之祖先；惡來之後，即為秦之祖先。《史記‧趙世家》也記載：「趙氏之先，與秦共祖。」這些記載都說明秦、趙同源，來自一個祖先。

除了以上兩項記載外，還有多方面證據可以證明秦、趙同源，其一是共同的圖騰崇拜，秦、趙祖先皆以鳥為圖騰；其二是秦、趙兩國在歷史上受宗法制影響皆不大；其三是秦、趙兩國文化傳統相近，特別是國人價值觀，幾乎相同；其四是秦、趙兩國人的審美觀皆是唯大尚多，這些都可證明秦、趙的祖先是相同的[25]。

秦、趙既出自同一祖先，那麼對於政來說姓嬴和姓趙皆無不可，而若非同族，則僅生於趙地即為趙姓，是與古代姓氏的嚴格規定不相符的，自西周建立以後，姓氏就有一套極其詳細嚴密的制度，每人一出生即確定了根據其祖先父輩代代相傳繼承下來的姓氏，絕不允許任意改動。姓和氏也有嚴格的區別：姓是代表有共同血緣關係的種族稱號，起源甚早，形成後非常穩定；氏則為由姓衍生出來的分支，較為後起。西周時期，氏只有貴族才有，男子身為氏族的主體，因姓已毫無疑問，故只稱氏而不稱姓，女子則因需要出嫁至他姓而必須稱娘家的姓，這種姓氏的規定是周禮的一項重要內容，具有相當於法律的效力，改動姓氏是絕對不允許的，甚至貴族

---

[25]　見拙作《秦趙同源新證》，《河北學刊》1988 年第 3 期。

上篇　發跡

買來的姬妾、侍女也首先要辨姓，若不能弄清她的姓，就要動用當時最高的裁判方式——占卜來確定其姓，由此可見，姓氏的確定在古代絕非隨心所欲，而嬴政若非與趙同祖，即使生於邯鄲恐亦不能定為趙姓。

從嬴政又稱趙政這一千古之謎，又令人得知早被忘卻的秦、趙同源這一奧祕。

異人在邯鄲娶姬生子，樂不思秦，似乎忘掉回國之事，誰能料到，風雲變幻，這期間戰爭又發生變化，給已淡忘了回國之心的異人歸秦創造了條件。

戰爭是政治的繼續，而政治的變幻真如天空的風雲變化一樣難以預測，秦軍如乘勝進攻邯鄲，以白起率領之得勝之師不停地攻擊，趙國的覆滅指日可待，然而白起滿懷必勝信心，在上黨等待秦王發出向邯鄲進攻的命令，卻遲遲沒有得到來自咸陽的消息，一直拖了兩個月之久，一天，突然傳來秦王的命令：停止進攻，讓士卒休息，允許韓、趙兩國講和。這真出乎白起的意料，秦軍失掉了一次占領邯鄲的大好時機！但被困在城中的異人卻因而避免了一場厄運。

為何會發生如此大的逆轉呢？這都是秦國內部矛盾的結果。

范雎在秦國代替魏冉為相之後，秦國的政治和軍事確實有一番起色，不過，此人乃是一個心胸狹窄、難以容人的小人，他見白起率兵在外捷報頻傳，一方面為自己當政以來不斷取得勝利而高興，同時又害怕白起的戰功愈來愈多，其地位超過自己，長平之戰後，范雎見白起取得偌大戰功，胸中的妒火實在無法忍受，這時，韓、趙派來說客向范雎遊說：武安君白起率兵在外功勞很大，眼看就要把趙國滅了。如果白起占領趙國國都邯鄲，必然被封為「三公」，若白起為「三公」，「君能為之下乎？雖欲無為之下，固不得矣」。那時您不想居白起之下也不由您了！這些挑撥的話恰

二　咸陽密策　質子賣身

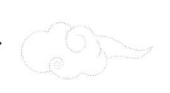

說到范雎的心病，真如火上澆油，於是，以他如簧之舌花言巧語，說服昭王，令白起停止進攻，罷兵講和，理由本不難找，無非是秦兵在外日久，耗費日多之類[26]。

在上黨接到罷兵、講和命令後的白起，儘管心中明鏡似的，知道這都是范雎從中作梗，但也無奈，只好眼看著滅趙的計畫成為泡影，憤憤撤兵，班師回國，從此他對范雎的仇恨日深，兩人的矛盾愈加尖銳。

白起和范雎的爭權，逐漸發展成你死我活、勢不兩立的爭鬥。

范雎鼓動秦昭王退兵與韓、趙講和，原來提出的條件是韓國割垣雍，趙國割六城，但當白起退兵後，只有韓國實現了諾言獻出了垣雍，而趙國則不願割六城給秦，並且，趙王還派虞卿去齊國，企圖聯合齊國抗秦。

秦昭王見趙國不履行講和協議，感到受騙，又令白起率兵攻趙，已經班師回國的白起卻對秦王的決定表示公開反對說：「臣下不能接受大王的重託，也不同意秦國再次出兵攻趙。」

白起明確向秦昭王陳述自己的看法道：「長平大戰，秦軍取得勝利，趙軍徹底失敗，趙軍喪膽，秦人士氣大振，當時大王不讓乘勝追擊，已失去機會，秦軍得勝後歸國，舉國歡騰，國家對戰死者以厚葬，對負傷者以厚養，對有功勞者給以獎賞，不惜錢財慶祝勝利。而趙國失敗後對戰死者卻無力收葬，對戰爭中負傷者也不能撫養，財力窘迫，舉國只有涕泣相哀，所謂『哀兵必勝』，在這種形勢下，趙國軍民必然同仇敵愾，勠力同心，發奮圖強，努力生產，耕田疾作。現在，大王要發兵攻趙，就是用比前次多一倍的兵力，大概也難取得前次那樣的勝利，因為，趙國防守的力量、士氣、民心可比以前強十倍了。」

白起的話固然有對范雎不滿的成分，但主要還是從當時實際情況出發

---

[26]　見《戰國縱橫家書》。

上篇　發跡

得出的結論，是有一定道理的，秦國已失去對趙實行殲滅性打擊的最好時機。所以他反對進攻趙國。

見秦昭王對這番話無動於衷，白起又反覆申述自己的看法道：「趙國自長平之戰失敗後，君臣憂懼，早朝晚退，改善內政，注重外交，不惜以財帛婦女，與燕、魏結親，與齊、楚聯盟。全國上下一心，以抗秦為首要任務。經過這一段努力，趙國內部已經鞏固，對外關係也取得成就。現在要攻擊趙國是不合適的！」

就是如此反覆說明趙之不可攻，無奈秦昭王主意已定，根本不聽勸告，見白起不願接受任務，固執的秦昭王遂改派五大夫王陵統兵伐趙。

秦昭王四十九年（西元前258年），正月，五大夫王陵率秦兵攻邯鄲，果然不出白起所料，秦軍在進攻途中，就受到趙國軍民的頑強抵抗，將卒傷亡慘重，以致不能前進。

當前方戰事失利的消息傳回到秦國國都的時候，秦昭王又想起白起。他派人召白起入宮，準備令他代替王陵率兵，沒想到白起竟聲稱有病，不肯出馬，但前方節節失利，昭王心急如焚，又令范雎親自勸說白起就任。

范雎本來就嫉妒白起，如何能真心請他率兵？而白起也對范雎心懷不滿，當然也不會買他的帳，儘管如此，白起也還是從大局出發，向范雎說明此時伐趙絕無取勝可能的理由，希望范雎說服秦昭王撤兵，然而，范雎早就準備用自己的親信代替白起，所以白起的誠心不僅沒有感動范雎，使范雎勸說秦昭王改變攻趙的計畫，反而給范雎以激怒秦昭王對白起不滿的機會。

「回稟大王，白起不願率兵伐趙。」范雎如此這般添油加醋地對昭王說。

昭王聽到范雎彙報，勃然大怒，他根本不理會白起不出兵的原因，下令派王齕代替王陵統率秦軍，並增派士卒，繼續向邯鄲進攻，擺出一副不

二　咸陽密策　質子賣身

要白起也能滅趙的姿態，可是，事實與秦王的願望相反，秦軍增兵易帥並沒有改變前方形勢，正如白起所料，趙國軍民化悲痛為鬥志，同仇敵愾，防禦力極強，加上各國援兵支持趙國，秦軍在邯鄲附近八九個月之久，毫無進展，兵卒消耗甚多，死亡慘重。

在無可奈何的情況下，秦昭王不得不又求助於白起，這一次昭王「禮賢下士」，放下架子，親自到白起府邸，強令他掛帥出征，但耿直得近於不識時務的白起，仍託辭有病不肯答應，雙方僵持不下。

「你就是有病，寡人也要派你統兵。」昭王見說服不了白起，只好下令道：「你就為寡人躺在病床上指揮部隊吧！」

「大王的話說到這種程度，臣下也不能隱瞞自己的看法了。」白起不得不把自己在策略上與昭王的分歧和盤托出道：「請大王考慮臣下的意見，目前不是進攻趙國的時機，當務之急是減輕對趙國的壓力，取得趙國百姓的好感，等待趙國內部發生變化，設法令仇恨和恐懼秦軍的趙國人改變態度，製造使趙國君臣驕慢、輕敵的條件，等待時機成熟，秦國舉兵伐無道，號令諸侯，天下可定。此刻何必急於滅趙呢？」

白起不愧是軍事家，他不僅善於指揮打仗，也懂得利用民心。他的這番話無疑是對的，可是秦昭王根本聽不進去，以為他故意搗蛋，再加上范雎趁機火上澆油，秦昭王大發雷霆，下令削去白起的爵位，貶為「士伍」，即無爵的平民，並發配到陰密（今甘肅省靈臺縣西）流放。

接到被流放的命令時，白起仍在臥病，不能立即起程，一直拖了三個月，前線又傳來秦軍失利的消息，趙國聯合幾個諸侯國的軍隊，由防守轉為進攻，秦軍反而節節敗退，秦昭王無法扭轉前線的局勢，卻遷怒於白起，命他立即離開咸陽，一天也不准滯留。秦昭王五十年（西元前257年），白起只得帶病起程，悻悻地離開咸陽。

上篇　發跡

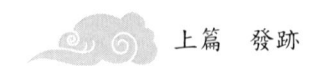

就在白起剛走之時，范雎又趁機向秦昭王進讒言加害白起：「白起對大王不滿，對給他的處罰不服，還說些牢騷話。」

秦昭王聞言更是怒不可遏，不問青紅皂白，下令派人追趕白起，此時白起剛剛走到距咸陽十里的杜郵，秦王派來的人追至，傳達王命，令白起「自裁」。可憐一代名將白起，別無選擇，只得接過使者送來的劍，仰天長嘆：「我究竟犯了什麼大罪，以致落到這樣的下場？」對這樣的問題，當然無人能給以回答。

「我確實該死！」停了一會兒，白起自己回答自己的問題：「長平之戰，趙國降卒四十餘萬人，都被我詐而盡坑之，就這一樁血債也足夠給我今天的報應了！」說罷，遂伏劍自殺。

「人之將死，其言也善；鳥之將死，其鳴也哀。」白起死前的自白，也許是他對自己一生的懺悔。據統計，自秦孝公至秦王政十三年止，秦國軍隊在各次戰役中殺人總數達一百六十五萬五千人之多，而白起為將的時期，正是秦國兼併六國的戰爭中殺人最多的一個階段，這期間僅斬首人數就有九十二萬，白起一生殺人豈止四十萬！而對於束手投降的敵軍竟發動數十萬計的大規模屠殺，更令人髮指，這種屠殺無辜的行為實為罕見，後代竟因此給他贈了一個血淋淋的稱號——「人屠」，可見其人多麼殘酷！不過，天理昭昭，善惡自有報應，這麼一個殺人不眨眼的「人屠」，最後也落到不得不自殺的下場，儘管他在秦國曾立下不可磨滅的汗馬功勞，但也不能逃過政敵的陷害，死於非命！這種現象背後，難道真有什麼因果在運作？還是普通的老百姓純樸厚道，他們對於死者，往往不太計較其生前的罪惡，卻常常同情其不幸的結局，人們在白起死後憐憫他死非其罪，就在秦國的鄉邑中為白起建立祭奠的祠堂，以寄託哀思。

白起自殺的這一年，呂不韋和異人的生活也發生了轉折性的變化。

二　咸陽密策　質子賣身

當秦軍進攻邯鄲之時，趙國就對異人加緊控制，到秦昭王五十年，趙國雖不斷挫敗秦軍進攻，但終不能使秦撤兵，在秦軍進攻之下，趙孝成王決定殺掉異人洩憤，幸虧趙國內部發生矛盾，使趙孝成王殺異人之念遲遲未能兌現。

呂不韋給的錢使異人在趙結交賓客又發揮了功能，在趙王還沒來得及殺死異人之前，消息就傳到異人和呂不韋耳中，他們知道邯鄲已不能再停留，決定伺機逃走，呂不韋在關鍵時刻出謀並祕密活動，拿出六百金賄賂監視異人的趙國吏卒，果然，錢在關鍵時刻充分發揮了作用，拿到錢的趙國吏卒痛快地將異人放走。

異人得到逃走的機會，也顧不上美麗的邯鄲姬和幼小的兒子，匆匆忙忙地離開趙國的監管地，飛快地與呂不韋溜出邯鄲城，投向秦軍駐地，幸好秦軍與趙軍暫時處於休戰狀態，秦軍前線將領就令人護送異人和呂不韋回到秦國首都咸陽。

◆ 子楚歸秦

呂不韋陪著異人歷盡千辛萬苦、擔驚受怕，惶惶如漏網之魚地回到咸陽後，第一要務就是見華陽夫人。這時，異人與自己生母夏姬雖也多年不見，而且她也在宮內，但因她不受寵仍在冷宮備受淒涼，呂不韋和異人也顧不上那麼多，對她只是置若罔聞，首先要向有權有勢的華陽夫人討好。

在入宮晉見華陽夫人之前，呂不韋為異人作了精心的安排，除了一招一式地教導他如何討得華陽夫人歡心外，還特意讓異人穿上楚地的流行服裝。戰國時期楚地的服裝是具有特色的，因楚地適於種麻植桑，有悠久的紡織歷史，所以楚地絲織品質地相當優良，服裝的手工精細更在其他各地之上，博袍、長裙為楚服代表式樣，絲綢輕薄而涼爽，博袍寬而且舒適，

上篇　發跡

女子的拖地長裙和男人的廣袖闊帶，均為楚地流行的服裝樣式，楚人奉祝融為先祖，祝融是火神，火尚紅，故楚人多喜歡紅色，楚王所穿就是「絳衣」；楚人又崇鳳鳥，其衣料上刺繡圖案多以鳳鳥為主，加上繁複的花紋、形狀怪誕的圖案，色澤豔麗的楚服是十分好看的。異人穿上這樣一身楚服，光彩奪人，比起在邯鄲時完全變了一個人。

呂不韋讓異人作這樣打扮，除了讓異人給王室中人留下一個追求時尚的印象之外，更重要的目的則是要討華陽夫人的歡心，因為華陽夫人是楚人，而且她對楚國的眷戀之心始終未減。

異人這一身裝束可以讓華陽夫人感到非常親切，喚起她美好的回憶，果然，這一精心設計確實取得了預期效果。

「太好了！」華陽夫人一見異人就禁不住高興地喊了出來：「我是楚人，難為你如此細心讓我高興，不愧是我的兒子，就改名叫子楚吧！」異人當然忙不迭地遵命謝恩，從此，他又有了一個名字——子楚。

有華陽夫人的厚愛，子楚身為安國君的嫡子的地位當然也更加鞏固，原先令華陽夫人擔心的子傒，繼承王位的可能性也愈來愈小了，在趙國充當人質的落難公子異人，終於在呂不韋的導演下回到咸陽的宮中。

華陽夫人對子楚有好感，認為他聰明好學，不斷在安國君面前誇獎他，殊不知子楚的那一點小聰明全是呂不韋教的，這個紈褲子弟在外多年，一直花天酒地，從不學習，只會吃喝玩樂，毫無真才實學。

有一天安國君突然問起子楚讀書的事：「你把唸過的書朗誦一段。我聽聽！」安國君有意測試一下這個久居國外的兒子到底有多大學問。

這一下可把子楚問住了，他搜腸刮肚想了半天也想不出自己會誦讀哪一段書，或許這時呂不韋正在身邊給了點暗示，他靈機一動說：「兒從小被送出去，在外沒有老師指教，不會朗誦。」意思是說自己雖有滿腹經

綸,只因沒有老師指導所以只是不會朗誦,其實他豈止不會朗誦!子楚根本沒讀過什麼書,大概安國君也原諒了他這個自幼沒有管教的兒子,見他不能誦讀,也就算了。

不過不學無術的真面目露了餡,對今後的前途總是個威脅,一定又是呂不韋在後面導演,時隔不久,子楚在安國君面前做了一次彌補前愆的表演。

「父親曾去過趙國,趙國豪門知道您的人很多。」子楚裝出一副憂國憂民又十分關心安國君的樣子道:「如今您回到秦國,再沒有和趙國的知名人士聯繫,兒恐其有怨心,圖謀危害秦國和父親,請下令邊境城門早閉晚開,以防奸細或殺手混入。」

這個不疼不癢的建議確實不算什麼「高見」,但出自庸碌的異人之口也很不易了,聽到這樣的話,安國君竟連連拍案稱讚,認為子楚提出了「奇計」,華陽夫人在旁趁機慫恿,使安國君最後下定決心,宣布子楚代替子傒的地位,成為王儲。

從此,異人便心安理得地在宮中等待,他要等著年老的秦昭王死後,把王位讓給父親安國君,然後再等安國君死後,自己登上王位,雖說這個目標似乎有點遙遠,但異人信心十足,因為當時的王位是年邁的爺爺昭王坐著,而尚未繼位的父親安國君已四十七歲,誰都看得出,安國君即使登上王位,這個淫逸成性的王儲也不會在國王的位子上坐長久,憑異人年齡更小這一條件,等待是大有希望的,但最盼望異人登上秦國王位的還是呂不韋,他所有的投資都要靠異人登上王位才能收回,是一本萬利還是輸個精光,關鍵在於異人能否繼位,所以,在異人漫長的等待期間,呂不韋一定是左右不離地守著他的「奇貨」,共同度過那焦灼、難耐的時光。

在呂不韋陪伴異人等候繼位的這一段時間,秦國內政、外交、政治、

上篇　發跡

軍事上都發生了重大的變化，客觀上為呂不韋將來的執政創造了條件。

在秦國內部，范雎和白起的矛盾以白起自殺而結束，范雎依舊當權，秦昭王只得讓范雎理政，因為他已經老得沒有精力過問太多的事務了。

范雎派自己的同黨鄭安平為將軍，與王齕共同率兵進攻已圍困數月之久的邯鄲，趙國的形勢時緊時鬆，但秦軍的威脅始終不能解除，邯鄲一直處於風雨飄搖之中。

趙國原來政治相當腐敗，君臣之間、大臣之間、官民之間，相互猜忌、傾軋，矛盾重重。但長平戰敗後在強敵久困之下，這些矛盾逐步降到第二位，多難興邦，趙國的內政開始有了轉機。

以當時的軍事實力，趙國一國絕對無法抵抗強秦的進攻，因此，趙國君臣於困境中加緊外交活動，爭取各國的援助，在趙國的盟國中，最重要的是魏國，趙、魏早已結成同盟，加上魏國當權的公子無忌將姐姐嫁給趙國當權的平原君趙勝，兩國關係更加親密。當秦昭王五十年（西元前257年）秦軍猛攻邯鄲之初，應趙國之請，魏王曾派大將晉鄙率十萬大軍救趙。但秦國派人對魏進行威嚇，聲稱「哪國敢救趙，將來拔趙後先打哪一國」，受威嚇的魏王害怕秦國報復，連忙下令叫晉鄙停止軍事行動。

邯鄲城中的趙國君臣和軍隊、百姓，在秦軍環伺下日夜盼望魏國援軍到來，但遲遲不見援軍蹤影，平原君趙勝就寫信給他的妻弟魏公子無忌，指責其背信棄義不能急人之困，並以親屬之情打動無忌，信中說：「你就是不顧我和趙國的困境，難道連你姐姐的安危都不管了嗎？」

魏無忌受到指責雖有救趙之心，卻也無計可施，因軍權完全掌握在魏王手中，而當時在位的魏安釐王又是極專斷的君主，根本不聽公子無忌的勸說。魏無忌只好下決心自己率百餘賓客上前線，準備與秦軍拚死，這種以卵擊石的衝動顯然無補於趙。

二　咸陽密策　質子賣身

　　後來，一個負責守城門的夷門監侯生向魏無忌獻計，讓魏無忌透過安釐王寵幸的如姬夫人竊出兵符，矯命調兵，魏無忌果然照此辦法竊到兵符，拿到發兵的虎符後，魏無忌親自到魏軍駐地——鄴，出示兵符令主將晉鄙交出兵權，晉鄙不相信虎符是真的，拒絕交出兵權，隨公子無忌來的壯士即舉起鐵椎殺死晉鄙，奪得軍權，魏無忌從這一軍中挑選八萬精兵，去解邯鄲之圍。

　　這時，趙國的平原君已率領二十位賓客，突圍至楚國求救兵。在賓客中有一位毛遂，最初並沒有受到平原君的重視，在平原君門下三年毫無貢獻，此時，見趙危急，毛遂也自告奮勇隨平原君出使，平原君一行到楚國後，楚王也畏懼秦軍，不願出兵。平原君與其他賓客從日出開始勸楚王，至日中，楚王仍不願派兵。最後還是毛遂出來，對楚王曉以利害，說明出兵救趙也是為救楚，並當場以武力脅迫楚王歃血定盟，出兵救趙，楚王無奈只好派大將景陰率兵救趙，向邯鄲方向進軍。

　　有了魏、楚援軍，趙國的抗秦力量大增，齊和燕本來就與趙保持合縱聯盟的關係，韓國則在新中這個地方襲擊秦軍，支持趙國，正是由於多數國家站在趙國一方，這就使秦國攻趙的軍隊頻頻失利。其實，秦國的白起早就指出這種不利的形勢，可惜秦昭王仍相信范雎的話非要進攻邯鄲不可。

　　秦軍的主力在王齕、鄭安平統率下進攻邯鄲，並以偏師攻魏。攻魏的秦軍取得一些勝利，但邯鄲則久攻不下。不過此時的邯鄲城內困境已到了最嚴重的時刻，楚、魏的援兵尚在途中，城內兵源已絕，糧草已盡，人們易子炊骨而食，一片悽慘景象，本來就不想救趙的魏王，又在這時派了一位說客新垣衍前來勸趙王投降，他出主意讓趙尊秦為帝，以換取秦國撤兵，但新垣衍的投降論調受到魯仲連痛斥，趙國軍民也不願向秦低頭。為鼓舞士氣，平原君趙勝將家財分給士卒，令夫人以下的家人都編入軍列，

表示共赴國難的決心，又徵得敢死之士三千人，大大地加強了趙國的戰鬥力。

趙國邯鄲城的軍民，在極其艱難的條件下，一直堅持到魏無忌和楚國的景陰率援兵趕到，才開始了一場激烈的會戰。

秦昭王五十年（西元前 257 年），秦軍在邯鄲城外與趙、魏、楚聯軍展開了惡戰，趙軍在內，軍民同仇敵愾，配合城外的魏、楚軍拚命向外衝殺。魏、楚軍從秦軍背後包抄上來，將鄭安平所率的兩萬秦軍圍困在中間，鄭安平突圍不出，只有繳械投降，秦軍主將王齕見敗局已定，率軍逃走，被困許久的邯鄲，終於在堅持到最後一刻時擺脫了危機，取得抗秦的勝利，白起的話竟不幸言中。

秦昭王五十一年（西元前 256 年），秦國又轉而向韓國進攻，取陽城（今河南省登封市東南），這時秦國駐守河東的統帥是王稽，范雎入秦時，曾依靠王稽覲見昭王，為報答王稽引薦之恩，范雎當權後就任命王稽為河東郡守，但王稽既無統帥才能，又無骨氣，在河東卻與外國勾結，出賣秦國利益，秦軍在邯鄲大敗之後不久，又在河東郡遭到魏、楚聯軍的打擊，以致河東郡和太原郡皆從此失守[27]。

秦國在邯鄲和河東的失敗，與用人不當有直接關係，鄭安平和王稽都是范雎舉薦、任命的，按照秦國法律：「任人而所任不善者，各以其罪罪之。」就是說，推薦、任命的人要對被推薦、任命的人負責，如果被推薦、任命的人在任職期間犯罪，那麼推薦、任命他的官吏，也要受到同樣的處罰。根據這條法律，王稽裡通外國，其罪應誅；鄭安平降敵其罪更重。秦昭王五十二年（西元前 255 年），范雎這個嫉賢妒能、結黨營私、獨掌秦國朝政幾年的丞相，終於從權力的巔峰跌下來，罷相後回到封地，不久病死，結束了他的一生。

---

[27]　見拙作《秦史》。

二　咸陽密策　質子賣身

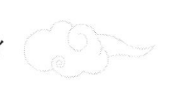

接任范雎為相的，是從燕國來的蔡澤，但蔡澤任相後僅幾個月，就遭到秦國人的反對，只得提出辭呈，退回相印。

秦國國王年邁，相國接連易人，使朝政動盪不安。「候補」的秦王異人和隱然以未來相國自居的呂不韋目睹這一幕幕鬧劇，自然暗中欣喜，至少他倆都盼望昭王早死。

沒想到秦昭王壽命特長，直到西元前 251 年，在位已有五十六年的秦昭王才戀戀不捨地離開人世。

在秦昭王臨死前的幾年中，秦國雖因朝廷缺乏精明的主政者而使前線的征伐稍嫌遲緩，但秦軍對東方各諸侯國的攻勢已如破竹，勝利的捷報仍不斷向呂不韋的耳邊傳來：

秦昭王五十一年（西元前 256 年），進攻趙國邯鄲的秦軍繼續向韓、趙發動攻勢，秦將摎伐韓，取得陽城、負黍（今河南省登封市西南），斬首四萬；又伐趙取得三十多個縣，斬首九萬，這時東方各國再次發動聯合抗秦，西周君也參加了這次行動。

在春秋以前被各諸侯國奉為共主的周天子，自春秋以來地位逐漸跌落。「大國爭霸」的形勢，把周天子所能直接控制的地盤擠得愈來愈小。進入戰國以後，周天子的權力所及的範圍，只限於現在河南省洛陽市附近的幾個縣，連一個小諸侯國都不如，周天子自己也不爭氣，御下無能，經常出內亂，旁邊的韓、趙、魏等國就常趁火打劫，使周愈來愈衰落。

西元前 367 年，周威公去世，少子公子根和太子公子朝爭立，發生內亂，韓、趙兩國幫助公子根在鞏（今河南省鞏義市西南）獨立，這樣，周就分為兩個──西周和東周。

西元前 256 年，各國聯軍出伊闕（今河南省洛陽市西南龍門），企圖截斷秦軍通向陽城的後路，昭王命秦將摎向西周進攻，西周君大驚，忙向秦

軍投降，頓首認罪，將其所有的三十六個城邑、三萬人口全部獻給秦國，當年，周赧王去世，從此掛名的天子也沒有了。次年，秦將代表天子的九鼎從西周遷到秦，相傳九鼎是夏禹時所鑄，象徵九州，夏、商、周時奉為傳國寶，擁有九鼎者即為天子，成湯時遷之於商邑，周武王遷之於洛陽。後來，周分為東、西兩個小國，九鼎則為西周擁有，因西周名義上始終為天子，西周國滅亡後，九鼎為秦取走，也就象徵秦王將為天下共主，即可名正言順地討伐各諸侯國而統一中國了，這對於即將主持秦國朝政的呂不韋來說，無疑是振奮人心的。

關於九鼎，據說其中有一鼎飛入泗水，實際秦國只得到八個，但習慣上仍稱九鼎，後來在漢武帝時，還曾派人在泗水打撈，也未撈到，這是後話。

因九鼎入於秦國，秦昭王五十三年（西元前254年），各諸侯國皆派使者來咸陽表示祝賀，韓國的國君桓惠王還親自到秦國入朝，遲到的只有一個魏國。

魏國緣何不入秦國祝賀呢？

原來，趁秦軍在邯鄲城外進攻失利之後，魏國就向秦地進攻。秦昭王五十三年（西元前254年）魏國一舉攻占了秦國在東方的屬地陶郡（定陶），並向衛國進攻，將呂不韋的家鄉、已成為魏國附庸的衛國徹底滅掉，衛國的滅亡在呂不韋的思想上應是一件大事，雖然這個小國早已名存實亡，但它畢竟是呂不韋的祖國，魏國消滅衛國對呂不韋來說必定有切膚之痛，所以，在呂不韋日後執秦國大政之時，又重新立了一個衛君，作為秦國的附庸，這無非是當權的呂不韋藉以寄託懷舊之情而已。

魏國伐陶，滅衛，無非趁秦國無暇東顧趁火打劫而已，其實秦軍實力此時仍遠超過魏軍，伐陶、衛之舉及不來朝賀，深深激怒秦王，於是，秦

二　咸陽密策　質子賣身

昭王令大將摎伐魏，奪取吳城。魏國見狀十分驚恐，緊急派人入咸陽，表示「魏國聽令」。

秦昭王統治的最後幾年，秦國實際上已經放棄主動向東方各國的進攻，只是在一些諸侯國挑起戰端時才予以反擊，然而，東方各諸侯國畢竟已失去反攻的實力，根本不可能扭轉秦國兼併各國的大趨勢，於是，就有遊說之士來到秦國替東方六國說項，企圖挽救其覆亡的命運。

「土地廣大並不能保障國內太平，人口多也不一定強大。」遊說之士向秦王提出這樣的警告，影射秦國能否取得最後勝利尚難肯定，這種危言聳聽的話是戰國時期的說客常用的話術：「如果土廣人眾就可勝利，那麼桀、紂之後一直可延續到今天，以前趙氏不是也曾強大過嗎？」

「你說這些是什麼意思？」年老的昭王還摸不清來客的用意。

「趙國曾強大一時，那時齊、魏都曾被趙打敗，千乘之國的宋也聽命於趙，衛國的國土也被趙國占領一大塊。」說客先說趙國曾經強大的形勢，但緊接著話頭一轉，才說出主旨：「當時，天下之士相互與謀，都說『難道我們就甘心向趙伏首嗎？』於是，大家決心聯合起來，在魏國率領下共同攻擊趙國，結果，把趙國的氣焰打退，從此趙王不再跋扈稱雄。」

「魏國打敗趙國之後，也稱起雄來。」說客見昭王不加反駁，進一步又說：「魏要稱天子，齊國知道後又率諸侯兵伐魏，結果魏被齊打敗，魏國國王只好抱質執璧，請求投降。」如此這般說了一大套，無非是一個意思：強者不足恃，因強國易招天下忌恨，而令諸國聯合起來共伐之，故有被攻擊之禍。其實，這種陳詞濫調早已不適合當時的形勢，秦的強大足以敵過東方各國的聯合進攻，橫掃六國的陣勢已擺好，搖唇鼓舌的說客自然無力改變這一趨勢，所以，昭王對於這種遊說根本未予理睬。

不過，昭王畢竟年事已高，秦昭王五十四年（西元前253年），大約他

097

上篇　發跡

已預感到在世的時間有限,就返回雍郊祀天。兩年後,這個統治秦國達五十六年之久的昭王離開了人世,在昭王有生之年沒有完成統一大業,只能由他的後繼者莊襄王和呂不韋,以及秦始皇來繼續完成了。

呂不韋和異人從秦昭王五十年回到秦國,到昭王去世,整整等了六年之久。而這六年中,異人所娶的邯鄲姬,以及邯鄲姬所生的兒子趙政還留在趙國的邯鄲,他們母子的命運如何呢？

當趙國發覺呂不韋和異人暗中從邯鄲逃回後,就扣住留在趙國的邯鄲姬和她的兒子,憤怒之下的趙王要殺死他們母子,幸虧邯鄲姬雖出身娼妓,卻依託豪門,有當地有勢力的豪門庇佑,將他們母子二人藏匿起來,使趙王始終未能捉住他們,才保全了性命。

自邯鄲解圍之後,秦軍對趙的壓力有所減輕,而趙與北方的燕國間的矛盾又驟然緊張起來。

燕、趙間的衝突加劇無疑在客觀上轉移了對趙政母子的壓力,因為這場衝突在燕、趙兩國都是極偶然的,然而,這一偶然事件卻保全了一位統一天下的偉人。

開始,燕王喜派丞相慄腹去趙,向趙王獻百金表示友好,可是慄腹從趙國歸來後卻向燕王喜獻計:「趙國青壯年都在長平之戰中死光,所剩下的都是老頭和小孩,可趁機伐趙。」

燕王聽罷大喜,又召昌國君樂間問伐趙之事。

昌國君樂間卻說:「趙國是善戰之國,民眾都習兵,不能伐。」

「我用多於趙國一倍的兵力進攻,行嗎？」燕王急於攻趙,想以多勝少。

「不行！」

「我用五倍的兵力,難道還不行嗎？」

二　咸陽密策　質子賣身

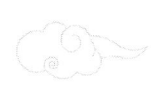

「不行！」

燕王聽樂間如此回答，當然不快，而其他大臣則隨聲附和，紛紛說一定能勝趙。於是在燕王喜四年（西元前251年），燕派慄腹和卿秦為將率軍向趙進攻。

趙國得到燕軍攻來的消息，當時廉頗尚在，趙王就派老將廉頗率兵迎敵，結果，趙軍一擊，燕軍即潰，慄腹被殺，卿秦和樂間均被趙軍俘獲，廉頗率勝利之師趁勢向燕國進攻。

在豪門庇護下的邯鄲姬，趁趙、燕交戰無暇追捕之際，依然偷偷地苦中作樂，放縱恣慾於亡命時期。

年輕、妖豔的邯鄲姬本性難移，自呂不韋和異人走後，難耐床帷寂寞，多方尋覓，找到「大陰人」嫪毐，此人能滿足淫蕩少婦的需求，邯鄲姬得到嫪毐，終日廝混，當然也不急於回歸秦國尋找異人和呂不韋，因此，在邯鄲的日子裡，她也不甚寂寞，不知不覺地已經過了六年，膝下的趙政，也快到九歲了。

上篇　發跡

中篇　成功

　　名號大顯，不可強求，必由其道。治物者不於物於人，治人者不於事於君，治君者不於君於天子，治天子者不於天子於欲，治欲者不於欲於性。

　　　　　　　　《呂氏春秋·貴當》

　　昔先聖王之治天下也，必先公。公則天下平矣。平得於公。嘗試觀於上志，有得天下者眾矣，其得之以公，其失之必以偏

　　　　　　　　《呂氏春秋·貴公》

中篇　成功

一　籌措既成　富貴斯取

呂不韋處心積慮地謀取秦國權位，從秦昭王四十五年在邯鄲操縱公子異人開始，十餘年來把一腔心血、全家財富，悉數投入到這筆投機生意之中，他那「富累千金」的家已不復存在，故鄉濮陽和故國衛國也在風雨飄搖之中。

生活對呂不韋來說已沒有任何退路，只有奮力前行，然而，在這場特殊的交易中，決定呂不韋能否成功的，不僅在於他自身方面的籌措，還要等到客觀的時機成熟，而呂不韋全部計畫的關鍵一著，就是異人登上秦國王位，只有候補秦王的繼承者公子異人成為秦國正式國王，呂不韋的鉅額投資才能產生出效益，在此之前，他只有等待，耐心地等待，在人生的歷程中，等待也是必不可少的內容，不善於等待的人是難以成功的。

難耐的寂寞等待，終於在秦昭王五十六年（西元前 251 年）到了盡頭。

◆ 相國擅權

老國王秦昭王駕崩的消息一傳出，全國上下都籠罩在一片哀悼、肅穆的氣氛之中，殯葬的禮儀是隆重的，這是秦國五十六年來的第一次大喪，百官和宮女、宦官個個身著喪服，普通百姓也都嚴禁喜慶歡樂，滿朝文武不免為埋葬國王的繁文縟節而忙亂一番。

陵墓是早已建好的，那是在灞水東岸的洪慶原上的芷陽，與先昭王而去的王妃唐八子合葬。原來繼昭王之位的孝文王（安國君）並非昭王的正妻——王後所生，而是一個媵妾——八子的兒子，昭王死後，孝文王繼位，第一件事就是主持其父的葬禮，「母以子貴」，孝文王尊自己親生母親為太后，並將唐太后與昭王合葬於芷陽。

一　籌措既成　富貴斯取

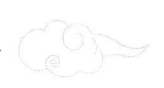

夕陽、衰草和秋日的蛙鳴，伴隨著低沉的哀樂，將叱吒一世的秦昭王送入冰冷黑暗的芷陽墓穴之中，當送葬的臣下剛剛散去，哀悼的氣氛尚未在落葉飄零、苔侵殿階的咸陽宮消失，就有人禁不住喜形於色、公開歡慶了。

首先為昭王去世而高興的是呂不韋，他所追求的目標畢竟又接近了一步。

因為昭王去世而歡欣鼓舞的第二個人是公子異人，他終於因父親繼承王位，而使自己成為王太子，離登上秦國國王的寶座，只有一步之遙了。

最直接的受益者，當然是安國君嬴柱。這位五十三歲的太子，在苦苦地等待了十幾年之後，終於坐上了最大的一個諸侯國的王位，其興奮之情可想而知。

登極大典以後，孝文王就連續釋出籠絡臣民的政令：赦罪人，弛園囿，把正在服刑的罪犯赦免出獄，開放國王園囿，令民眾出入採擇果物，這本是秦昭王極力反對的、因情枉法的政策，但孝文王一反其父的作風，迫不及待地宣布了這幾項措施，此外，孝文王又犒賞先王功臣，賞賜王室親族，這些做法無非希圖在臣民面前造成賢明君主臨朝的形象。

可惜這位待位多年的王儲，大約在宮中長期沉醉於安逸，在脂粉堆中過慣了淫樂生活，又長期迷戀華陽夫人這樣妖冶的女色，身體早已空虛，一旦臨朝掌政，無力應付繁雜的政務，加之稱王時的激動，在當了三天秦王之後，他就一命嗚呼，猝然而死，成為中國歷史上執政時間最短的君主之一[28]。

孝文王的殯葬禮儀也應與昭王一樣，不過隆重程度則相差甚遠，這位上臺僅三天的國王還沒有來得及給自己建陵墓就嚥了氣，而他死後繼位的是莊

---

[28]《史記‧秦本紀》載，孝文王「十月己亥即位，三日辛丑卒」。

中篇　成功

襄王（異人），實際就是相國呂不韋主政，主持修建陵墓的也是呂不韋。

對於孝文王的死，公子異人和呂不韋是早就盼望的事，哪裡還有興致給他大肆修建陵墓，孝文王的葬禮在呂不韋主持下只是草草走個過場，陵墓也相當簡約、狹小，在灞河東岸的一塊平地埋下就算完事，至今，埋葬孝文王的壽陵，既沒留下陵塚的遺跡，也找不到任何遺物，呂不韋一進入秦國的政治舞臺，就顯示出他的鐵腕。

吉禮緊連著喪禮，殯葬的哀樂之後又奏起登極典禮的丹墀大樂，西元前251年，真是秦國的多事之秋，昭襄王、孝文王接連駕崩，緊接著就是公子異人順理成章地登上了秦國王位。

呂不韋的苦心經營到初見效益的時候了。

芷陽宮內丹輝映喬煙，九宮人意肅，上朝的文武大臣靜悄悄地排列在殿下，等待著即將開始的登極大典。突然，一陣鐘鼓齊鳴，笙磬管絃共奏出丹墀大樂、仙韶之音。隨著莊嚴、肅穆的樂曲，三十二歲的異人坐到秦王的御座上，正式即王位，是為莊襄王。

莊襄王即位後的第一道命令就是為呂不韋而發的：「以呂不韋為丞相，封為文信侯，以藍田（今陝西省藍田縣西）十二個縣為食邑（後又改為食河南洛陽十萬戶）。」當這道命令剛一傳達下來時，秦國的文武大臣一定都驚呆了，當朝的百官中尚無一人有此殊榮，在秦國的歷史上集官、爵、食邑最高等級於一身的人，也是少有的。

秦國的丞相自武王時設定，在呂不韋之前先後任秦國丞相（或相國）的雖有樗里疾、甘茂、屈蓋、向壽、魏冉、薛文、樓緩、金受、壽燭、杜倉、芈戎、范雎、蔡澤等十餘人，但封侯者則極為罕見，這是因為秦國的爵制有其特殊的歷史淵源，商鞅變法時創二十級爵制，用以獎賞殺敵立功的將士，這二十級爵士的爵位由低到高是：

一　籌措既成　富貴斯取

一級　公士

二級　上造

三級　簪裊

四級　不更

五級　大夫

六級　官大夫

七級　公大夫

八級　公乘

九級　五大夫

十級　左庶長

十一級　右庶長

十二級　左更

十三級　中更

十四級　右更

十五級　少上造

十六級　大上造

十七級　駟車庶

十八級　長大庶長

十九級　關內侯

二十級　徹侯

秦國賜爵的標準十分嚴格，武功爵只限有功之人，雖宗室貴族，無軍功也不能封爵。秦國對有爵之人給以特殊待遇，自公士至公乘即第一到第八級爵為「民爵」，生以為祿位，死以為號諡，成為終身待遇，而公乘以

中篇　成功

上的爵位就與縣令、縣丞地位、身分相同，自五大夫到關內侯則為官爵，特權更大，而至二十級爵徹侯更有封土食邑的特權。

在秦國的歷史上，既封丞相又封侯的只有二人，那就是范雎和魏冉，秦昭王時代的魏冉被封為穰侯，范雎被封為應侯，但應侯范雎是在特殊的歷史條件下繼魏冉之後為秦相的，乃是一個特例，而魏冉既為相國又封穰侯，除了他在秦國專政達數十年外，更重要的是他與宣太后的親屬關係；可是，呂不韋既非秦國宗室貴族，又無顯赫戰功，在任相國之前沒有任何官、爵和政績，卻在莊襄王即位之後立即被封以丞相，授以文信侯，賜以十萬戶食邑，新國王剛一即位就把官、爵、封地一起給了呂不韋，滿朝文武如何不大吃一驚？

呂不韋本人心裡十分清楚，這不過是十年前在邯鄲投資所收回的收益而已，那時異人曾答應，若得以回國繼承王位，定與呂不韋共同擁有秦國，當了秦王之後的異人，開始兌現自己的承諾。

這樣，自莊襄王即位之後，秦國的大政實際就完全控制在丞相、文信侯呂不韋手中，國王只是丞相意志的傳聲筒而已，呂不韋從此正式步入政壇，開始施展他累積多年的才能，秦國開始了呂不韋擅權的時代。

呂不韋當政後的第一件事，就是大赦罪人，獎賞先王功臣以及對百姓施行一些小恩小惠，這雖然是歷代新王上臺後的一套例行程序，沒有任何實際作用，但對呂不韋來說則非同一般，他並非秦國人，任丞相之前又毫無政績，在秦國臣民中的影響有限，當政後首先釋出的這些收買人心的政令，澤及罪人、功臣和民，其用心十分明顯，無非是要用一點小小的「德政」使秦國各階層都對新任丞相呂不韋感恩戴德，這一招非呂氏發明，卻也有相當大的作用，從他執政之後秦國沒有出現大動亂，就可得到證明。

就在這期間，又傳來一個喜訊，與莊襄王異人分別六年、留在邯鄲的

嬌姬和稚子也從趙國來到咸陽，這無疑也是呂不韋安排的結果。

回到秦國的邯鄲姬仍然不減昔時的美豔，而其妖冶、淫蕩則更勝從前，莊襄王見美姬回到身邊不免欣喜異常，遠別勝似新婚，對她的寵戀、愛憐有增無減，熾熱的慾火使這位新國王沉溺在錦被繡帳之中，哪裡還有心過問朝政？呂不韋獨斷秦國朝政更是暢行無阻了。

邯鄲姬（此時已成為莊襄王后）從趙國來到秦國時，也沒有忘情於嫪毒，竟將他從邯鄲帶到咸陽，可是到咸陽後，嫪毒畢竟沒有呂不韋那樣的特殊身分，不能自由出入王宮，而邯鄲姬又成了王后，進入秦國深宮，兩人根本無法見面，呂不韋是邯鄲姬的舊情人，她的到來不免勾起昔日的情火，兩人在宮中偷偷地重溫舊夢，悄悄幽會的機會並不難找，不過，呂不韋已不是邯鄲時代的富商闊少，他的興趣主要專注於攫取政治權力，對豔后的感情也就愈來愈淡。

呂不韋的權勢和專橫，首先在對王后的關係中顯示出來，對於這位多情的王后，呂不韋不僅在她嫁給公子異人之前就霸占在先，而且在她成為王后之後仍與其勾勾搭搭，身為國王的異人雖迷戀豔后，卻始終未對呂不韋的非禮舉動做絲毫反對的表示，若不是呂不韋專橫跋扈到莊襄王對之都畏懼的程度，王后的臥榻之上豈能容第三者酣睡？

無能的莊襄王甘心戴綠帽子，又毫無怨言地充當政治上的傀儡，因為他十年前就將自己賣給呂不韋，他的國家、妻子都是呂不韋的，自然情願任呂不韋擺布，而呂不韋的擅權，對秦國來說也未嘗不是好事。

呂不韋以工於籌算的商賈頭腦從政，處處都能顯露出善於捉住時機、取得最大效益的才能，滅東周就是他執政後為自己立起的第一塊豐碑。

秦莊襄王元年（西元前 249 年），在鞏地苟延殘喘的小國東周竟也聯合各諸侯國圖謀進攻秦國。本來秦昭王五十一年（西元前 256 年），西周被

中篇　成功

秦滅掉之後，周赧王已死，掛名的周「天子」已不復存在。但在鞏地還留下一個東周君，這個東周君又稱周公，雖不稱為「天子」，卻畢竟是周王室的殘餘，他的存在無疑是各諸侯國統一中國的心理障礙，要無緣無故地消滅他，在道義上又會受到譴責，恰好，這時機會來了，東周君竟圖謀攻秦，正給呂不韋帶來建立功業的機會。

呂不韋認準這是一次絕好時機，輕而易舉地征服東周，將東周領地併入秦國版圖，徹底消滅了統一中國過程中最後的政治障礙，但在滅東周之後，呂不韋採取了一個極罕見的措施，將東周君遷往陽人（在今河南省汝州市），讓他奉其宗祀，延續著有名無權的周人宗室。

呂不韋的這一措施，顯示出其不同於往昔君王的政治眼光，消滅東周國，又不絕其宗祀，是儒家「興滅國，繼絕世，舉逸民」理想的具體化，秦國百餘年來以武力征伐東方各諸侯國，在各諸侯國中留下極其惡劣的形象，「虎狼之國」、「凶殘暴虐」、「仁義不施」等惡名，總是與秦國緊密相連的，不少知識分子——「士」也因秦國無禮、無義，而站在反秦立場上與其為敵。

呂不韋將東周君遷往陽人，一方面達到徹底消滅東周、剷除統一障礙的目的，同時又為自己樹起崇奉禮義的形象，施行「興滅」「繼絕」的善舉，從而贏得士人的好感，也減少一些姬姓諸侯國的仇恨、對抗情緒，為大批士人投奔秦國和順利地完成統一創造了條件。

滅東周一舉，可見呂不韋出手不凡。

站到秦國權力的金字塔尖上，呂不韋躊躇滿志，自任丞相以後，一刻也沒有停止籌劃東進的軍事行動。

消滅東周君的同時，呂不韋又派大將蒙驁率兵伐韓，奪取了成皋和滎陽（均在今河南省滎陽市境內），建立三川郡，成皋和滎陽是由關中通向關東各

一　籌措既成　富貴斯取

諸侯國的策略要地，歷來為兵家必爭之處，秦國取得它們，並設郡管理，不論在經濟上還是在軍事上，都具有重要意義，為秦軍東進占領了牢固的陣地，呂不韋掌權的頭一年，秦國在軍事上和政治上就顯出勃勃的生氣，這一年，秦國的國界已逼近魏國的國都大梁。魏國的國都陷於混亂之中。

次年，即秦莊襄王二年（西元前248年），蒙驁繼續率兵向東進攻，先後取得魏國的高都、汲，以及趙國的榆次、新城、狼孟等三十七城，秦軍一路凱歌行進，咸陽城內捷報頻傳，藉助秦國幾十年來強國的基礎，呂不韋為相的頭兩年取得的政績，足以鞏固他在秦國的地位，軍政大權更加集中於丞相一身。

呂不韋趁有利時機繼續派兵向韓、趙進攻，秦莊襄王三年（西元前247年），蒙驁率兵攻打晉陽，同時，大將王齕奉命攻打韓國的上黨，兩地皆被秦軍占領後，秦國即以此兩地和原先占領的狼孟等三十七城為太原郡。本來，太原郡是趙國所建，秦昭王四十八年（西元前259年）秦將司馬梗就曾攻占過太原，但後來被魏、楚聯軍所敗，太原又歸趙國所有，十餘年後，呂不韋當政時又奪回太原郡，從此就劃入秦國的版圖。

呂不韋當政期間，和魏國的競爭構成了這一時期的主要內容，他十分密切地注視著魏國的動向。

秦國的勝利引起魏、趙等國的極大恐慌，當秦國占領魏國的高都、汲以後，呂不韋正安排向魏國國都進攻，魏安釐王急忙派人到趙國去請信陵君魏無忌。

原來，魏公子信陵君無忌在秦昭王五十年（西元前257年）為解趙國邯鄲之圍竊取兵符打敗秦軍之後，並沒有回魏國。他知道計竊兵符、矯殺大將皆犯大罪，雖然救趙得勝，回國後也難逃國法嚴懲，故信陵君令部下率魏國得勝之師歸國，自己則在趙國定居，趙國君臣自奉為上賓，因而信

中篇　成功

陵君在趙國居住竟達十年之久。

在這十年中，他的才幹和勢力均大為增長。剛來趙國時，趙孝成王因感謝信陵君竊符救趙之義舉，曾與平原君擬議贈信陵君五座城，平原君趙勝乃信陵君的姐夫，當然支持趙王的提議，信陵君得知這一消息，最初也十分高興，言行中自不免流露出驕矜、得意之態，而跟隨信陵君留在趙國的幕僚、賓客中就有人勸誡他。

「人生當中有些事不可忘，有些事不可不忘。」有一天，一個賓客對信陵君說。

「此話怎講？」信陵君有些莫名其妙。

「如果別人有德於公子，望公子切莫忘記；若公子有德於人，但願公子忘掉。」賓客回答說：「況且，矯魏王令、奪晉鄙之軍救趙，這件事對趙國來說固然是有功，對魏國來說很難算是忠臣的行為吧！若公子為此而自矜有功，怕有不妥。」

信陵君聞此言立即省悟，從此以後恭謙退讓，常自言無功於趙，有罪於魏，使得趙王贈城之事終於不好出口，信陵君也得以在趙國安安穩穩地住下，免遭趙國文武大臣的嫉妒和暗算，魏國國王對信陵君亦表寬赦，仍將信陵君領地的租稅送到趙國，讓他在趙定居。

在趙國的十年中，信陵君廣交朋友，有意結識、網羅各種人才，他早年在魏國就聽說趙國有兩個被尊為「處士」的毛公和薛公，這兩位處士雖不做官，但聲望卻甚高，有「賢人」之稱，來趙國後信陵君即有意拜訪，他得知毛公藏在賭徒之中，而薛公則混跡於賣漿之流的下層人裡，他多次尋訪，這兩人都匿而不見，後來，千方百計找到這兩人的住所，信陵君徒步上門拜見，才得以見面，信陵君毫無貴族公子的架子，見面後暢談甚歡。

平原君趙勝聽到妻弟信陵君竟與賣漿之流交友，十分不悅，有一天對

一　籌措既成　富貴斯取

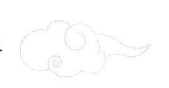

夫人談起此事:「以前我聽說令弟信陵君天下無雙,現在他到了趙國竟與賭徒、賣漿的往來甚密,看來公子不過是個糊裡糊塗的『妄人』罷了!」

夫人無言以對,她也弄不清何以信陵君對這些三教九流之人如此親切,抽空即將平原君的看法轉告給自己的弟弟信陵君,信陵君聽說平原君對自己如此評價,立刻要離開趙國。

他說:「以前聽說平原君乃有識之士,才不惜負魏而救趙,現在看來,平原君無非是求虛名而已,並無求賢才的真心,我以前在魏國就聽說趙國有這兩個賢人,到趙國後尚怕見不到他們,如今這兩位賢人能與我交往,乃是我求之不得的事,而平原君卻以此為恥,對這樣的人,我只好告辭了。」

說畢,信陵君就要收拾行李,這可急壞了平原君夫人,她趕緊向平原君報告,且不免數落他幾句,平原君也覺察自己出言不慎,忙向信陵君賠禮、道歉,堅決不讓魏公子離開,信陵君見此情形,也只得放棄離開趙國的打算。

經過這一場小風波,信陵君的威望大增。不僅原來追隨他的幕僚、賓客對他更加忠心,就是原來平原君門下的賓客以及趙國以外的許多遊士,也有不少前來投奔信陵君的。

呂不韋知道,信陵君在趙國的十年,才幹和威望有極大提高,得知魏王派人去請信陵君時,不免有點擔心,趕快加派人員打探信陵君的動向。

秦莊襄王三年(西元前247年),魏軍被秦軍打得節節敗退之時,趙國的國都邯鄲突然出現了魏安釐王派來的使臣。

魏安釐王派人來邯鄲請信陵君回國,但信陵君離開魏國已十年,無意插手魏國事務,避而不見,他還下令禁止門下的人與魏國使臣聯繫,賓客們無人敢勸。

中篇　成功

　　此刻呂不韋得知這個資訊，命秦軍加緊攻魏，秦軍咄咄逼人地向魏國國都推進，魏安釐王一籌莫展，派到趙國的使臣不得謁見信陵君，也不敢回國覆命。

　　在這關鍵時刻，毛公、薛公發揮了決定性作用，這兩位被信陵君尊崇備至的處士，對信陵君曉之以理、動之以情，勸他道：「公子之所以在諸侯中有很高的威信，是因為您是魏國宗室，現在魏國有難公子不救，一旦秦人占據國都大梁，把魏國宗室祖先的宗廟夷為平地，您還有什麼面目對天下的諸侯呢？」

　　聽到這番開導，信陵君猛然省悟，立即隨魏國使者回國，魏安釐王見信陵君歸來，激動得流淚，任命其為上將軍，主持抗秦戰爭。

　　信陵君領命後，自忖以一魏國難以單獨抵抗秦軍，就先派出使者向各諸侯國求援，說服各國君主聯合起來抗秦。各諸侯國得知信陵君又為魏軍統帥，抗秦信心倍增，迅速派出軍隊與魏聯合作戰，這一次參加聯合抗秦作戰的有趙、韓、魏、楚、燕，即大國中除齊以外的五國都派兵參戰，成為一次聲勢浩大的聯合軍事行動。

　　五國軍隊在信陵君的率領下向來犯之秦軍猛烈出擊，雙方大戰於河外，儘管呂不韋多方運籌，也無力與聯軍對抗，蒙驁所率曾連連取勝的秦軍，這次竟遭到聯軍的沉重打擊而失敗，最後只得敗退回函谷關，信陵君率兵追至函谷關，見關勢險要，一時難以攻克，遂退兵。

　　五國聯軍抗秦，把秦軍打得大敗而歸，也給正在洋洋自得的呂不韋當頭一棒，這是呂不韋當政後秦國軍事上的第一次失敗，從此，他更加謹慎地用兵，因而這也是他當政時唯一的一次敗仗。

　　呂不韋令秦軍主力撤回關中，他估計東方各國聯盟未被拆散之前，秦軍暫時無力向東出擊，就採取守勢，儲存力量，等待時機。但信陵君集結

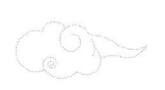

起來的五國聯軍則趁尚未解散之際，又向函谷關外秦人的孤立據點管城（在今河南省鄭州市）進攻。

恰好替秦國固守管城的官吏乃是魏國屬下的安陵（在今河南省鄢陵縣西北）人縮高之子，信陵君親自率兵攻不下管城，想到了安陵人縮高，就派人對安陵君說：「請你派縮高去攻管城！我將賜他以五大夫之爵，任命他為執節尉。」

「安陵是個小國，我這個芝麻大的小君，臣民們不一定聽我的命令，還是請您自己對縮高說去吧！」安陵君不軟不硬地給信陵君的使者一個釘子碰，然後，他就派人將信陵君的使者送到縮高的家，讓他們自己直接談。

當縮高聽說信陵君竟把這麼「光榮」的任務給了自己時，就對信陵君派來的人說了一大套道理：「承蒙抬舉，小人縮高不勝榮幸。不過，令在下攻管城，也就是叫我攻我兒子守的城池，子守父攻，是令人恥笑的事。若我的兒子知道是我率兵攻管，就舉手投降，又是對他的君主秦王的背叛。身為父親的我，教兒子叛主，大概也不是信陵君所願意見到的吧？因此，還是請不要任命我當這個官吧！」

來人無言以對，只好將原話轉達給信陵君，信陵君聽此言大為震怒，再次派人至安陵君處進行威脅：「安陵這塊地方，同魏國的本土一樣。」信陵君授意使者這樣說，無非提醒安陵君別忘了安陵和魏國的關係，既有拉攏又有威嚇。「現在，我率兵攻不下管城，則秦兵必定反撲過來，那樣一來魏國的社稷江山就陷入險境。請你把縮高捉來，如果不捉他，我就把十萬大軍開到安陵城下，跟你算總帳。」

「且慢！」安陵君並不怕信陵君的恫嚇，慢慢地和來人講理：「當年我的先君成侯得到襄王信任，受命守此城，並親手接過太守下達的文書，文

中篇　成功

書上寫明：『兒子殺父親、臣殺君都是屬於不可赦之大罪。即使遇到國家大赦，逃亡的兒子和投降敵人的臣，都是不在赦免之列的。』現在縮高推辭高官以保全父子之義，避免子殺父的罪行，而信陵君卻要我把他捉來，這明明是讓我負襄王之令，不遵守太守文書的規定，這樣的事，我就是死也不敢做！」

這一通義正詞嚴的言論，表現了安陵君的膽識，也感動了縮高，他知道小小的安陵君如何能抵得住信陵君的逼迫，遂長嘆道：「信陵君為人悍猛而自用，聽到安陵君的話必然加緊威逼，安陵君要大禍臨頭。我個人已保全了名聲和氣節，沒有做有違人臣之義的事，可是，怎麼能使我們的安陵君遭到魏公子信陵君的欺侮呢？」

於是，這個重氣節的縮高親自到信陵君派的來使住處，當著他的面刎頸自殺。

信陵君脅迫縮高攻管城沒有成功，反而被縮高大義凜然的言行教訓了一通，對秦作戰取勝的得意勁頓時煙消雲散，五國聯軍也就自行解體。

儘管五國聯軍解體，但信陵君魏無忌率聯軍畢竟給了秦國軍隊當頭一擊，使秦軍暫時不敢東出函谷關，這是呂不韋在秦國當政後的首次碰壁。從此，魏公子之名聲威震天下，各諸侯國忌恨秦國，都紛紛向信陵君靠攏，各國的軍事理論家，也都將其所著的兵法獻給信陵君，信陵君樂得藉此留名於世，將這些兵書編輯起來，世稱《魏公子兵法》，從此信陵君知名度更高了。

呂不韋見信陵君威望日高，漸漸成為東方六國反秦首領，認為不除掉信陵君，秦國的軍事征服就會遇到更多的困難，經過多日謀劃，一個陰險的策略終於在他胸中成熟，接著他便布置有關人員，支出大量財物，實施這項陰謀計畫，不久在魏國國都就聽到人們紛紛議論：「魏公子在國外十

一　籌措既成　富貴斯取

年,現在統率魏國軍隊,魏國軍隊都成了魏公子私家的武裝了。」

「魏公子不僅統率魏國武裝,這次還率領五國軍隊攻秦。」有人補充說:「各諸侯都知道魏國有公子無忌,哪知道有什麼國王!」

「這還有什麼說的!」又有人忖測道,「魏公子若趁此時機自立為王,各諸侯國畏公子之威,一定會助他奪權的!」

這些街頭巷尾的傳言、議論,很快就被人報告給魏安釐王,開始,魏安釐王還不相信,他知道信陵君魏無忌是忠誠的,絕不會有奪權的野心,可是,謠言重複多次,假話也不能不令人相信,一再傳來的謠言,逐漸使魏安釐王半信半疑。

就在這當下,又有人報告給魏安釐王一個消息:「大王,聽說最近秦國有人來到中國。」

「來的是什麼人?」

「是秦國相國呂不韋派來的人。」

「呂不韋派來的使者為何不來見我?」魏王有點不解。

「大王想錯了。呂不韋派人是專門前來向信陵君祝賀的,當然不會來見大王。」

「祝賀什麼?」

「祝賀他即將登上王位。」

魏安釐王聽後不禁怒從心頭起,當即下令派人調查是否確有此事。

不久,派去的幾批人都回來報告說:「秦國呂不韋確實派人到信陵君府上去祝賀過!」

至此,魏安釐王就不能不相信那些傳言了,一聲令下:「免去信陵君魏無忌將軍職,著其歸家聽候處理。」於是,信陵君就被解除了軍權。

中篇　成功

　　魏安釐王哪裡會想到，這正中了呂不韋的離間計，秦國派到魏國的使者，都遵從呂不韋的囑咐，故意裝出鬼鬼祟祟的樣子進出信陵君的府邸，給人造成前來祝賀信陵君即將為王的假像，信陵君自己還矇在鼓裡，魏安釐王卻信以為真了。

　　呂不韋在暗自高興，秦國上下當然也拍手稱快。

　　信陵君被讒言和謠言擊倒，寒心至極，但他既沒有為自己辯解，也沒有用行動爭取國君的信任，而是自暴自棄，謝病不朝，整天在家中飲酒作樂，日夜與賓客、姬妾廝混，從此在政治舞臺上銷聲匿跡。

　　四年以後從魏國傳來消息：魏無忌在一次酒後縱慾中身亡，一度聲威遠震，曾經聯合各國抗秦有功的政治家、軍事家信陵君魏無忌就這樣離開了人世。

　　魏國失去了信陵君，這無疑是秦國的勝利，呂不韋的離間計不僅打倒了一個有遠見的政治家，也打散了東方各國聯合起來組成的軍事集團，秦國的丞相府內和國王的興樂宮前，不免慶賀一番。

　　秦莊襄王三年（西元前247年），正當杏子黃熟、園荷點翠的五月，丙午，從秦國宮中傳來一個驚人的消息，像一塊石頭拋進靜靜的池水：

　　「秦王去世！」

　　這位秦王就是那個被呂不韋視為「奇貨」從邯鄲弄回來的異人，此人早在十五年前就朝思暮想地要爬上國王寶座，為這一目的他曾賣身投靠，甚至把自己當商品交給呂不韋去投機，他還不惜棄自己生母夏太后於冷宮而不顧，去取悅、諂媚華陽夫人，可是，花了這麼大代價的異人，只在秦國國王的寶座上坐了三年就命歸黃泉，死的時候只有三十五歲，消息傳出宮後，就不免有種種議論和猜測：

　　「大王得的什麼病？為什麼這麼年輕就死了？」

「大概是早年在邯鄲花天酒地過度,傷了元氣。」

「聽說王后淫慾特盛,使大王精殫力竭而亡。」

「這些說法都不對!」也有人故作神祕地猜測:「是相國呂不韋嫌大王礙手礙腳,索性把他害死,自己掌權。」不過,這些都是人們的猜測,誰也找不到確實的證據,所以莊襄王之死也就成為千古疑案。

不論莊襄王的死因如何,事實上他一死,呂不韋在秦國的地位又發生了變化。

按規定,莊襄王死後,由其太子繼位,而這個繼位的太子不是別人,正是十三年前在邯鄲誕生的趙政(又稱嬴政),也就是後來大名鼎鼎的秦始皇。

秦莊襄王三年(西元前247年)五月的一天,秦國國都一片肅穆氣氛,從渭水南的章臺宮內,不時地傳出鐘聲鼓樂奏出的鏗鏘雅曲,鳳闕龍樓中透出一陣陣悲涼的清音,御花園中綠槐疏影間卻洋溢著一股喜慶的瑞氣,後宮輕幽的嗚咽和前殿九重歌管之樂相呼應,顯示出這裡舉行的又是一次緊接著葬禮的登極典禮。

這是秦國歷史上極重要的一場典禮,莊襄王的喪禮和秦王政的登極大典緊連在一起,悲劇和喜劇首尾相接,一個站在權勢頂端的人被埋入地下,另一個人又被擁上頂端。

秦國的宗室大臣沉浸在既悲慟又欣喜的混雜氣氛之中,迎接著新君主的臨朝,章臺宮內錦衣斑斕,禁衛森嚴,瑞煙裊裊,新王的登極大典,一切均按傳統儀式進行,山呼萬歲聲後,丹墀下的群臣抬頭望見秦王的御座上坐定的是個尚未成年的孩子,人們知道,這就是十三歲的嬴政(趙政),在威嚴的典禮過程中,丞相呂不韋始終在秦王嬴政左右,指示他該如何動作,嬴政則順從地按照呂不韋的要求行禮如儀,神聖的登極典禮順

中篇　成功

利地完成。

　　嬴政繼位後，呂不韋除了仍任丞相（相國）、文信侯外，又加封了一個特殊稱號——「仲父」。十三歲的孩子當然不會想出這麼個封號，肯定是呂不韋自己出的主意。

　　呂不韋為什麼煞費苦心地給自己加個「仲父」的稱號呢？

　　「仲父」這個稱號既不是官爵名，也不是親屬的稱謂，對它可以做多種理解：從字面上看「仲父」就是叔父，呂不韋暗示自己是嬴政的親生父親，或表示自己與嬴政之父莊襄王有非同尋常的關係，在嬴政面前自稱「仲父」均無不可，除此之外尚有更深的一種示意，「仲父」曾是春秋時期齊國管仲的稱號。

　　周莊王十二年（西元前685年），齊桓公任用管仲為相，管仲是歷史上的名臣，主持齊國改革，發展生產，富國強兵，幾年之內就使齊國由弱變強，稱霸中原。齊桓公對管仲信任、尊重達到無以復加的程度，將齊國朝政全部交給他，而自己從不加以干涉，這時的管仲就稱為「仲父」。

　　呂不韋自稱為「仲父」就是以相齊的管仲自居，他不但要嬴政承認自己是他的父親，而且向臣民暗示他將要像管仲一樣處理朝政，無需取得嬴政的授權，如果說莊襄王在位時，呂不韋操縱秦國政權還需透過國王的話，那麼，到秦王政登上王位時，身為「仲父」的呂不韋就可以直接發號施令來實行自己的主張了，這個時期的秦國，實際是呂不韋個人專政從後臺進入政治舞臺的時期，商人呂不韋經營的事業，達到輝煌的頂點。

◆「仲父」專政

　　莊襄王的喪禮哀樂剛剛在咸陽上空消失，在秦王政登極的喜慶聲中，呂不韋就已坐到章臺宮大殿秦王御座的旁邊，開始處理朝政了。秦王政即

位的前十年（西元前247年到前237年），是呂不韋在秦國直接控制政權的時代。

秦王政繼位之初，當務之急依然是取得對關東各國的勝利。

軍事衝突成為時代的主要內容，秦國兼併戰爭的主要對象仍是韓、魏兩國。

秦王政元年（西元前246年），晉陽叛亂，呂不韋又派大將蒙驁平定晉陽，重建太原郡，這時的秦國，南面已達今湘、鄂省界，至九江一線，建立南郡；西南有巴、蜀、漢中，包括今漢水流域及四川大渡河流域、成都平原；北面達上郡以東，即今內蒙古河套地區；東面有三川郡。包括西周、春秋戰國以來最繁華的地區在內的中原地帶，大部分均歸到秦國的版圖之內。

當然，這裡還有韓、魏兩國交錯占領的國土，因此秦軍的矛頭首先就必須指向韓國和魏國，對其他諸侯國的兼併則稍稍放慢了腳步，呂不韋的策略部署十分明確，這幾年的軍事行動顯然比以前更加有條不紊，進展得也頗為順利。

秦王政二年（西元前245年），秦軍占領了魏國的卷（今河南省原陽縣），次年，秦軍又攻取了韓國的十三城，以及魏國的暘、有詭；同年，秦將蒙驁率兵攻占韓國的十三座城，接著，秦軍分南北兩路攻魏。秦王政五年（西元前242年），攻占了酸棗（今河南省延津縣西南）、燕（今河南省延津縣東北）、桃人（今河南省長垣縣西北）、山陽（今河南省焦作市東南）和雍丘（今河南省杞縣）、長平（今河南省西華縣東北）等二十城，並在這裡設立東郡。秦軍在關東長驅直入，勢如破竹，秦國取得一系列勝利，除了軍事實力的優勢以外，重要的原因還在於呂不韋善於運用外交和政治的策略，分化、瓦解敵對諸侯國的勢力。

中篇　成功

對趙國，自秦王政即位以來，一直維持著友好關係，相互繼續交換質子，以示信義，有時呂不韋也玩弄一點政治手腕，趙國公子春平侯為質於秦，秦國也有宗室公子在趙為質。

秦王政三年（西元前244年），秦國公子自趙返國，按慣例秦國也應放趙國的春平侯回國，但呂不韋打算將春平侯扣留在秦，不准其歸趙，依秦國當時的國勢，這樣做趙國亦無可奈何。

然而，秦國大臣世鈞及時提出勸告，他對呂不韋說：「春平侯是趙王所信任的公子，其他的近侍郎中對他是十分嫉恨的。」世鈞所說的確是實情，據悉春平侯與剛剛上臺的趙悼王王后有私情，倆人的曖昧關係甚為宗室注目，趙悼王當然矇在鼓裡，呂不韋聽世鈞所言點頭稱是。

「趙國宮室族人早散布出『春平侯入秦，秦必留之』的流言。」世鈞接著說：「故相國若扣留春平侯，則恰中了趙國一些人的奸計，等於替趙國當權的一派人剷除一個政敵。」呂不韋聽世鈞的分析入情入理，表示首肯。

「不如將春平侯放回，」世鈞最後提出分化趙國內部的策略：「而扣留趙國的另一個公子平都侯。因為春平侯與趙王有特殊關係，趙王對其言聽計從，春平侯回國後必定慫恿趙王割地以奉相國，而贖平都侯。」

世鈞的策略一方面收買了趙國的春平侯，使之成為親秦派，另一方面打擊了趙國內部的另外一派，使雙方鬥繼續下去，從而達到削弱趙國的目的，這恰恰是秦國所需要的，呂不韋對此心領神會，連連稱「善」，並下令放回春平侯。

果然，趙國內部的兩派紛爭愈演愈烈，一直鬧得不可開交，直至呂不韋死後仍未結束，最後，趙國終於在內部衝突中被秦滅亡。

秦王政六年（西元前241年），秦軍攻占魏國的朝歌（今河南省淇

縣），在這裡，秦軍掃蕩了衛國故地，並把衛君角遷到野王（今河南省沁陽市）。

關於衛君在這裡出現，歷史記載也相當混亂，原來在數年前魏國就已消滅了衛國，這個附庸小國早已不復存在，但秦王政六年卻又有「拔衛」、「其君角」、「徙居野王」的記載，這種矛盾的現象背後，正透露出呂不韋情感和理智的矛盾。

衛國畢竟是他的祖國，在魏國滅衛國之後，秦在呂不韋的操縱下又重新立衛元君的兒子角為衛君，作為秦國的附庸，在秦王政六年掃蕩衛地以後，呂不韋仍不忍滅衛宗祠，將衛君角遷至野王，繼續維持其有名無實的國君地位。呂不韋這樣做，像他處理東周國君一樣，不僅表示「興滅」「繼絕」，而且反映了他對故土的懷戀之情。

在呂不韋直接當權的幾年中，秦軍向東進軍的步伐一天天加快，已逐步由蠶食變為鯨吞，國土也迅速地擴大。自建立東郡以後，秦國版圖就從三面將韓、魏兩國包圍起來，並與東方的齊國接壤，這種形勢對東方的各個諸侯國都形成極大的威脅。秦王政六年（西元前241年），楚、趙、魏、燕、韓五國又一次聯合起來，推楚王為縱長，以趙國名將龐煖為統帥向秦國進攻。

這一次聯軍向秦進攻的結果與上一次完全不同，呂不韋對各諸侯國採取打擊和分化兩種策略，在戰爭中發揮了明顯的效果。

五國聯軍出兵尚未遇到秦軍反擊時，一路順利，攻至蕞（今西安市臨潼區東北），但在此一遇秦軍反擊，五國聯軍立即崩潰，各國的軍隊不僅頃刻瓦解，而且引發出聯軍和各諸侯國內部矛盾，從而促使其向滅亡的方向加速行進。

名將龐煖率領的五國聯軍雖敵不過秦軍的輕輕一擊，但龐煖所率的趙

中篇　成功

國軍隊卻在敗回的路上，輕而易舉地奪取了齊國的饒安（今河北省鹽山縣西南），「失之東隅，收之桑榆」，趙國之師雖敗於秦，卻勝於齊，這激化了趙、齊之間的矛盾。

聯軍攻秦的失敗，也促使大部分時間袖手觀戰的楚國內部矛盾激化，楚國當時在位的是考烈王，而實際當權者乃是春申君黃歇，黃歇在楚已為相二十二年，權傾一時，這就必然遭到考烈王的猜忌，五國聯軍雖以龐煖為帥，卻推楚王為縱長，出兵時聲勢浩大，氣焰囂張，一入函谷關即被秦擊潰，這對身為縱長的楚考烈王來說實在是奇恥大辱，氣憤之餘，楚考烈王不免把一腔怨恨轉到春申君黃歇身上。

在此之前秦國與楚國沒有發生過大的戰爭，這次五國聯軍楚王為縱長，勾起了秦對楚的仇恨，秦國就此把矛頭對準了楚國，楚王之所以怨恨春申君，這必定是原因之一，春申君一時也自感內疚，深悔自己出謀劃策之不當。其實秦、楚間的關係緊張，是戰國時期軍事衝突發展的必然結果，楚王是否充當聯軍縱長並不是根本原因。

一日，春申君的賓客朱英向他分析當前的形勢：「現在有人說您把一個好端端的楚國弄得一天不如一天，這個說法是不對的。」朱英一開始就抓住問題的關鍵，申明自己的看法。

「願聞高見。」春申君當然喜歡聽這種議論。

「先君時秦國二十年不攻楚，什麼原因呢？」朱英自問自答：「那時秦、楚之間隔著韓、魏、兩周，他們不可能越過這些地方向楚國進攻，現在情況大不相同，韓、魏的大片土地已屬秦國所有，兩周已亡，秦兵已經進入到距楚國國都陳六十里之地，依臣所見，秦、楚之間的大戰是絕不可避免的了。」

朱英的分析確是抓住要害，指出秦、楚衝突乃是戰爭發展的必然趨勢。

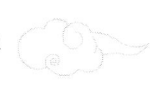

春申君聽到後稍稍減輕了自責、內疚之情,並透過各種方式向楚考烈王反覆說明形勢的嚴重性,楚考烈王也意識到秦國大軍壓境、大戰一觸即發的危機,為避開秦軍鋒芒,就在五國聯軍攻秦失敗的當年,楚國的國都匆忙從陳遷到壽春(今安徽省壽縣),仍稱郢。

楚國遷都後本應重整內政、訓練軍隊,準備抵抗秦國進攻,但是,楚國的統治集團內部本來就矛盾重重,經過秦軍的打擊,非但沒有促成其內部同仇敵愾、團結禦侮,反而加速其分崩離析。戰國末年楚國的政治舞臺上演出了一幕幕勾心鬥角的鬧劇,使楚國對抗秦軍的力量愈來愈弱,直至滅亡。

遷都壽春後的楚國,發生在朝廷內外的政治鬧劇中,竟再次出現呂不韋曾經在邯鄲導演過的場面,歷史真是令人難以捉摸。

楚考烈王雖有眾多的妃嬪,卻多年無子。攻秦失敗後,春申君為取得楚王的信任及寵幸,就多方搜求美婦人供楚王淫樂,然而,明眸皓齒、蓮臉朱唇、肥臀細腰的楚地美女佳麗,雖被春申君送入楚宮不計其數,但也沒有傳出後宮產子的喜訊,急得春申君一籌莫展。

有一天門下報告,有賓客李園求見,以「招賢」聞名的春申君當然熱情召見,並依慣例以「舍人」之禮遇安置在府中。原來,李園來自呂不韋曾投機成功的邯鄲,從趙國來到楚國受到熱情招待,不久,李園向春申君請假回邯鄲,但回邯鄲後的李園又故意到期不歸,待返楚後,春申君不免詢問他遲迴的原因。

「臣之所以未能按期返回楚國,皆因齊國國王派人向臣的妹妹求婚。」李園將早已準備好的謊言丟擲。

「令妹嫁給齊王了嗎?」春申君問。

「沒有答應。」

中篇　成功

「可以一見嗎？」春申君聽到齊王都要向之求婚的女子，不免饞涎欲滴。

「當然可以！」這正是李園所希望的。

春申君一見到李園漂亮的妹妹，就將她占有，於是李園的妹妹就成了春申君眾多姬妾中的一個，不久，她就懷上了春申君的孩子。

一日，李園妹趁春申君高興之際對他說：「君相楚已二十餘年。楚王對您的信任勝過兄弟，但楚王無子，待他百年之後，楚另立新君，您還能保證像現在這樣有權有勢嗎？」

李園妹提出的問題恰恰說到春申君的心坎上，這正是專制制度下世襲制體制中官僚們普遍擔心的問題，春申君自然明瞭其嚴重性，也極希望聽聽這位寵姬有何高見。

「您不僅不能保證長久得寵於國君，」這位美人接著嬌滴滴地說：「而且您當權這麼多年，哪有不得罪楚王兄弟的地方？倘若他的兄弟繼位為王，您大概連封地都保不住啦！」

春申君大概沒料到這麼險惡的後果，無言以對，只是急切地想知道面前這位工於心計的美人會提出什麼良方。

「今妾已有身孕，只有您知我知，若以您的地位將妾獻給楚王，必能得到王的寵幸，將來妾如生下一子，得以繼承王位，您不就是未來楚王的真正父親嗎？那時楚國就都是您的啦！」

李園妹提出的這個計謀，恰在呂不韋將懷孕的邯鄲姬獻給公子異人的十餘年後，不知是從呂不韋那裡學來的？還是純然巧合？

儘管春申君被這位天仙似的美婦人迷得神魂顛倒，在錦帳繡帷中也有過海誓山盟，可是對於政客來說，女人和愛情無非是交易中的籌碼，沒有不可出手的。春申君聽罷李園妹的計策，欣然同意，不久就找機會將她獻給楚王，楚王一見這個風騷又善解人意的婦人，焉有不愛之理，果然接受

一　籌措既成　富貴斯取

下來，並且朝夜眷戀，不久即生一男，長期無子的楚王突然有後，更無暇追問其來歷，即立為太子，這樣，在不到一年之內，李園之妹就成為楚國的王后，李園因其妹為后，在楚王面前的寵幸立刻超過春申君。

李園因利用春申君而在楚取得權勢，唯一不放心的就是知其底細的春申君，因此得勢後就暗地收養殺手，準備找機會殺死春申君滅口，春申君及朝臣中許多人見李園勢力蒸蒸日上，也料到李園早晚必置春申君於死地，雙方劍拔弩張，衝突日漸加劇，隨時有爆發的危險。

春申君是支撐楚國政局的重臣，一旦陷入上層的陰謀圈中，哪有精力應付外部強秦的進攻，所以，自五國聯軍失敗後，楚國在對抗秦國的戰爭中一直節節敗退，以致不可收拾。

《孫子兵法》曰「上兵伐謀」，「善用兵者」，「必以全爭於天下，故兵不頓而利可全」。就是說不用兵而將敵國攻破才是上策。五國聯軍之敗，就埋伏下秦軍使楚不攻自破的種子。

數年後，西元前238年，楚考烈王將死，上層內部矛盾已白熱化，李園迫不及待地要殺死春申君，春申君已知李園有害己之心，但始終沒有把這個政治上的小丑、娼妓放在眼裡，但他門下的賓客卻看在眼裡，急在心裡。

一天，賓客朱英對春申君說：「世上有料不到的福，也有料不到的禍。今君處在料不到的時代，又侍奉料不到的主，若沒有料不到的人，難道能僥倖躲過飛來的橫禍嗎？」危言聳聽以引起聽者的重視，乃是戰國時期遊說之士的慣用方法，朱英也是如此開始他對春申君的獻策的。

「何謂料不到的福？」春申君問。

「君在楚為相二十餘年，名義上是相國，實際上就是楚王，現在楚王病重，危在旦夕，若少主繼位，您一定會像伊尹、周公一樣輔政，少主長

中篇　成功

大之後，您也能稱孤道寡執楚國大政，此豈非料不到之大福嗎？」

「何謂料不到之大禍呢？」

「李園有實權但始終未有官位，乃是您不共戴天之仇人，此人不負率兵之責卻私養一批殺手，若楚王一死，李園必定先入宮奪權，殺君以滅口，這就是您料不到的橫禍。」

「何謂料不到的人？」

「您若將臣派進宮內為郎中，楚王一旦身亡，李園必先入。那時臣即可殺李園以保君，我就是您未料到的人。」

這個辦法雖非萬全之策，但也不失為防身之策，豈料春申君並不以為然，他說：「足下算了吧！李園是個不足掛齒的角色，我又待他不錯，何至於像你說的那麼可怕呢？」

朱英見春申君不採納所獻之策，恐有後禍，急忙逃走。

十七天後，楚考烈王嚥氣，李園果然先下手，安排殺手於壽春棘門之內，春申君入棘門時大大咧咧，毫無防備，果然被刺客刺死，他的頭也被拋於棘門之外。

李園從此直接控制楚國政權，並將春申君滅族，而那個李園之妹所生名為楚考烈王之子、實為春申君之兒則繼承了王位，是為楚幽王。這雖然已是五國攻秦失敗後的第三年，卻明顯地看出春申君的失勢以致被殺，與秦軍的打擊有直接關係，而李園的陰謀得逞則與呂不韋的投機成功不謀而合。這種現象背後隱藏著什麼祕密，甚至李園是否為呂不韋有意派到楚國的奸細，也成為呂不韋一生中的難解之謎[29]。

秦王政六年，五國攻秦失敗所造成的後果，像水面上的波紋一樣一圈

---

[29] 有的史學家認為，《戰國策》記載的這一段李園的事蹟，是好事者根據呂不韋的事蹟編造出來的，不可信。但筆者認為，這一記載是可信的，只是何以如此巧合，則有待研究。

一　籌措既成　富貴斯取

圈地向外擴大。

秦王政七年（西元前 240 年），秦軍趁擊退五國聯軍的餘威和各國內部分崩離析之際，又攻取趙國的龍、孤、慶都和魏國的汲。到秦王政九年（西元前 238 年），秦將楊端和又占領了魏的首垣、蒲和衍氏。

秦國咄咄逼人的進攻聲勢，在關東各諸侯國中引起一片恐慌，各國除加緊合縱活動、聯合禦秦外，都紛紛謀求自保，以挽救被吞併的命運。

最緊張的是秦國的東鄰韓國，韓國屢被秦軍擊敗，國土日漸縮小，眼看秦國大軍壓境，韓國危在旦夕，君臣束手無策，惶惶不可終日。

早在秦昭王的時代，韓國的國君就做過一次愚蠢的醜事，當時韓王見秦國日強，而韓國又無力抗衡，就異想天開地策劃了一個「妙計」，選韓國美女明碼高價，向外公開出售，每個美女價高三千金之多，韓王以為價錢如此昂貴，當時唯有好色而富有的秦國國君才有能力購買，若秦君將韓國美女以重金購回，必沉溺女色，無心攻韓，而韓國因出售美女既得秦國財貨，又有韓女在秦，必能阻止秦軍的入侵，如此一廂情願的打算竟付諸實施，可見韓國君臣的昏庸，後來，韓國美女雖賣至秦國，但絲毫未能影響秦軍對韓的進攻和吞食，結果韓國「賠了夫人又折兵」，貽笑於天下。

現在，秦國新君即位，呂不韋精於謀劃，對韓國的威脅遠比從前嚴重得多，而韓國實力則江河日下，如何延緩秦軍攻韓步伐，推遲自身滅亡命運，成為擺在韓桓惠王及文武大臣面前的難題。

正當韓桓惠王憂心忡忡，唯恐秦軍繼續進攻之際，有人「適時」地向他獻妙計，聽其人如此這般地說畢，韓桓惠王臉上的愁雲立即散得無影無蹤，吩咐照計而行。

幾天後，在秦國國都咸陽王宮前，出現一個人，要求面見秦王。

經回報准見，遂引入前殿。來者向殿上的秦王及國王右側的相國說明

中篇　成功

來意,自稱名鄭國,受韓國桓惠王委派,自願來為秦國策劃興修水利。

秦國一貫重視農耕,關中地區雖土地肥沃,又有河道縱橫,但河水流經地域不合理,大片土地不能利用河水灌溉,形成鹹鹵荒地,所以國君和大臣均甚重視水利建設。

特別是相國呂不韋,作為秦國執政者,對農業及水利,更深知其重要性。聽了鄭國的遊說之後,呂不韋欣然同意他的建議,從關中東部修一條長三百里的水渠,引涇水入河,起自池陽瓠口(今陝西省涇陽縣境內),橫跨渭北高原,以灌溉關中遍布鹹鹵的土地,使之變為可耕之良田。

呂不韋任命鄭國負責此項工作的規劃和施工,水工鄭國也確實是傑出的水利專家,受命後即率人在關中破土動工,認真地興修水利工程,這一工程規模巨大,數年後始能完成。

慣於用計的呂不韋,這次卻中了韓國的計,原來鄭國是被韓王派來執行「疲秦」陰謀的。

韓國君臣的如意算盤是,若說服秦王將大批人力、物力投入到巨大的水利工程建設上去,就可以轉移秦國向韓國進攻的力量,而消耗其國力,可是,韓國的這個如意算盤又打錯了,他們哪裡知道,秦國實力雄厚,儘管鄭國主導興建的水利工程投入了大批勞力、物資,但絲毫沒影響軍事進攻的計畫,前線的秦軍仍照原來的節奏向各諸侯國推進。

韓桓惠王的「疲秦」陰謀比先前那個賣美女的辦法更加愚蠢,呂不韋這次中「計」卻歪打正著,使秦國得到萬世之利,不過,鄭國在秦國領導修渠之初,秦國君臣並未發覺韓王的這一愚蠢陰謀,水利工程建設在關中地區熱火朝天地進行,待到秦國君臣發覺韓國的陰謀之後,鄭國所修的渠已接近完成了,這是後話。

呂不韋從莊襄王上臺以後執政,到秦王政九年之前專權,這十餘年間

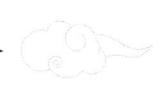

是他一生中最輝煌的時期，秦國在這個時期，軍事、政治、經濟都取得巨大成就，這段時間也是秦國統一六國過程中承上啟下的關鍵時刻，呂不韋作為一個衛國商人出身的政客進入秦國宮廷，卻控制了全部朝政，在內未引起任何反叛、內亂，保持著秦國內部穩定，在外取得一系列軍事上和外交上的勝利，從而奠定了他死後秦始皇統一中國的基礎。

呂不韋在秦國取得的成就，不僅證明當年在邯鄲時孤注一擲地向異人投資的決策取得了成功，也反映了他從商人到政客直至成為政治家的軌跡中，具備足夠治理秦國、指揮統一戰爭的謀略和才能，這當然是呂不韋在幾十年的活動中，不斷透過各種方式吸取知識、充實自己的結果，其中禮賢下士、廣招賓客，當是使呂不韋受益最大的一種途徑。

毫無疑問，呂不韋在秦國執政十餘年間的成就，是在以前奠定的基礎和秦國原有的經濟、文化成就之上取得的。

◆「得之以眾」

呂不韋當政所取得的成就，沒有秦國原有的經濟、文化的雄厚基礎是不可想像的。

早在呂不韋入秦之前，秦國就是一個在經濟實力、領土面積方面超過其他諸侯國的大國。在呂不韋任秦相國前的半個世紀，謀士蘇秦去楚國，勸楚國與關東各諸侯國聯合抗秦，他說此時楚國是南方的一個大國，「地方五千里，帶甲百萬，車千乘，騎萬匹，粟支十年」[30]。比起齊、趙、燕、魏、韓等國來，已是天下無敵的大國、強國了。可是又有一個謀士張儀後來告訴楚國國王說，秦地占天下的一半，虎賁之士百餘萬，車千乘，騎萬匹，粟如丘山[31]。各諸侯國根本不是秦的對手。

[30] 見《戰國策・楚策一》。
[31] 見《戰國策・楚策一》。

中篇　成功

不說別的，僅以「粟」這一項對比，楚國的「粟支十年」已不算少。但秦國則「粟如丘山」，堆積如山的糧食顯示著秦國的富足，當然，張儀的鼓吹有一定誇張成分，但反映秦國的國力強大，確是有一定根據的。

秦國的國力是建立在經濟發展的基礎之上的，到呂不韋當政這個時代，秦國是天下最富庶的地區之一，這時秦國的人口雖不足天下的十分之三，但土地卻占有三分之一，而財富則占六成，儼然已是個「超級大國」了。

財富源於生產，而古代的生產首先是農業。

秦國的農業生產有得天獨厚的條件，秦國地處關中，一片黃土沃野，八百里秦川給人類提供了棲息、生產的極好環境，這裡自古就是發展農業的理想之地，南有巍峨蔥鬱的秦嶺，北靠黃土高原，中間是渭河流域的沖積平原，其主體部分由渭河一、二級階地組成，地面平坦，地下水豐富，土壤肥沃，有一系列黃土臺原分布其間：馬額原、橫嶺原、白鹿原、神禾原、樂遊原、翠峰原等，原面均呈平坦階狀地形；涇河、渭水、灞河、滻河、皂河、灃河、黑河、石川河、澇河、戲河、隴水、並水，縱橫蜿蜒，形成不規則的水道網，這個自然條件為農業生產提供了有利的環境。

自商鞅變法之後，秦國又採取「賜爵」、免除徭役的方式鼓勵人們努力從事農業生產，凡因生產而發家致富的，可得到與在前線殺敵立功一樣的待遇和榮譽，這種獎勵耕作的政策，使秦國的農業生產迅速發展起來，到鄭國渠修成之後，關中大片土地變為良田，這就保障了秦國的統一戰爭走向勝利。

秦惠文王時代（西元前337年至西元前311年）秦國已取得巴、蜀地區，這也是條件極好的富裕地方，具有相當悠久的農業生產歷史，成為秦國主要的糧食生產基地。

一　籌措既成　富貴斯取

所以，到呂不韋執政的時代，秦國「南有涇、渭之沃，擅巴、漢之饒」[32]，擁有農業生產的優勢，難怪糧食多得如山丘一樣了。

秦國的富庶還不僅由於占有優越地理位置，而且在於生產工具的改進。

用牛耕地，是人類進行農業生產中的一大進步，在中國，春秋末年才開始出現牛耕，但並不普遍；戰國末期，也只有少數先進地區才使用牛耕，秦國就是這少數先進地區之一。

有一次，趙國國王準備與秦國打仗，趙國大臣趙豹力阻趙王不能與秦國開戰，其中原因之一就是「秦以牛田」[33]，即用牛耕田，可見這是一種先進的生產方法。由於牛在生產上的功能越來越大，因此不再像牠們的祖先那樣，只有用來當犧牲，被送上祭臺，所以人們對牠們的重視程度就大不一樣。秦國法律規定每年四月、七月、十月、正月由政府安排考察耕牛餵養狀況，若牛養得好，則有獎，對養牛不好的穡夫、牛長則有罰，由此可見秦國對耕牛的重視[34]。

和牛耕緊密相關的是鐵農具的使用，中國古代最早使用的生產工具是石頭和木質的，石、木以後出現的金屬工具最初是青銅質地的，殷商、西周時代廣泛使用著青銅工具，雖然中國古代的青銅冶鑄業就其規模而言，是世界僅見的，但若在全國廣大農田上普遍使用青銅農具，畢竟是相當困難的，因此，春秋時期出現了鐵質工具。

鐵工具的出現，是人類生產發展史上的一大進步，因為鐵礦較銅礦多，又易開採，冶、煉、鑄技術有相當水準後，鐵質工具的堅韌程度均較青銅器高，中國最早的一批鐵工具是在春秋時期出現的，在秦國，春秋時期的秦公大墓中，就埋有鐵工具，可見，春秋時期秦國已使用鐵工具進行生產。

---

[32]　見《史記‧貨殖列傳》。
[33]　見《史記‧趙世家》。
[34]　見《睡虎地秦墓竹簡‧田律》。

中篇　成功

　　到戰國時期，鐵農具在秦國已相當普遍地被使用，牛耕發展以後，犁成為主要耕具，秦國在呂不韋執政的這個時期，鐵犁已普遍地用於耕種，考古工作者在今陝西省原秦國境內已發現許多鐵犁鏵，鐵犁配合牛耕使農業生產由粗放向精耕細作大進一步。

　　除鐵犁外，鐵質工具還有斧、斤錛、鐮、鑿、刀、鏟、鋤、耙、削、銼、錘、錐、鑽、針等等。這些工具近年在秦國故地陝西省都有發現，證明戰國時期鐵工具在這裡已相當地普及。

　　秦國的農業生產發展，還與水利建設有密切關係，秦國統治者和百姓都十分重視水利建設，修渠、引水灌田在秦國本土相當普遍，秦昭王時代還在蜀地修建了世界著名的水利工程都江堰。

　　秦惠文王時代併入秦國版圖的蜀地，水陸所轄，豐蔚所盛，山阜相屬，含溪懷穀，尤其是那總面積一萬八千多平方公里的成都平原，土地平坦，氣候溫和，萋萋綠樹，離離芳草，自然條件確實無與倫比，但是，由於早年對河流未能合理開發利用，經常發生旱災和澇災，其主要禍根是岷江作怪。

　　岷江，這條不安分的大河，從高山環繞的四川盆地邊緣沿著陡峭的山勢，穿過萬山叢中，以它那特有的野性，奔騰咆哮一瀉千里地投進成都平原的懷抱，到今灌縣一帶，因地勢落差減小，水流降速，一路挾來的泥沙隨之下沉，結果造成河道淤塞、水流不暢。當雨季來時，岷江及其支流水勢暴漲，溢位河道的水像脫韁的野馬，放肆地在大平原上氾濫，頃刻之間使這片沃野變成汪洋；而雨量不足時，又造成赤地千里的旱災，在這種環境下，如何治理岷江，就成為發展生產的關鍵。秦昭王時代的蜀郡太守李冰，決定治理岷江，他同其子二郎一起，領導修建了治理岷江的水利工程都江堰。

一　籌措既成　富貴斯取

　　李冰父子選擇岷江中游從山溪急轉進入平原河槽的灌縣一帶，為施工做堰的地址，工程主要分為三個部分：分魚嘴、寶瓶口、飛沙堰。分魚嘴的功能是將岷江水流分為兩支，東邊一支為內江，西邊一支為外江，內江流到飛沙堰，在這裡開一人工孔道，叫寶瓶口，使江水順暢地流出，並由此開出分支灌溉管道。

　　在分魚嘴和寶瓶口之間的飛沙堰，是人工修建的洪道，洪水來時，分魚嘴失去分水功能，使內江過多的水，翻過飛沙堰流入外江，這時離堆發揮第二道分魚嘴的功能，枯水期時，大部分水流入內江，從而保障有足夠的灌溉用水，這一個系統的水利設施建成之後，使岷江由害變利，發揮了多種效益，防洪、灌溉，又平添了成都平原的壯麗景觀。都江堰的建成，使成都平原三百萬畝土地得到灌溉，使飽受水、旱之災的原野變成肥沃的良田，這時，蜀地被稱為「天府之國」。

　　秦國的另一個巨大水利工程，就是秦王政元年開始，由鄭國領導修築的鄭國渠。鄭國渠發揮的效益不亞於都江堰，而這一套水利灌溉系統完全是在呂不韋執政時完成的，秦國的都江堰、鄭國渠兩大水利系統在當時各國是絕無僅有的，在水利史上至今仍占有輝煌的地位，有如此先進的水利灌溉系統，秦國的農業生產水準無疑是高居前列的了。

　　秦國的農業生產技術也躍進到一個高、新的水準，從呂不韋時代秦國編著的農業生產技術書籍中可以知道，秦國農業已累積了從播種到收穫一整套生產經驗，對於農具使用、土地利用、排水洗土以及時令、蟲害等與農業生產相關的知識，都有系統的、科學的總結。

　　比如，對於天時、地利和農作物的關係，提出沒有天時、地利，農作物就無從「生」「養」，對於土地的特性和利用，也有較科學的認知和方法，堅硬的土地要令其鬆軟，過於鬆軟的土地要使其堅硬，田地要合理地

休耕，合理地種植，沒有休耕的土地不能連續種植，土地貧瘠必須施肥，肥過多的也須控制，土地過溼須使之乾燥，過燥者必須調劑墒情。

精耕細作也總結出一套完整的方法：「上田棄畝，下田棄甽，五耕五耨，必審以盡。」[35] 這就是說，高旱的田，要把莊稼種在低凹之處；下溼的田，要把莊稼種在高出的地方；在種植之前，要耕五次，既種之後，要耨（鋤）五次，耕耨必須精細。

此外，還有覆土、播種、定苗等辦法，以及其他相關的農業生產技術，在呂不韋執政的時代，秦國就有這種系統總結農業生產經驗的書出現，而且這些生產技術在當時的條件下是極其先進的，這足以說明秦國的農業生產水準居於全國的領先地位，而這種地位既給呂不韋政治軍事上的成就創造了物質基礎，也表示呂不韋對農業生產的重視。

農業是基礎，基礎雄厚則國內富足，秦國在呂不韋當政時期，有足夠的糧食供給軍隊、官吏、王室及百姓食用，還儲存大量粟米，秦國的糧食遍布全境，僅櫟陽倉就「二萬石一積」，而國都咸陽倉內積糧達「十萬石」，在這些倉裡堆放的糧食，分黃、白、青三種禾（小米）和糯（糯米）等各種稻，有人說這時的秦國「富天下十倍」，大概不算太誇張。

在農業發展的基礎上，秦國的手工業也有相當高的生產水準，採鐵和冶鐵業在戰國末年普遍地發展起來，秦國則是重要的採鐵、冶鐵基地，《管子・地數》篇記載產鐵之山有 3,690 處，在這些鐵山中，現確知其地的有十五處，而這十五處中，在秦地的就有六處，巴、蜀地區有資源很豐富的「鐵山」。

因此，秦國的冶鐵業發展很快，在秦國國都咸陽就有不少官辦的和私營的手工作坊，有的作坊規模很大，近年來，在陝西咸陽原秦國宮殿區附

---

[35] 見《呂氏春秋・任地》。

近，發現秦國的鑄鐵作坊遺址，至今仍遺留有大量的鐵塊、爐渣、紅燒土、草灰等等，可以想見當年冶鐵之盛況。

鐵器已在日常生活中成為習見之物，當然與採鐵、冶鐵的發達有直接關係，秦國官府內專門設有管鐵器生產和使用的官吏，有「左採鐵」、「右採鐵」等官職。

鍊鋼的技術在戰國時期已經達到相當高的水準，而水準最高的地區是宛（今河南省南陽市），有「宛鉅鐵矛，慘如蜂蠆」[36]之稱，形容宛地出產的鐵工具製造精良。呂不韋當政時期，宛地也由楚國歸到秦國領土範圍之內，這無疑對秦國冶鐵鍊鋼工業的發展具有很大功能。

秦國的青銅器製造業也很發達，秦國政府直接控制一批規模相當可觀的冶銅作坊，僅咸陽宮殿區域附近的一處冶銅作坊規模就很可觀，秦國和戰國時期各諸侯國使用的武器，還有不少仍為青銅製造，而秦國出產的青銅兵器，其製作工藝堪稱一絕。

近年來在秦始皇陵遺址附近發現的秦劍，出土時色青光潔，鋒滿刃利，寒光森冷，從鑄造技術上考察，可以看出經過錯磨、拋光等精製功夫；出土的三稜鏃，三面或平或鼓，截面的等邊三角形，邊長誤差僅為0.8%～2.6%，充分反映了秦國青銅鑄造業的生產水準。

呂不韋在秦國執政後，對秦國的武器鑄造業的推動，有極其明顯的效果。

首先，呂不韋當政的幾年中，製造兵器的基地就有三處：雍、櫟陽、咸陽，三地均有秦國中央直屬的兵器製造基地，這是其他諸侯國所沒有的。

其次，為加強對兵器製造的管理，呂不韋健全和充實了秦國政府對兵

---

[36] 見《荀子・議兵》。

中篇　成功

器製造的管理機構。在其執政之前，秦國朝廷主管兵器製造的部門和官吏為內史下轄的雍工師、櫟陽工師、咸陽工師；呂不韋執政後，負責製造兵器的部門和官吏增加了少府工室和寺工，以及屬邦轄下的屬邦工（室）和詔吏……等等。

更重要的是，呂不韋當政期間加強了對兵器的監造，增加兵器生產，進一步控制兵器的製造權，見於著錄的和最近發表的考古數據中，秦國兵器現已有三十餘件，在這包括戟、戈、矛、鈹等各種兵器在內的三十餘件中，標明呂不韋造的就有九件，如「三年呂不韋」，而其餘的標明商鞅造的有兩件、相邦義造的一件、相邦冉造的兩件、丞相角造的一件、丞相斯造的一件，除此之外皆僅標以「寺工」、「少府」、「屬邦」之類造。

值得注意的是「相邦冉」即秦昭王時的魏冉，此人在秦專權二十餘年，且一家滿門權貴，終昭王之世幾乎四十餘年，皆有相當高的地位，而由其署名監造之兵器也僅有兩件。「丞相斯」即李斯，由他署名監造之武器亦僅一件；而先、後於呂不韋在秦為相的范雎、蔡澤、王綰、隗狀、馮去疾等等，在已發現的兵器中均無一件有他們的名字，但呂不韋監造兵器就獨占九件之多，這種現象顯示，呂不韋在秦為相的時間雖僅有十年，但這十年是其餘的時期無法與之相比的，其作用、權勢均遠遠超過以往的和後來的相國，同時也說明呂不韋本人對武器製造的重視，是歷代相國及君主都比不上的[37]。

秦國的陶器製造業也是相當發達的，陶器是日常用品，陶器製造業的情況，反映了人民和上層貴族的一般生活水準。從現在已發現的秦國陶器遺物來看，日常生活用品的陶器種類很多，除盆、罐、缶以外，還有瓦水管等建築材料，這些實用器具製作得都十分精良、堅固、美觀、實用。

---

[37]　見《秦俑兵器芻論》，《考古與文物》1983年第4期。

如板瓦製作得前端寬、後端厚；筒瓦的筒徑尾端大於唇端，唇端向裡收斂，形成瓦榫部分，這利於修築房屋時裝配，在瓦當上，絕大多數飾以雲紋、植物紋和動物紋，成為很好的藝術品；陶管則用來作地下水道管，根據需求製成圓筒形及曲管形等各種形制，均一頭大一頭小，可以魚貫套裝，顯然，這都是在有計畫的統一領導下製造出來的。

此外，秦國的紡織業、漆器生產、皮革和煮鹽等都有相當高的水準，在當時七國經濟中占有重要的地位。

在農業、手工業發展的基礎上，秦國的商業、貨幣和城市經濟，在呂不韋執政的時代也達到空前繁榮的程度。

秦國的傳統是一貫抑制商業發展的，但這在呂不韋入秦後則有了改變，在秦國的歷史上只有在他執政時，才在〈月令〉中出現有關商業活動的內容，厚即在「仲秋之月」易關市，來商旅，入貨賄，這在以前視商賈為「末業」的時代，是不可想像的，不僅如此，這裡還鼓吹商業活動的重要性，說只有商業活動展開，才能使物資流通，經濟發展，「四方來雜，遠鄉皆至，則財物不匱，上無乏用，百事乃遂」[38]，這無疑是代表商人出身的呂不韋的看法。

正是由於呂不韋在秦當政，秦國在戰國末年的商品生產迅速得到發展，這時關中地區的竹、木、粟、帛，均作為商品同其他地區的其他商品進行交換。「商」在此時成為必不可少的行業，有的商品已有相對穩定的價格，如禾粟一石值三十錢，豬羊之類的小畜約值二百五十錢左右，大麻十八斤值六十錢……等等。

在渭河兩岸種一千畝竹，或種千樹栗，收入就有二十萬錢，財富不亞於食邑千戶的封君，可見，在秦國也出現了專門用作商品生產的園林，也

---

[38] 見《呂氏春秋·仲秋紀》。

出現了富比封君的大商人。

巴地有個寡婦名清,就是個大富豪,秦始皇時曾表彰其為「貞婦」,為她築懷清臺,其實就是因為她有錢,多得足以與萬乘抗禮,而巴寡婦清發財的原因,則是她的先世專門販賣硃砂一類的礦產品,幾代下來累積了大量財富,由此算來,巴寡婦清的先世正是在秦莊襄王上臺、呂不韋執政開始後發家致富的。若在此之前,不是秦國貴族宗室,一般的商人百姓是難以出頭的。

商品經濟的發展促進了貨幣的流通和對貨幣的需求,作為商品等價物的貨幣,雖出現得很早,據考察,在殷商時期就有作為貨幣之用的「貝」出現,到春秋時期就有「錢」、「布」、「刀」以及黃金,然而,貨幣是商品經濟的產物,只有商品經濟有較大的發展,才有對貨幣更多的需求。

秦國固定形態的貨幣出現於秦惠文王二年(西元前 336 年),稱為「初行錢」[39],從此秦國有了圓形中間有圓孔的、文為半兩的銅鑄錢幣,然而,那時貨幣的使用尚不夠廣泛、普遍。

到戰國末年,在呂不韋當政前後,秦國用貨幣進行交換已相當普遍,甚至犯罪輕重與判罰都以錢來計算,秦律規定平民盜竊一百一十錢,耐為隸臣;盜竊六百六十錢的,則黥為城旦;盜採桑葉不盈一錢的,貲徭三旬;甲盜不盈一錢,乙而不捕的貲一盾……等等,反映了貨幣應用之廣泛、普遍,在秦國法律中還有「贖刑」,即犯罪後可用錢來「贖」,若貨幣不廣泛使用,這種法律是不可能出現的。

貨幣的功能如此之大,在戰國末年的秦國就出現私鑄錢的活動,秦國政府規定了嚴厲的法律,禁止私人鑄錢,貨幣的功能進一步發展,必然出現金錢的借貸關係,秦國的法律中,也有關於民眾個人之間,及個人與官

---

[39] 見《史記・秦本紀》。

一　籌措既成　富貴斯取

府之間借貸關係的種種規定，這些現象都說明當時社會商品貨幣關係的發展，反映了秦國經濟的繁榮。

經濟的發展和繁榮必定帶來文化的進步，秦國文化在戰國末年有突飛猛進的發展，這與呂不韋為相不無關係，因為呂不韋本人出身於文化比較先進的中原衛國，又往來於開風氣之先的邯鄲道上，來到秦國執政，無疑會帶來關東的風氣和影響。

其次，呂不韋入秦後廣招天下賓客，關東各國遊學之士紛紛入秦，必然將形形色色的文化因素帶到秦國來，更重要的是經濟的繁榮，商品經濟的流通需求，秦國長期以來閉關自守，拒絕外來文化的外在條件已經根本改變。關東各國所產的珠寶美玉、太阿之劍、纖離之馬、翠鳳之旗、靈鼉之鼓等珍貴物品，陸續傳進秦國宮內，為王室貴族所享用；而關東的「鄭衛之音」、輕歌曼舞，以及秦國以外的刻石繪畫，也當然不能拒之門外，因此，在秦王的宮中，以前那種粗獷的「嗚嗚」歌聲和敲盆擊瓶的秦國音樂，也被聲調悠揚、舞姿婆娑的關東歌舞所代替。

美術作品也從國外傳來，秦王政元年（西元前246年），遠方的騫霄國向秦國貢獻禮品，但這個禮品甚是特殊，既不是物品也不是禽獸，而是位善刻能畫的畫工，朝見那天，呂不韋命這位遠來的藝術家當著十三歲的秦王政及朝中群臣獻藝，以測試他到底有什麼本事，這位畫工遵命當場作畫、刻石，只見他不慌不忙，將顏料調好，揮筆著色，頃刻之間就畫成鬼怪魑魅和各種怪物群像，又拿玉來在堂下雕刻，不一會兒就刻成各樣百獸，刻法細緻入微，栩栩如生，刻畢獻上，又以手指畫地，長百丈的線條，不用任何工具比量，直如繩墨，在這道線內將山岳江湖及各國形勢畫得清清楚楚，又畫一龍一鳳作飛騰狀，然而仔細一看卻沒畫眼珠，似兩個睜眼瞎，呂不韋和秦王政及在場群臣都莫名其妙。

中篇　成功

「你畫得確實不錯，可是為什麼龍和鳳不畫眼睛？」在這種場合當然只有呂不韋才能發問。

「啟稟相國，這一龍一鳳不能點眼睛，若點上眼睛牠們就會展翅飛走的。」

這個「畫龍點睛」的傳說雖然有點誇張，但卻反映了入秦的藝術家們有水準相當高者，而秦國的美術、雕刻水準從此有長足進步，也是十分必然的了。

秦國經濟、文化的長足進步，給呂不韋掌權時期施展其才能提供了客觀條件，而呂不韋在秦國掌權時期的軍事、政治成就又促使秦國經濟、文化和社會的進步，他自己的權勢和富貴也達到巔峰。「多財善賈」，經濟實力是為商的前提，亦是治國的基礎，呂不韋深明此理，故取得了成功。

二　「多財善賈　長袖善舞」

財富為呂不韋提供了投機的條件，財富又給他在秦國取得成就準備了物質基礎，但在廣闊的舞臺上若無婀娜多姿的演員，仍不可能出現一幕幕動人的場面，呂不韋的成功奧祕就在於，他不僅善於審時度勢、孤注一擲地將全部資本投進一個看準的方向，而且善於運用有利條件網羅人才，在政治舞臺上調動起形形色色的演員，充分發揮出每個角色的作用，讓他們揮動著飄逸的長袖，淋漓盡致地表演了動人的舞姿，於是，秦國勝利，呂不韋成功，歷史的喜劇進入高潮。

二 「多財善賈　長袖善舞」

◆ 人才西流

呂不韋當丞相前，文不能成一家之言，武不能率一兵作戰，但主政秦國之後，卻在國內取得穩定的發展，在國外奪得一個個勝利，靠的是什麼？是人才。

在呂不韋當政前，秦國有一批出類拔萃的文臣武將，這些大臣有的功績顯赫，有的足智多謀，前朝國王多倚為重臣，致使有些人不可一世，往往不把繼位的幼主及新貴看在眼裡，而呂不韋又以一介布衣，僅因與異人的特殊關係登上相國尊位，歷代這種形勢多造成新舊官僚、貴族間相互歧視，甚至導致廝殺和內訌，「功高震主」及「內輕外重」的現象均使朝廷內部無寧日。

然而，呂不韋上臺後，不僅沒有發生這些問題，而且前朝元老重臣均願為其效力，原因何在呢？呂不韋登上秦國權力之巔的丞相之位雖晚，但絕無一般暴發政客的嫉賢妒能的通病，對元老重臣甚為器重，在呂氏執政時期，統兵作戰的名將蒙驁、王齕等將軍，均是自昭王時代即屢建戰功的數朝元老，而在呂不韋為相時代，他們仍繼續立新功，直至死而後已。

在這些老將中特別突出的是蒙驁。

蒙驁原是齊國人，早就自齊國來秦，在秦昭王時就已立過大功，官至上卿，秦昭王二十二年（西元前285年），年輕的蒙驁即率秦軍伐齊，取得河東九縣，秦昭王時代蒙驁在秦國的地位十分顯赫，而蒙驁對秦國的忠心亦為其他朝臣所不及，正因如此，就是在昭王時代，這位將軍也常常不把丞相放在眼裡，那時應侯范雎當政，權極一時，無人敢冒犯他。

有一次韓國發兵占領汝南，這對於一直處於攻勢的秦國來說是沒料到的，昭王得知後詢問應侯范雎：「汝南丟了，傷心吧？」

「臣不傷心！」范雎的回答出乎昭王意料。

中篇　成功

「為什麼不傷心呢？」昭王問。

「梁地有個叫東門英的，其子死而他不傷心。」范雎又以遊說之士的口吻，自以為機智地打著不恰當的、拙劣的比喻：「於是，有人問東門英說，足下最愛令郎，今令郎死而足下不傷心，是什麼原因呢？」

昭王等著聽范雎演繹出來的結論。

「東門英說，我以前就沒有兒子，無子時不傷心，今子死，無非與沒生他之前一樣，有什麼可傷心的呢？」范雎的結論原來就是這樣強詞奪理地得出來的，他總結說：「汝南原來就是韓國的，今韓國又奪了回去，與我們原就沒得到汝南時一樣，臣有何傷心的呢？」

對於極欲兼併諸侯、擴大國土的秦昭王來說，范雎的這種態度當然是不能容忍的，但此時應侯范雎正得勢，昭王未立即加以反駁，而將此事告訴蒙驁，蒙驁前往拜見應侯范雎，一見面就對他說：「我要死！」

「為何？」范雎大驚。

「秦王尊先生為師，天下均知道，更何況秦國，而在下有幸為秦將，率兵為秦王打天下，可是一個小小的韓國就把您手裡的汝南奪去了，我還有什麼顏面活著？不如一死了之。」蒙驁雖是武將，卻相當會說話，其水準更高於專門搖唇鼓舌的遊說之士。

范雎受到蒙驁當面譏諷，不便發作，只得改變態度，自此以後，昭王對應侯的信任遠不及對蒙驁，而蒙驁的地位則實際超過范雎了。

在昭王去世之前，秦國武將居首位的應是蒙驁，然而就是這位蒙驁，在呂不韋執政的十餘年中，不居功，不傲上，繼續率兵為秦國爭城奪地，雖已年邁卻威風不減當年。

在莊襄王時代和秦王政即位初期，凡大戰役均由蒙驁指揮，莊襄王時取成皋、滎陽，攻趙取榆次、新城、狼孟，定太原，攻魏拔高都、汲，敗

二 「多財善賈 長袖善舞」

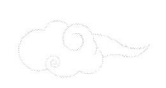

五國之兵;秦王政時,擊晉陽,取韓十三城,拔魏之有詭、酸棗、山陽等二十餘城,一直到秦王政七年(西元前240年)逝世,戰功纍纍,不勝列舉。

像蒙驁這樣功高位重的老將元勛,都並未因國君更替、相國易人而稍有二心,其他宿將老臣則更不會有太大的動搖了,這正反映出呂不韋擇人而任事頗得民心,至少受到朝臣們的擁戴,對舊臣不存戒心,對元老無成見,是呂不韋取得成功的原因之一。

呂不韋用人不拘一格,最有名的是小甘羅十二歲即被授以出使之重任這件事,成為中國歷史上的美談。

秦王政五年(西元前242年),呂不韋打算攻趙,以擴張秦國已占領的河間之地(在今河北境內),為聯合燕國從南北兩個方向夾擊趙國,呂不韋派綱成君蔡澤到燕國去,燕喜王又派自己的兒子太子丹到秦國為質。

秦王政八年(西元前239年),呂不韋加緊執行攻趙的計畫,準備再派一個人去燕國為相,以早日實現擴展河間之地的戰略。去燕國為相,實際是充當類似人質的冒險任務,被呂不韋指定去燕國的人是張唐。

那一天,呂不韋把出使到燕的任務對張唐下達之後,立即遭到張唐的拒絕,他找藉口死賴著不去,使呂不韋十分不快,但也想不出辦法令張唐接受任務,心中悶悶不樂。

這時,呂不韋的家臣、才十二歲的少庶子甘羅見到呂不韋心事重重,就上前問道:「君侯(因呂不韋被封文信侯)為什麼事不高興啊?」

「唉!別提啦!」呂不韋並非因甘羅是小孩子而瞧不起他,認真地回答道:「我令綱成君蔡澤事燕,蔡澤已去了三年,燕國的太子丹也來到秦國為質。現在,要加速擴展河間地,想叫張唐去燕國,可這個張唐死活不去,真氣死我了!」

中篇　成功

「叫我去勸張唐吧！」甘羅主動要求替呂不韋說服張唐。

「你一邊待著吧！」呂不韋喝斥道：「連我都沒把他說動，你個小孩子焉能叫他接受任務！」

「請你先別發脾氣！」甘羅一點也不害怕，首先說服呂不韋道：「項橐七歲就成為孔子的老師，臣今年十二歲了，不妨叫我試試嘛！何必喝斥我呢？」

這個項橐七歲為孔子師的事，本是傳說，沒什麼根據，不過經甘羅理直氣壯地這麼一說，呂不韋也無言以對，知道不可輕視這位頗為自信的小甘羅，於是就答應讓他去試試。

針對張唐膽小的特點，甘羅擬好了說服的方案後，就去找張唐談話：「你的功勞和武安君白起的功勞比起來，誰的大呢？」甘羅一見張唐先不說出使的事，而突然提起早已死去多年的白起來。

「武安君白起率兵打仗，戰勝敵軍，占領土地不計其數，我哪裡比得上呢！」張唐倒也老實，知道自己遠不如白起的功勞大。

「你知道自己的功勞不如武安君呀！」甘羅又加強語氣說道。

「當然知道！」張唐也不諱言。

「應侯范雎當年為相之時，和現在呂不韋為相，誰的權力大呢？」甘羅開始繞到正題。

「應侯范雎哪裡比得上當今的文信侯呂不韋！」張唐這樣回答。

呂不韋當時在秦專權的情況人盡皆知，實際上呂不韋比秦王的權力還大，這一點誰都清楚。

「你知道文信侯呂不韋的權力大呀！」甘羅又故意加重語氣問他。

「當然知道！」張唐依然點頭稱是。

二　「多財善賈　長袖善舞」

「既然你什麼都清楚，為何現在如此糊塗！」甘羅對他指出：「想當年應侯范雎要攻趙，武安君白起不同意，不願統兵，結果怎麼樣？還不是被處以死刑，屍首就扔在咸陽西邊！如今文信侯請你去燕國，你找藉口不去，我看足下的屍首不知將要扔到什麼地方去啦！」

甘羅用歷史的事實和當前呂不韋專權的形勢開導張唐，使這個膽小鬼開了竅，他彷彿看到自己抗命不從被殺的可怕前景，連忙答應：「我去！我去！請你轉告文信侯，本人馬上啟程！」

呂不韋得知張唐的態度變化後，自然轉怒為喜，下令備車、馬、禮品，擇吉日送張唐出發。

張唐離開秦國後，有一天甘羅又來見呂不韋，要呂不韋借他車五乘，協助張唐完成使命，呂不韋毫不猶豫，當即答應。

甘羅乘車日夜兼程地來到趙國，聞秦國甘羅來臨，趙悼襄王出城迎接，年輕的甘羅頗具大國使臣的風度，擺出居高臨下的姿態，用令趙王難以捉摸的口吻劈頭問道：「聽說燕太子丹入秦為質了嗎？」

「是！聽說了。」趙王點頭。

「聽說張唐去燕為相的事了嗎？」

「是！聽說了。」趙王連連點頭。

「既然你都聽說了，我告訴你，燕太子丹入秦，表示燕不欺秦；張唐相燕，表示秦不欺燕。」甘羅向趙王實行攻心戰：「秦、燕互不相欺，是針對趙國來的，陛下的趙國就危險啦！」

目瞪口呆的趙王嚇得連一個字都吐不出。

「燕、秦之所以聯盟，沒有別的原因，就是要擴大河間的領土。」甘羅直截了當地向趙王提出領土要求：「現在大王若能割五座城給秦，以達到擴大河間土地的目的，秦王就令燕太子丹回國，秦可和趙聯合起來攻燕。」

中篇　成功

　　甘羅的威脅、利誘果然奏效，趙王立即割五城給秦，燕太子丹也自秦歸國，不久，趙國興兵伐燕，由於秦國傾向趙國，燕國戰敗，不得不將上谷（今河北省境內）三十六縣割給趙，趙國又將其中的十分之一土地獻給秦國，十二歲的小甘羅為秦立了大功。

　　呂不韋正是用了老至蒙驁、小至甘羅這樣一批戰將、謀臣，才使秦國取得一個接一個的勝利。

　　然而，僅靠原有的或秦國本土的一些人才，是遠不敷急遽發展的軍事、政治、文化、經濟需求的，任何時候國力的競爭首先是人才的競爭，在飛速發展的戰國時期更是如此，各諸侯國敞開大門「招賢養士」，就是招攬、網羅人才的一種方式。

　　在呂不韋入秦之前，各諸侯國當權的貴族有識之士，都大力招攬人才，其中最著名的有所謂「四公子」，即齊國的孟嘗君、趙國的平原君、魏國的信陵君、楚國的春申君，他們在各自國內招賢養士，以豐厚的待遇供養一批「食客」，這些「食客」不僅成為供養者的私家勢力，而且協助其主輔政治國，成為這些諸侯國的智囊團和「人才庫」，即使「雞鳴狗盜」之徒也在關鍵的時候發揮一點功能[40]，故秦昭王以來，秦軍雖依仗其強大軍事實力連年東進，而齊、趙、魏、楚四國卻未能立即崩潰，且與強秦對抗達數十年之久，不能說與養士毫無關係。

　　秦國原有吸收外來人才的優良傳統，其風氣遠比東方各國開放，早在春秋時就有大批秦地以外的有識之士來關中，並取得秦國國君信任而被授以高官要職，如穆公時代的百里奚、由余，皆在秦國得到重用，且為秦國立有大功。戰國時仍有關東六國人士不斷入秦，著名改革家商鞅即從衛國而來，商鞅以後，秦國又制定吸引東方勞動力的「招徠三晉之民」的開放

---

[40]　見《史記・孟嘗君列傳》。

二 「多財善賈　長袖善舞」

政策，使一大批無地農人來秦國落戶耕地。正是由於春秋戰國數百年間，秦國以外各地、各族人士不斷融入，才使秦地人口素質、生產水準不斷提高，至戰國末年躍居七國中的先進地位。

然而，在長期吸收、融會外地人口的過程中，秦國吸收外來人才的範圍很狹窄，主要是歡迎持法家觀點的人物，而排斥別種觀點的人，所以嚴格地說秦國沒有「養士」之風。

戰國時期的士已有多種派別，他們有的主張「仁、義」，有的宣傳「刑名」、「無為」……等等，因此有儒、道、墨、法等各種學派，這些學派各有所長，統稱為「士」，當時的「士」已成為社會上一種特殊的勢力，他們有一定文化或一定專長，善談說，不受國家、宗教、經濟和政治地位限制，以自己的才能貢獻各諸侯國，取得官位、待遇，這些「士」為追求富貴而奔走於各國，在政治舞臺上有著舉足輕重的影響力，所謂「入楚楚重，出齊齊輕，為趙趙完，畔魏魏傷」[41]，上述「四公子」所養的「賓客」多是這種「士」。

但是秦國一貫實行法家主張，認為富國強兵首要在於耕戰，除農業生產和作戰以外，其他各業均無足輕重，對讀書之士人甚為輕視，尤其蔑視儒生，法家將讀書之士視為社會寄生者，給以排斥、打擊，以致在呂不韋入秦以前，荀子在秦國遊歷時，這裡尚且「無儒」，雖然法家也是士的一種，但法家力主愚民政策，極力反對「士」，結果，自孝公時代到昭王去世之前，秦國之士屈指可數，更無人大張旗鼓地「養士」。

呂不韋是秦國歷史上第一個了解「士」之重要性的人，從而大規模招攬賓客，開啟國門大批養士的一位政治家。

早在邯鄲同異人策劃謀取王位的時期，呂不韋就為此後的養士做了準

---

[41]　見《論衡・效力》。

中篇　成功

備，他留給異人「萬金」令其在邯鄲結交賓客，已奠定網羅人才的基礎，當莊襄王一上臺，呂不韋任相國之初，就在相府內建造了數以千計的高堂廣舍，廚房內延聘了眾多的名廚，國都和城牆上邊掛起告示，歡迎各國和國內士人來相府做客。呂不韋一改秦國排斥「士」的傳統，效仿「四公子」招致各國賓客，大開養士之風。

呂不韋在秦養士有三點優越性：第一，他本人就並非秦人，卻官至秦國相國，這對秦國以外希求功名之士，具有極大的誘惑力；第二，呂不韋在秦莊襄王時期和秦王政八年之前的權勢，遠較東方養士的「四公子」大，實為不稱王的秦王，養士之舉絕不會遭人反對和嫉恨；第三，秦國軍事上正節節勝利，削平各諸侯國只是早晚的問題，故呂不韋招攬賓客的告示一經釋出，有識之士紛紛奔向這位新上任的丞相的相府，有以上三個有利條件，呂不韋執政之後不久，在呂不韋門下為「食客」的很快就達三千人之多，成為各國中養士最多的一家，只見那相府內外，紫衣窄袖的武士和褒衣博帶的儒生進進出出，琅琅讀書聲和高談闊論此起彼伏，好不熱鬧。

投到呂不韋門下的「食客」，有些人只在吃飯時才顯出本領，平時則無所事事，但多數還是學有專長的士，在呂不韋招致的賓客中，還有一個極為明顯的特點，那就是相容並包，各派均有。

戰國時期的思想界，因所持宇宙觀、政治觀、倫理觀不同，或活動方式、研究對象不同而分為不同學派，其中儒、道、墨、法四家影響最大，此外尚有陰陽、縱橫、名、農各家，他們分別鼓吹各自主張，相互爭鳴，有時各不相容，甚至勢不兩立，但在呂不韋的門下，則接納了各種派別的賓客，這些賓客中，不僅有秦國一貫尊重的法家，而且也有長期被秦國排斥的儒家，還有道家、墨家、陰陽家、名家……等等，幾乎先秦時代所有派別的士人，都有投奔到呂不韋門下的，這樣，呂不韋在秦國養士雖較

二　「多財善賈　長袖善舞」

齊、趙、魏、楚的「四公子」晚，但其數量和士的總體水準則遠遠超過他們，這些人構成了呂不韋的「智囊團」，不少政令出自這些人的頭腦和手下，否則呂不韋怎能承擔秦國大任？

呂不韋門下賓客的名字，絕大多數隨著歲月流逝而不被人知，留下自己名字的只有兩人，一個是司空馬，一個是李斯。

司空馬年輕時就從關東投奔到呂不韋門下，為尚書，長時間以來默默無聞，但到呂不韋最後失敗時，卻到趙國做了代理丞相，這是後話。

李斯是呂不韋招攬的士，他最初與其他的「食客」沒什麼兩樣，不久就成為秦國的一位重要的政治家。

李斯的功績主要是在秦統一六國之後建立的，他本人之所以在秦統一前就為秦效力，正是因為呂不韋的招賢政策，他原本不是秦國人，而是出生於楚國的上蔡（今河南省上蔡縣），年輕時的李斯，曾做過掌管文書的小吏，他身居社會下層，嘗遍了人間的屈辱和苦難，對爬上社會上層懷有強烈的願望。

有一次，他在廁所中看見那裡的老鼠，吃的是髒東西，見到人和狗來時，嚇得慌忙逃竄；而到倉庫中見到的老鼠，一個個都肥肥大大，吃的是好糧食，住在寬敞的房裡，沒有人和狗前來驚擾，對比這兩種情況，李斯感慨頗深地嘆道：「人的命運不同，不就是和這些老鼠一樣嗎？所謂『賢』或是『不肖』，就看各人處在什麼地位了！」

戰國時期的諸侯國戰爭和自由講學的風氣，給「士」的活動創造了便利條件，也為位居社會下層的「士」進入各國統治階級上層提供了可能。為了實現爬到上層社會去的目的，李斯青年時代曾向著名的思想家荀子學習「帝王之術」，和他一起拜荀子為師的還有後來成為法家代表人物的韓非，但韓非和李斯的主張和其老師荀子頗有不同，韓非將荀子以仁義為

中篇　成功

本的儒家主張拋棄，而系統地發展了其「性惡」說，形成一套嚴酷的法家理論。

李斯的理論水準不高，但對帝王面南之術則甚有研究，構成陰謀詭計的權術論，學成後，李斯以他功利主義的眼光環顧當時的各國情勢，覺得家鄉楚國的國王不會重用自己，而其他各國均貧弱，也無勝利的可能，唯一有前途的國家就是秦國，於是，他決心投奔秦國。臨行前，李斯向老師荀子告別：「弟子要去秦國了，特來向先生辭行。」

「你何必如此著急呢？」荀子這位老先生不明白李斯那種急功近利的心情。

「常言道『得時無怠』，遇到時機絕不可錯過，否則時不再來，當今各國爭雄之時，充當智囊、實際決策的都是『士』，這正是我們大顯身手的時機。」對老師，李斯直言不諱。

「那你為何一定要去秦國呢？」可能因為荀子去過秦國，雖然對那裡的吏治非常讚賞，然而對其「無儒」頗不以為然，李斯要西入秦國，老先生大概不太高興。

「形勢已經很明顯，現在秦王有吞併天下的決心，稱帝的條件已具備，這正是布衣之士施展遊說才能的機會，弟子當然要西入秦國以求建功立業。」李斯愈說愈激動，不禁勾起壓抑在胸中多年的酸楚和激憤：「處於卑賤之位而不設法改變自身狀況的人，就連野獸都不如！所以說，最大的恥辱莫過於卑賤，最大的悲哀莫過於貧困，如果久居卑賤的地位，長期生活於貧苦之中，而不圖改變，還標榜什麼『無為』，不謀『利』，這絕不是士的真情，是虛偽騙人的！因此，弟子李斯就要西去向秦王遊說啦！」

這樣，李斯就來到秦國。

李斯來到秦國之初，正趕上莊襄王去世，呂不韋大權在握，善於觀政

二　「多財善賈　長袖善舞」

治風向的李斯毫不猶豫地投到呂不韋的門下，在呂不韋家中充當一名極為普通的賓客——「舍人」，不久，知人善任的呂不韋發現李斯是個人才，便任其為郎，這是一個圍繞主人左右出謀獻計、幫助主人處理交辦事項的職位，既可以混飯吃，不做什麼事，也可以認真做事，發揮才智。李斯急切追求功名，屬於後者，他在呂不韋門下，尋找一切機會以表現自己的才能，施展個人抱負。

有一次，李斯趁晉見秦王之際，提出對當前形勢的看法，他說：「要成大業，必須認準時機，該忍耐時忍耐，該進取時進取，以前秦國在穆公時代，雖兵強馬壯，獨霸西戎，但終未滅關東諸國，這是什麼原因呢？因為當時諸侯國尚眾，作為天下共主的周天子尚沒有到徹底垮臺的時候，所以，各諸侯國爭霸只能抬出周天子，在『尊王攘夷』的口號下進行，秦穆公當時也不能例外。而自秦孝公以後，周天子這個招牌愈來愈沒有號召力，諸侯國公開相互兼併，秦國則乘勢發展起來，到現在，秦國不斷取勝已經六代了，東方各諸侯國被秦打得服服貼貼，在這個大好時機，若不趁勢消滅關東各國，早日統一天下，將來這些國家聯合起來對付秦國，恐怕就難辦了！」

李斯的話雖然是對秦王說的，但誰都知道莊襄王死後，剛即位的秦王政並未掌握大權，所以他實際是說給呂不韋聽的，而李斯的這一番話，的確說得符合當時的形勢，說明他對秦國內外形勢瞭如指掌，這就更進一步引起當權的呂不韋的重視，為此，李斯被任命為長史，成為一名有實際職責的秦國官吏。

李斯的建議，促使呂不韋加緊了對東方各諸侯國的吞併，除了派兵向東方蠶食、鯨吞之外，這期間，秦國還派了大量的說客和刺客在關東各諸侯國展開活動，這些人按照呂不韋的安排，攜帶大量的財物和隨身武器，來到東方各諸侯國，結交各國可以左右政治的貴族和大臣名士，能以財物

中篇　成功

拉攏的，就用金錢、財物拉攏，使他們替秦國辦事，若不肯接受賄賂的，則用隨身的利劍刺殺之，此外，還採取一些挑撥離間的方法，使各諸侯國內部相互猜忌，在內耗中喪失戰鬥力……，這一切都是李斯出的主意，不幾年，這些陰謀活動有了效果，秦國的軍隊在正面戰場上頻頻取勝，就是證明。

像蒙驁、甘羅、李斯這些武將、謀士都死心塌地地為秦國和呂不韋賣命、效力，這種情況與關東各國內部君臣之間矛盾不斷、文臣武將相互猜忌、外來賓客與國內元老彼此攻訐等等現象對比，就能明顯地看出秦國內部穩定，君臣一心，有識之士紛紛投奔這裡，人才的優勢得以充分發揮出來，從而為秦國勝利提供了最重要的保障，這乃是呂不韋成功的奧祕。

◆ **雜花生樹**

呂不韋善於利用下屬的才能，使他們為統一的目標貢獻才智。然而，他門下招攬的三千「食客」，當然並非個個都像李斯得以肩負重任，那些沒有什麼具體事情可做的賓客，難道只是讓他們吃閒飯嗎？當然不能！呂不韋養士不同於「四公子」以沽名釣譽為主要目的，不產生實際效益的投入，是他絕對不願做的事。

呂不韋有什麼辦法讓那眾多的賓客都發揮能力呢？他思索良久，終於想出了一個辦法，結果又創造了一項歷史奇蹟。

有一天，呂不韋突然把門下一部分賓客召集到大廳裡來，其中當然也包括已經嶄露頭角的李斯，多數則是那些沒有什麼事做的「食客」。

「諸位投奔到我的門下，我歡迎。」面對著跪坐在廳前黑壓壓一片的賓客，呂不韋開始早已準備的講話。

「大家在我這裡吃、住，絕沒有問題。」開場白一過，呂不韋話入正

二 「多財善賈　長袖善舞」

題，把他思索已久的主意端了出來：「可是，你們這麼多人，也不能總閒著。」

下面的賓客們不知呂不韋的葫蘆裡要賣什麼藥，一個個大氣也不敢出，俗話說「吃人的嘴軟，拿人的手短」，這些靠呂氏養的「食客」個個小心翼翼，低著頭等待訓斥。

沒想到聽到的不是訓斥和責罵，卻是另一番話：「各位剛來的時候，差不多都說過自己身懷絕技，或有經天緯地之才，或有治國安邦之策，我相信你們都是人才。」除了最後一句，呂不韋說的倒也是事實，那時的「說客」、「遊說之士」、「食客」投奔權貴門下的時候，沒有不吹噓自己一通的。呂不韋接著說：「請你們將各自所學的專長，你們的見聞、主張和對天地、宇宙、人事、政治、經濟、哲學、生產的見解和觀點，毫無保留地寫出來。」

「遵命！」眾賓客聽到這裡才鬆了一口氣，一顆顆懸著的心終於放下來，連忙答應。

「趕快下去寫吧！」呂不韋揮手，不等賓客們謝恩起身，扭回頭走了。

賓客們紛紛從廳裡退出，有人不免議論一番：「相國叫我們寫這些東西做什麼？」

「大概是嫌我們整天白吃飯不做事吧？」

「那畢竟是少數人有事，我們這夥人一共有三千多吶，有事做的倒有幾個？」

「這話也是！」

賓客們你一言、我一語地猜測呂不韋的用意：「他幹嘛給我們出這麼個籠統的大題目？幹嘛非叫咱寫點什麼？」

「是啊！人家楚國的春申君、齊國的孟嘗君、趙國的平原君、魏國的

153

中篇　成功

信陵君，不是也都養著不少賓客嗎？那裡面連雞鳴狗盜之徒都有，也沒聽說叫他們寫什麼文章！」

「這你就太不了解我們呂相國了，他辦事從來與眾不同！」

「他與眾不同在哪一點？呂相國的特點是特別注意效益的原則，雖說『養士』的做法是模仿信陵君、春申君等公子的先例，但呂相國可不像那幾位闊少爺養士的目的就是為了籠絡人心，買個虛名，用這麼大開銷，讓我們多數人閒著，他心裡可不舒服。」

「可是，他讓我們寫文章又有什麼用呢？」

「我看他是為沽名釣譽，他自己是商人出身，怕那些貴族和文人看不起，也來附庸風雅罷了。」

「有道理，不過也不一定單只為了個虛名。」

「大概相國考慮得遠了，戰爭就要取得最後勝利，四海之內眼看就要統一起來，仗打完了，這個大一統的局面怎麼治？相國的權勢也達到極點，年紀老了，一定會想到人生、宇宙、社會的一些難題，他自己感到無法回答，不就想到我們這些人了嗎？」有人冷靜地分析道。

「對！這個看法有點門道！」多數人贊成這樣分析。

對於呂不韋組織寫書的目的，也是後世研究呂不韋和《呂氏春秋》的學者們的一大課題，到底是為附庸風雅、留名後世，還是為解決當時面臨的種種問題？今天看來，兩者都有可能，從呂不韋注重實效的作風來推測，大約後者的成分居多，他希望透過編一部書，使自己與當時的著名思想家荀況、老聃、莊周、李悝、商鞅、墨翟並駕齊驅，成一家之言，留名後世，這種可能是有的。

但更重要的目的可能還是想解決一些難題，當時的中華大地正處於一個巨大的動盪時期，在社會大變革的時代每個人不免要考慮到許多問題，

二 「多財善賈 長袖善舞」

而身為相國的呂不韋本人,更處在極其關鍵的轉折時期,特別是一個空前未有的幅員遼闊、人口眾多的國家即將出現,用什麼辦法統治這個國家?以及由此而產生的對歷史、對人生的種種屬於哲學的、政治的、經濟的理論問題,都需要回答,呂不韋大概意識到要解決這些問題的迫切性,但自己又無力解決,所以,就想到利用這批賓客的智力了。

呂不韋一聲令下,眾賓客就忙起來了,這三千多賓客中,當然有不少不學無術的南郭先生,但也確實有滿腹經綸、學有專長的學者、專家,這些人投到呂不韋門下,早想施展一下才能,實現自己的抱負或兜售自以為是的主張,可是很難有像李斯那樣的機遇當上官,有直接向呂不韋進言的機會,這次抓住發表意見的機會,他們把長年所學、每日所想、苦思冥想鑽研出的理論一股腦兒端出。

只見那客舍內靜悄悄,入夜以後不少窗戶上還透出燈光,有人在整夜整日、廢寢忘食地寫,「士」從來就沒有過高的要求,只要幾句理解寬容的話,只要讓他們貢獻專長,他們就會感恩戴德,他們每個人的「雕蟲小技」似乎是天下最重要的東西,如果得不到重視,他們就會懷才不遇,有失落感,憤憤不平,甚至和你不共戴天,只要像呂不韋這樣輕輕的幾句空話,他們就會感激涕零,竭心盡力毫無保留地貢獻所長,「雖九死其猶未悔」,這就是所謂「士為知己者死」吧!

幾千位知識分子忙忙碌碌地查數據、寫文章,也無形地影響了咸陽的社會風氣,頓時使得秦國國都的文化氣氛濃烈起來。

這麼多人同時寫一部書是一大壯舉,也是前所未有的創舉,有許多問題需要解決。

「諸位,我叫你們將各自高見寫出來,寫得怎麼樣啦?」有一天,呂不韋突然問起眾賓客。

中篇　成功

「我們正在認真地寫。」眾賓客誠惶誠恐地回答。

「寫完了怎麼辦呢？」呂不韋故意這樣問。

眾人不知如何回答。

「我要把你們寫的東西編成一本書，你們商量看怎麼辦吧！」呂不韋亮出底牌，眾賓客面面相覷，一時拿不出個主意。

這裡確實碰到了前所未有的難題，因為，著書立說自古以來都被認為是種嚴肅而又神聖的事情，在春秋戰國之前，做文章、寫書都是官府委派官吏、士做的事，所寫的內容多是官府文告、占卜的紀錄和歷史，因此那些作者的官名就叫史或卜，廣大的百姓沒有文化，不需要也不允許寫什麼東西，到春秋戰國時期，以前那種「學在官府」的局面改變了，文化有一點普及，特別是經春秋時期的孔子（西元前551年至前479年）提倡和親自散播，開民間講學之風，一般百姓讀書識字的人多了起來，私人著述也漸漸出現。

孔夫子講學的內容，就被他的徒子徒孫們整理、記錄下來編成語錄式的著作《論語》；孔子的孫子子思的再傳弟子孟軻（約西元前390年至前305年）也是一位大學問家、大思想家，他講學的內容，後來被他和弟子們寫成專著《孟子》，這兩部著作都是儒家的經典，一直流傳到今天。

和孔子同時代，尤其是孔子以後的戰國時期，還有愈來愈多的士將自己的理論、主張，或對人生的思考、或對事物的見解寫出，成一家之言，像《老子》、《莊子》、《法經》、《商君書》、《墨子》等就是前面提到的老聃、莊周、李悝、商鞅、墨翟等人自己的著述或其後人編輯而成。

除此之外，戰國時期的私家著述很多，有的講哲理、有的講兵法、有的講邏輯、有的說政治、有的說倫理，各種觀點、各種派別都有作品傳世，這就形成了戰國時期「百家爭鳴」的局面，然而，諸子百家的著作雖然寫作方式不一，風格各異，但每一部書都是一人的作品，至多是代表一

二 「多財善賈 長袖善舞」

派的思想,《論語》就是孔子及其弟子的言論,是儒家的作品;《商君書》就是商鞅及其弟子的思想;《墨子》就是墨家思想的代表作;《老子》則是老聃一人的創作[42]。總之,一部書是一個人的作品或一派的理論,這是當時諸子百家著作的通例。

而呂不韋門下的賓客則什麼人都有,到秦國來的賓客中,包括了戰國時期的幾乎所有學派和各類學者,現在令這些學者賓客寫出自己的見解、研究心得,且要把這麼雜的內容編成一部書,這在當時確無先例可循。

既要保持各派學者自己的觀點、風格,又要編在一本書中,成為一部完整的作品,這確是個難題,但經過研究,終於得到比較圓滿的解決,即按照統一規定的體例,以大體相近的字數把各派學說收集在各篇章中,於是,這部書在形式上和內容上與其他諸子的著作均不一樣,體例是整齊的,內容則是多樣的,真如「雜花生樹,群鶯亂飛」,雜中有序,齊而不純,這也是呂不韋創造的中國文化史上的兩個第一。

第一次有計畫、有組織的私人集體編書;第一部「雜家」著作的產生。

各位賓客所寫的文章即將完成,總纂工作就要開始之時,還有一個問題尚待解決。「這部書編出來後叫什麼名呢?」呂不韋提出了這個問題。

「這部著作是按照相國大人旨意編的,內容非常豐富,堪與古代史書相比。」有人把呂不韋想說而沒說出的話說出來。

「古代重要史書都稱《春秋》,什麼《周春秋》、《燕春秋》、《齊春秋》、《魯春秋》都是各國的國史,這部著作也應當稱《春秋》。」

「只稱《春秋》不合適。」另有學者提出異議:「要標明此書乃呂相國主持完成的,應稱《呂氏春秋》。」這個意見得到了呂不韋的首肯。

於是,這部由呂不韋主持編寫的,出自眾多學者之手的雜家首部著

---

[42] 關於《老子》一書的作者,有幾種說法,這是其中一種。

中篇　成功

作，就名之曰《呂氏春秋》[43]。

那麼，編成後的《呂氏春秋》是怎樣一部書呢？

在形式上，《呂氏春秋》非常整齊：全書分為〈十二紀〉、〈八覽〉、〈六論〉三個部分。〈十二紀〉即以「孟春」、「仲春」、「季春」、「孟夏」、「仲夏」、「季夏」、「孟秋」、「仲秋」、「季秋」、「孟冬」、「仲冬」、「季冬」十二季節為「紀」，每一紀有五篇文章；〈八覽〉即「有始覽」、「孝行覽」、「慎大覽」、「先識覽」、「審分覽」、「審應覽」、「離俗覽」、「恃君覽」，每「覽」共有八篇文章；〈六論〉為「開春論」、「慎行論」、「貴直論」、「不苟論」、「似順論」、「士容論」，每「論」有六篇文章，加上序言──〈序意〉，原應有一百六十一篇論文，但後來因奪佚錯落，現存的《呂氏春秋》中「有始覽」只有七篇，顯然佚失一篇論文，〈序意〉也僅餘殘文，故全書現共存一百六十篇論文。

內容方面，《呂氏春秋》包含了先秦時代幾乎各家各派的學說和主張，而在宣揚這些主張時，書中各篇也似「百花齊放」，名言、警句、哲理和思想的火花，爭奇鬥豔，異彩紛呈，尤其是多數篇中有歷史典故或小故事穿插其間，使各種理論都顯得十分活潑、生動，這是本書一大特點，下面一一加以介紹。

首先是儒家，戰國時的儒家已成為大學派，尊孔子為師，其代表著作有《論語》、《孟子》。儒家鼓吹「仁」「義」，其政治上主張賢人治國，維護君權，「修其身而天下平」、「尊賢使能」，這種觀點在《呂氏春秋》中有多處表達，〈恃君〉篇中極言君權之重要，在這一篇中，作者首先用人的生理特點說明「君」的出現是人類生存的需求：

凡人之性，爪牙不足以自守衛，肌膚不足以捍寒暑，筋骨不足以從利辟害，勇敢不足以卻猛禁悍。然且猶栽萬物，制禽獸，服狡蟲，寒暑燥溼

---

[43]　見《呂氏春秋‧序意》。

二 「多財善賈　長袖善舞」

弗能害,不唯先有其備,而以群聚邪!群之可聚也,相與利之也。利之出於群也,君道立也。故君道立則利出於群,而人備可完矣。

這裡,提出人需要「群聚」才能抵禦大自然和禽獸的襲擊,而「群聚」則需要一個領導人物來統率,這就是「君」,接著,作者又說明「太古」時代沒有「君」,後來社會進步才出現了「君」,這種觀點應當說是不錯的,最後,說明「君臣之義」,這是本文的重點,但闡述這一理論時,卻用兩個小故事說明。

春秋時期晉國的貴族智伯被趙襄子所害,晉國的一部分也被趙瓜分,智伯這支貴族滅亡之後,其臣豫讓決心為智伯報仇,先是把鬍子眉毛都剃光,又用漆將全身腐蝕潰爛,還把自己弄得斷肢殘手,穿上破爛衣服,像個要飯的乞丐,他把自己打扮成這副模樣,回到家中向妻子行乞:「好心的太太,賞給我一口剩飯吧!」

豫讓夫人端詳著門口這個要飯的,心中起疑。

「看你這副窮兮兮的模樣,本想給你點什麼,可是,聽聲音我怎麼覺得你有點像我丈夫?」

聽妻子這麼一說,裝成乞丐的豫讓知道自己的聲音還沒有變,又生吞木炭,愣把嗓子刮壞,聲音嘶啞得像個破鑼,連他妻子也聽不出來了,於是,他知道偽裝成功,準備去暗殺趙襄子。

這時,豫讓的一個親密朋友見他如此殘害自己,就前來問他:「你老兄怎麼想出這麼個主意?」

「我要替智伯報仇。」豫讓堅定地回答。

「可是,」這位朋友說:「你這樣辦簡直是白受罪,不會有什麼結果,如果說你精神可嘉倒可以,若說這樣做是明智的,則不然。」

豫讓不回答,聽他繼續說下去。

中篇　成功

「以你的才能去投奔趙襄子，趙襄子必重用你，待他信任你時，你再採取設計好的辦法殺他，不是便當得多嘛！」

「此言差矣！」豫讓笑著反駁說：「照你說的這個辦法，簡直是出賣新朋友報答舊朋友，為舊君而害新主，違背君臣之義，還有比這種事更嚴重的嗎？這和我報仇的初衷是背道而馳的，我所以要為智伯報仇，正是為了維護和發揚君臣之義，而不是揀什麼便當的路走捷徑！」

又有一則故事。

春秋時莒國的柱厲叔為莒敖公的大臣，柱厲叔發現莒敖公並不怎麼信任自己，於是便知趣地辭官而去，閒居在海邊，夏天拾菱芡充飢，冬天撿橡實果腹，湊合過日子，維持生活。突然有一天，消息傳來說莒敖公被敵人圍困，處於危難之中快死了，柱厲叔立即向友人告別，去莒敖公處與其同死，柱厲叔的知己勸他說：「當初，因為莒敖公不信任你，你才離開他，現在你可又去與他同死，這豈不是對你信任和不信任都沒區別了嘛！」

「不然！」柱厲叔堅定地反駁：「以前，因為他不信任我，我才離開他，現在，他有難，若我不去，這恰恰證明他當初不信任我是對的，我就是在這個時刻去與他共患難，用這種行動做給後世不能辨識忠臣的君主看，讓他們內疚、自責，這樣，後世的忠臣就不會像我一樣被誤解，忠臣不被君所誤解，則君王的地位就會永遠穩固了！」

這兩個小故事充分表達儒家講的「義」，在君臣關係上是什麼內容，〈貴信〉篇中則主張君主不可失信於民，〈慎大〉篇中鼓吹君主不可驕恣，〈達鬱〉篇中說明君主納諫的重要性，〈舉難〉、〈權勳〉篇中強調君主用人要得當……等等，都是儒家政治思想的具體發揮。

儒家重教育，《呂氏春秋》中有許多篇均與教育有關，〈勸學〉篇說明學習之重要，在《呂氏春秋》之前，《荀子》書中也有〈勸學〉篇，兩篇文

章都是告誡人們學習的重要性,可見,儒家一貫重視學習。

《呂氏春秋》中的〈勸學〉特別強調「尊師」的重要性,指出:「聖人」是由於學習的結果,不學習而能成為有名的人物,那是不可能的,而學習的關鍵在於尊師,凡不尊重老師的要想學習,簡直就像抱著臭狗屎卻要嗅到香味,明明是不會游泳卻硬往深水裡跳一樣,不會有什麼好結果的,儒家提倡教育、尊重師長,在這篇文章中說得透澈極了。〈尊師〉歷陳諸名人師生關係,說明尊師之重要;〈誣徒〉說明不學之患,〈用眾〉說明好學之人可以採眾人之長、補己之短……等等,這些都是儒家教育思想的重要內容。

儒家重視制禮作樂,認為「樂」是「六藝」之一,也是治國之要務,《呂氏春秋》中有〈大樂〉、〈侈樂〉、〈適音〉、〈古樂〉、〈音律〉、〈音初〉、〈明理〉、〈制樂〉等篇專門探討音樂問題,說明樂的由來、作用以及帝王如何運用音樂施行教化的問題。

儒家重倫理道德,十分注意修身、孝行以及個人的立身處世法則,《呂氏春秋》裡〈孝行〉摘錄儒家經典中曾子論孝的言論,〈務本〉、〈論人〉、〈觀世〉、〈觀表〉、〈知分〉等篇皆發揮儒家自我修養及進身處世、觀察、品評別人的標準和方法。

在這些論文中都有一些生動、感人的例子,如〈觀世〉中說,列子在窮困潦倒時,連飯都吃不飽,餓得面黃肌瘦、奄奄一息。

這時,有人向鄭國的相駟子陽報告說:「報告相爺,列子可是個有道之士,現在居住在我們鄭國,大人不是有名的禮賢下士的官嗎?」言下之意是慫恿子陽沽名釣譽,去列子那裡做點表面文章。果然,駟子陽心領神會,立即派人給列子送去幾大包糧食,當送糧的人來到列子家門口的時候,列子畢恭畢敬地對派來送糧的人再三施禮,表示感謝,可是,說什麼

中篇　成功

也不接受那些糧食，看列子態度堅決，來人也無奈，只好把糧食原封不動地運回。

列子把人送走，剛一回屋裡，就聽到妻子無限怨恨地責難道：「人家有名的人，都把妻子養得安逸舒適，至少是不愁吃穿，可是，給你當老婆，連飯都吃不飽，人家相爺給送來糧食，你又堅決不要，我這個命怎麼如此倒楣啊！」說著還一邊摸著胸口，看來氣得心臟病也復發了。

「哈哈哈。」見到妻子氣得這樣，列子反倒笑了，說：「你知道我為什麼不要他的糧食嗎？這位相爺並不是自己知道我列子是個賢才，而是經過別人鼓動才送我糧食的，既然他聽別人一說就相信、照辦，將來若有人說我壞，鼓動他治我的罪，那我豈不又因此而獲罪了嗎？這種途徑得來的東西還是不接受的好！」

這一番話把列子妻子說得恍然大悟，雖然仍舊飢腸轆轆，但也不再說什麼了。

果然，不久鄭國發生民眾叛亂，因駟子陽做的壞事太多，民憤極大，報仇的民眾憤怒地殺死了駟子陽。

聽到這個消息後，列子不無得意地對妻子和朋友說：「現在你們應當知道我為何不接受駟子陽的饋贈了吧！如果當初我接受了他的糧食，受到他的恩惠，駟子陽有難時我袖手旁觀，則是不義，若我和他一道去死，則是死於無道，死無道是和我的一貫主張不符的。」

說完列子搖晃著禿頭，似乎很得意的樣子，儘管下午飯還沒有著落。

這就是儒家的處世哲學，也是儒家倫理道德的組成部分。

以上各方面說明儒家學派的主要理論、觀點，在《呂氏春秋》中都有反映。

其次是道家，戰國時期道家與墨家、法家、儒家成為最有影響的四大

二 「多財善賈　長袖善舞」

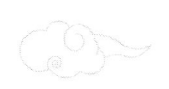

學派，道家的觀點與儒家不同，主清虛無為、去禮學、棄仁義，其代表著作有《道德經》、《莊子》。道家在政治上鼓吹小國寡民，無為而治，這些思想在《呂氏春秋》中都有闡述和發揮：〈君守〉〈貴公〉、〈重言〉、〈首時〉、〈別類〉、〈先己〉各篇從幾個方面說明「君」、「聖人」治世貴「無為」、「無知」，在〈貴公〉中，有這麼兩則小故事。

楚國有個人丟了一把弓，他明明知道丟在什麼地方，卻不去找回來。朋友問他：「你知道弓丟在什麼地方，何不去找回來呢！」

「嗐！楚國人丟的弓，楚國人拾到了，何必去找它！」丟弓的人淡淡地答道。

孔子聽到這件事後，對丟弓人的態度表示贊成，不過他認為此人淡泊得還不夠：「何必強調楚國？」

意思是只要是「人」拾到了也就和在自己手中一樣了。

孔子的老師，道家祖師爺老聃聽到這件事後，又補充說：「人也不必強調！」

意思是說不是被人拾去也無所謂，天地萬物皆不屬哪個人私有，讓其隨大自然安排，不必刻意追求。

以這種觀點治國的，齊國的管仲就是有名的一位，管仲在齊國為相，數十年把齊國治理得井然有序，百姓安居樂業，終於有一天，管仲年邁，病倒在床，人們都估計他將不久於人世，齊桓公見賢相命在旦夕，趕忙前去慰問，並準備安排後事。

「仲父病得這麼重。」和秦王政對呂不韋一樣，齊桓公對管仲也稱「仲父」道：，「萬一您有個三長兩短，我將把這個國家交給誰來管吶？」齊桓公的意思是請管仲推薦一個代替自己當相的人選。

「臣以前沒病的時候，盡心竭智也沒給大王提出個合適的人選，現在

163

中篇　成功

我病得糊裡糊塗，怎麼能有明智的判斷呢？」

管仲這時是謙遜的話，不過他說的也有道理，可悲的是古今中外政治上當權的，往往是在病老垂危，神智遠不及青年的時候決策的，這種決策正確的程度，就只能憑許多偶然因素來決定了。

「這是件大事，願仲父指教，不要推辭。」齊桓公一定要管仲發表看法，緊追不捨。

「那您看讓誰當相合適呢？」管仲被逼得無法，仍不正面回答，卻反問了一句。

「鮑叔牙行嗎？」齊桓公用試探的口氣問。

「不行！」管仲的態度十分明確：「我是鮑叔牙的好朋友，鮑叔牙這個人我太了解了，此人清廉正直，絕對是個好人，可是，這位老兄對不如自己的人，不願接近，一聽到別人有缺點和過錯，永遠記住一輩子！」

管仲的意思是鮑叔牙為人太耿直，不能容那些能力水準低的、有錯誤和缺點的人在手下辦事，不能容人的相國是不行的，桓公知道管仲的意思，接著問：「那麼，隰朋這個人行吧？」

「隰朋這個人，對自己的要求很嚴格，而對國家，則有些事不聞不問，對外界的事務，則有些事不知道，對於人則不苛求，不是任何事情都自己去做，隰朋是可以當相國的。」

《呂氏春秋・貴公》引了管仲這段話以後，發揮道：相是國家的大官，而當大官的不應當去管那些小事，不要顯得事事都懂，那種是小聰明，故傑出的工匠不需要斧、鋸之類的工具，高明的廚師不動鍋、盤，最勇敢的人不去和人打架，大軍事家不必率兵戰鬥，這種觀點正是西漢初期實行的「無為而治」的理論基礎。

道家對個人修養，主張出世「養生」，所謂「全天性」，《呂氏春秋》中

二 「多財善賈　長袖善舞」

〈本生〉、〈重己〉、〈貴生〉、〈情慾〉、〈盡數〉、〈必己〉、〈慎人〉、〈誠廉〉皆反覆說明人當全其本性，不為聲色所迷，而應以貴生為中心，富貴、功名不可強求，因求富貴而失目前之樂，在有道者看來是最不幸的。

在〈必己〉中講了莊子的一個故事，有一次莊子走到山中，見到山上長的樹木枝葉繁茂，濃蔭遮地，可是有個伐木的人只在樹下休息而不去砍伐它。

莊子問道：「這棵樹你何以不伐呢？」

「此樹不成材，所以我不砍它。」

「這就是由於不成材，才活了下來。」莊子意味深長地總結道。他又繼續向前走，出了山，到一村落，投宿到一個熟悉的朋友家，朋友見莊子來了，十分高興，趕快令僕人殺鵝招待，僕人向主人請示道：「我們家有兩隻鵝，一隻能鳴，一隻不能鳴，殺哪個呢？」

「殺不能鳴的！」主人回答說。

吃完了豐盛的晚宴，休息一宿，次日，莊子告別朋友，回到家中。

到家之後，莊子的學生們知道老師出行後的言論，不免產生疑問，就前來請教：「老師，聽說您到山中見到伐木的，不要不成材的樹，您說這棵樹是因不成材，才活了下來。可是，你到朋友家吃的那隻鵝，也是個不成材的傢伙，連叫都不會，您說是應當成材還是不應成材呢？」言下之意是，你說不成材的可以活下來，可是不成材的也有活不下去的，看你怎麼解釋這個問題。

「要是問我成材好還是不成材好，我將處於成材和不成材之間。」莊子不慌不忙地回答，這正是他宣揚哲學觀點的機會：「這樣，我處於似是而非之間，又成材又不成材，比成材的樹木和不成材的鵝要避免許多麻煩。」說到這裡莊子停頓了一下，他在發表哲學見解的時候往往由淺入

中篇　成功

深，一層一層向玄妙的理論發展。

　　接下來的話就使一般人難以理解了，莊子說：「處於似是而非、材與不材之間的狀態，還不免有所累，而若是道德則完全沒有什麼累不累的問題，道德這個玩意，無譽無毀，隨時代而變化，無影無形，是萬物之祖，體現在萬物之上；而又不是萬物，它有什麼可累的？」這裡，莊子說的「累」不是「勞累」的「累」，是哲學概念的專有名詞，有「拖累」的意思，它的反面意思就是「清靜無為」，下面的話就更清楚了：「這種無譽無毀、無形無累的道德，就是神農、黃帝之術。」

　　道家對精神生活的研究，在《呂氏春秋》中反映得更為直接，〈精諭〉、〈精通〉、〈去尤〉等篇中多處抄《老子》、《莊子》原文，如「至言無言，至為無為」等，表示這些篇章屬於道家的觀點。

　　墨家的主張是「兼愛」、「非攻」、「尚賢」、「尚同」、「明鬼」、「非命」、「節葬」等等，其代表著作是《墨子》，墨家的政治主張與儒家相近，亦主張賢人為政，《呂氏春秋》中〈當染〉篇即鼓吹近賢人、遠壞人；而〈愛類〉篇中，除言得賢臣之益外，又言非攻、節儉之事，可見，這是墨家的觀點，與儒家不同，在〈節喪〉、〈安死〉篇中，專門闡述喪禮要節儉，在〈聽言〉、〈愛類〉篇中發揮「非攻」之義，反對戰爭，這裡還記載了後來廣泛流傳的墨子止楚攻宋的故事。

　　楚國的國王請來了公輸般──即有名的工匠祖師爺魯班──製造攻城的雲梯，準備去攻打宋國，墨子聽到這個消息後立即從魯國前往楚國，去制止這場不義之戰，他一路奔走，日夜兼程，衣服也撕破了，鞋也走壞了，用破布包著腳，走了十日十夜，風塵僕僕地來到楚國的國都郢，想方設法見到楚王。

　　「在下是北方的普通老百姓。」墨子在楚國王宮內見到楚王時，這樣謙

二　「多財善賈　長袖善舞」

虛地說。實際此時墨子已是大名鼎鼎的學者，否則怎能輕而易舉地見到楚王。

「聽說大王要攻宋，有這件事嗎？」開門見山，墨子毫不客氣地提出問題。

「沒錯！有這件事。」楚王毫不含糊地回答。

「如果必能打敗宋，您才決定進行這次戰爭，還是打不敗宋，而且師出無名，也要進行這場戰爭呢？」墨子問。

「明知打不敗宋，又師出無名，我何必要打這一仗！」楚王顯然不太高興。

「說得好！」墨子要的就是楚王這句話，他回道：「在下認為大王一定打不敗宋國。」

「笑話！」楚王當然不願承認這種可能他道：「公輸般是天下公認的能工巧匠，現在，他已經為我制好了攻城的器械，一個小小的宋國還攻不下來？」

「有攻城的器械，就會有守城的辦法，大王若不信，可以令公輸般演習一下，他攻，我守，看誰勝誰負！」

「就照你說的辦！」楚王要看看墨子到底有什麼辦法，同時也想試試公輸般的攻城雲梯是否攻無不克，於是下令，傳公輸般前來與墨子對陣演習。

公輸般接到王命，將制好的攻城器械準備好，墨子也準備好守城的工具和武器，於是，兩人便在楚王面前認真地演習起來，公輸般前後用了九種攻城方法，而墨子也用了九種方法防禦，終不能攻破，公輸般承認，這個攻城的器械不能保障攻無不克、戰無不勝，楚王在事實面前也不得不相信墨子的話，放棄了攻宋的計畫。

《呂氏春秋・愛類》記載的這個故事，在《墨子》和後來的《淮南子》

167

中篇　成功

中也有,不過,在這裡記載此事,在於說明「人主」要以「利民」為要務,「能以民為務者,則天下歸之矣,王也者,非必堅甲利兵選卒練士也,非必墮人之城郭,殺人之士民也,上世之王者眾矣,而事皆不同,其當世之急、憂民之利、除民之害同。」可見,墨家的非攻反戰思想已經和儒家的「仁者愛人」思想結合了起來,這都是墨家獨特的觀點,在〈離俗〉、〈長利〉、〈高義〉、〈上德〉等篇中皆發揮「兼愛」的思想,並有稱讚墨子及其弟子自我犧牲的事蹟及精神的內容,足見《呂氏春秋》中有相當篇幅出自墨家學者之手。

法家「不別親疏,不殊貴賤,一斷於法」,力倡法治,專任刑法,主賞罰嚴明,無教化,去仁義,其代表著作為《商君書》。秦國一貫尊崇法家並厲行法治,法家主張君主、賢臣治國,而不必為輿論所左右,人民可與樂成,難與慮始,《呂氏春秋》中的〈長見〉、〈樂成〉各篇均認為,建立非常之事業,必須賢臣有計畫,君主有決心,而不必顧及眾人是否理解,這裡舉了一個魏襄王與史起的例子。

有一次魏襄王和群臣飲宴,大家喝得酒酣耳熱之際,襄王高興地說:「願大家萬事如意!」

這本是一句祝賀的話,沒想到碰到一個認真的大臣史起,聽到這句賀詞後頗不以為然,立刻公開反駁道:「大王說群臣都萬事如意,我看不合適,群臣中有賢的,有不賢的,賢臣萬事如意當然可以,如果壞蛋大臣也如意了,朝廷豈不遭殃?」

這麼一說,反倒把襄王弄得無話可答,只好自己打圓場道:「那麼大家就都和西門豹一樣當個好官吧!」

西門豹就是曾經在鄴治過巫師的那個不信「河伯娶婦」的縣令,應當說是個好官。

二　「多財善賈　長袖善舞」

可是，魏襄王的這句話也遭到史起的反對：「西門豹治鄴時，漳水明明在境內通過，他還不知利用，這算什麼好官！」

魏襄王被堵得說不出一句話，宴會不歡而散。

次日，襄王召見史起問道：「你昨天說的漳水可以灌鄴田，現在還可以灌嗎？」

「現在也能灌！」

「那你為什麼不替我操辦這件事呢？」

「我恐怕大王不讓我做！」

「我讓你做！」

史起得到襄王支持，決定領命去鄴，臨行前向襄王報告說：「我去鄴治漳水，當地百姓必定反對，說不定我會被人殺死，若我被人殺死，願大王不要顧忌眾人反對，繼續派人堅持治漳。」

「好，你放心去吧！」

史起辭別襄王，就任鄴令，因為治漳水要動員大量勞力去幹活，引起百姓對史起的不滿，不少人恨不得殺死他，嚇得他不敢出門，襄王得知消息，遵從史起的囑咐，不顧民眾反對，派人繼續治河，不久，漳水治好，使鄴的土地得到灌溉，百姓大得其利，這時，只有這時，百姓才說史起的好話，他們歌頌史起說：

「鄴有一個多好的令！

他的名字叫史公，

率領百姓決漳水。

水渠布滿鄴，

稻粱遍地生。

中篇　成功

鹹鹵不再長，

笙歌慶太平。」

《呂氏春秋‧樂成》引這段故事，最終目的是要說明「民不可與慮化舉始，而可以樂成功」，即人主不能和老百姓商量創辦什麼，百姓只能接受創辦成功後的好處，所以「聖主」「賢人」應當不為民眾輿論所左右，該做什麼就做什麼，這正是法家的基本觀點。

法家提倡求實，「法後王」即注重當前現實，反對空談「法先王」，在《呂氏春秋》中〈離謂〉、〈當務〉、〈察今〉、〈不二〉等篇皆闡發了這些觀點，法家主張法令劃一，君主必須控制權柄和諳熟權術，《呂氏春秋》中〈有度〉、〈慎勢〉、〈具備〉、〈任數〉、〈勿躬〉、〈知度〉等篇即專談以法治國及人君面南之術……等等。

法家的思想在《呂氏春秋》中也有相當篇幅。

除儒、道、墨、法四大家以外，在《呂氏春秋》中還可以見到其他各家和各派的觀點。

名家，這一派主張名實之辯，對先秦邏輯學有突出貢獻，代表人物是惠施（西元前370年至前310年）和公孫龍（西元前320年至前250年），代表著作有《公孫龍子》。《呂氏春秋》中有〈正名〉、〈審分〉、〈審應〉、〈不屈〉、〈應言〉等篇，內容或提倡正名，因名責實，或引述名家言論，或記載名家事蹟。在《正名》中記載名家學者尹文見齊宣王的事，很能代表名家的學風。

尹文見齊宣王，齊宣王對尹文說：「我很器重士。」他這樣說也許是標榜自己，也許是討尹文的好，或者兩者兼而有之，沒想到喜歡辯論「名實」的尹文偏偏要問個究竟：「大王說好士，我想聽聽什麼叫士？」

齊王一時語塞，回答不出來。

二 「多財善賈　長袖善舞」

「假定現在有這樣一個人，」尹文見齊王無話，接著問道：「對父母孝、對君忠、對朋友講信用，在家則悌，有這四種品德，算不算士？」

「當然，這真算士啦！」齊王說。

「大王若得到這樣一個人，能讓他為臣嗎？」尹文接著發問，名家的特點就是步步進逼，使對方落入圈套，然後再闡明自己的觀點。

「願是願意，只是恐怕難找到這樣的人！」齊王按照尹文的思路一步步走下去。

「如果有個人在廟堂上，受到別人的侮辱，而不和欺負他的人抗爭，大王能讓這樣的人當臣嗎？」尹文又問。

「絕對不讓！大丈夫被人侮辱而不鬥，太窩囊了，我怎麼能要窩囊廢給我當臣！」齊王覺得回答得滴水不漏。

「雖然這個人被侮而不鬥，可是他孝、忠、信、悌四行一點也不差，既然大王說有此四行就可為臣，那麼這個人怎不可以為臣呢？如果被侮不鬥的窩囊廢雖有四行也不能為臣，那麼，大王剛才說的孝、忠、信、悌四行俱全的人還算是士嗎？」尹文這一套辯論的方法，是名家學者普遍採用的，當時就把齊王說得無話可答。

「假定現在有人治國，」尹文接著問：「百姓有錯他責難，百姓無錯他也責難，百姓有罪犯法他判刑，百姓無罪他也給人家判刑，能說這些百姓難治嗎？」

「當然不能這樣說。」齊王完全順著尹文的思路走下去。

「我看齊國現在的官吏，大概就是這個樣子！」尹文不客氣地對齊王說。

「我看不見得吧！」齊王當然不願承認。

「沒有根據在下絕不會亂說。」尹文愈說愈來勁：「請讓我舉幾個例子

中篇 成功

給大王,大王下令說,殺人者死,傷人者判刑,於是百姓害怕觸犯這條禁令就不敢打架、爭鬥,這正是服從大王命令的結果;可是,大王又說,被人侮辱不去爭鬥,是個窩囊廢,您卻要懲治這種窩囊廢,不知大王說的殺人者死、傷人者刑對呢?還是懲治窩囊廢的話對?」

尹文用齊王自己的話,兩頭一堵,使齊王的話陷入矛盾之中,其實這只是一種形式邏輯的推理方法,不一定是真理,名家的辯論大多都是如此,如名家的代表人物公孫龍著名的命題是「白馬非馬」,說「白馬」不是馬,因為「白馬」和「馬」確實不是一個概念。可是,在事實上,哪裡有抽象的「白」和抽象的「馬」呢?所以,名家的這種判斷,往往與事實相背離,聽起來似乎有點「玄」,這種「玄而又玄」的「調侃」於現實生活無補,但對發展古代邏輯思想則有不小的作用。

兵家,研究軍事理論,總結戰爭指揮或策略戰術的人謂之兵家,春秋戰國時期的兵家代表人物有孫武、孫臏、尉繚等,其代表著作有《孫子兵法》、《孫臏兵法》、《尉繚子》等等。秦國乃尚武之國,呂不韋門下談兵之士不在少數,故《呂氏春秋》中兵家內容甚多,其中集中論兵的有〈蕩兵〉、〈振亂〉、〈禁塞〉、〈懷寵〉、〈論威〉、〈愛士〉、〈決勝〉、〈順民〉、〈長攻〉、〈貴卒〉、〈行論〉、〈貴因〉、〈不廣〉、〈悔過〉、〈原亂〉等篇。在〈順民〉和〈愛士〉、篇中舉了一些生動的例子說明戰爭的勝利在於能否得民心和能否得到士卒的擁戴。

越王勾踐被吳王夫差打敗,差一點身死國亡,勾踐下決心要報仇,回到會稽(今浙江省紹興市)臥薪嘗膽,不住舒適的房子,不吃好食物,不聽音樂,三年之內勞身苦心,把自己弄得唇焦口乾,以取得百姓和君臣的同情、支持。在這三年之中,有好吃的東西,不夠分給大家的,自己寧可不吃,有一點酒自己不喝,寧可倒入江中,讓民眾都嘗一點,自己親自種地,妻子織麻做衣,出門時,後面車上載著食物,見到老弱病殘或窮困之

二 「多財善賈 長袖善舞」

人,都親自送給食物,結果,越民對勾踐非常擁護,誓同勾踐一起報仇雪恥,「十年生聚,十年教訓」,越國上下一心,同仇敵愾,終於一舉打敗吳國,這都是民心同國王一致的結果。

秦國在穆公時代與晉國經常發生戰爭,有一次秦穆公最喜愛的一匹馬在國內跑丟了,不久有人報告說這匹馬在岐山之下被「野人」捉住,穆公知道後,就興沖沖地到岐山之下去找馬,沒想到在岐山之下見到的是一群「野人」正在吃煮熟的馬肉,原來穆公最喜歡的馬已被這夥「野人」殺來當美餐了!見到這種場面,穆公雖心如刀割,卻說出一句令人意外的話:「吃馬肉不喝酒會傷身體的,快給他們拿點酒來!」於是派人抬來幾大桶酒給「野人」助餐。

「太棒了!真是個好國君。」

不難想像又吃又喝的一群「野人」那種高興的模樣,大家盡興而散。

一年後,秦穆公率兵和晉國軍隊打仗,晉軍人數很多,一時將秦穆公圍在韓原(今陝西省境內),眼看就要將穆公活捉,正在危險之際,突然從晉軍後面衝出一股生力軍,一下把晉軍打得七零八落,使穆公得救,待解圍後,穆公才得知,這支生力軍不是秦國的正規部隊,原來是去年分食馬肉的岐下「野人」,這批人因得到穆公的恩賜,念念不忘他的好處,剛剛聽到他有難,就趕來解圍,這就是「行德愛人則民親其上,民親其上則皆樂為其君死矣」。

縱橫家,即戰國時期遊說之士,這些遊士以取富貴為目的,奔走於各國,或鼓吹合縱、或倡導連橫,其特點是善於辭令,口若懸河,代表人物有蘇秦、張儀,代表著作有後來編輯成書的《戰國策》。

《呂氏春秋》中有〈知士〉、〈審己〉、〈至忠〉、〈忠廉〉、〈士節〉、〈介立〉、〈不侵〉、〈下賢〉、〈報更〉、〈順說〉等篇,其內容有的與《戰國策》相近,有

中篇　成功

的與縱橫家的口吻相同，有的則記敘縱橫之事，證明其為縱橫家之作品。

農家，以記述、研究農業生產為目的的稱為農家，秦國一向重視農耕，關中之地農業發達，故呂不韋門下當有一批農家，《呂氏春秋》中最後四篇〈上農〉、〈任地〉、〈辯土〉、〈審時〉專門記敘與農業生產緊密相關的內容，如利用天時、土壤以及重視農耕的重要性等等，是先秦農家的寶貴數據。

《呂氏春秋》中不少哲理或政論性的言論都透過一些富有文采、生動曲折的小故事來說明，既可給予人鮮明的印象，亦可視為小說家之先河、濫觴。

如果將《呂氏春秋》看過一遍的話，就會發現這部書最大的特點就是「雜」，即內容觀點方面與同時代的著作《論語》、《孟子》、《道德經》等不同，非一家一派之言，而是「兼儒墨、合名法」，凡當時出現的學派，儒、道、墨、法、名、陰陽、五行等理論、學說，幾乎都可以在這裡找到，真像一個雜貨舖，正因其「雜」，此書被後人列為「雜家」類，並因此開創了學術史上「雜家」一派。

然而，若仔細研究，會發現《呂氏春秋》中雜得並非沒有重點，各派並非平分秋色，而是雜而有序，收羅百家而有其中心，其重點或中心並不是道家，更不是儒、法、墨，而是上面沒有提到的陰陽家的學說。

《呂氏春秋》中，專門闡述陰陽家學說的只有〈有始〉、〈應同〉兩篇，但陰陽家的思想卻是貫串於全書之中，什麼是陰陽家呢？用《漢書·藝文志》的話說就是：

陰陽家者流，蓋出於羲和之官。敬順昊天，曆象日月星辰，敬授民時。此其所長也。及拘者為之，則牽於禁忌，泥於小數，舍人事而任鬼神。

二　「多財善賈　長袖善舞」

這段話的大意是說，陰陽家是觀星辰天象以確定季節、時辰的人，其中有些人則專門注意禁忌，相信鬼神，成為算命的先生，用這個標準衡量《呂氏春秋》，其中「十二紀」的每紀首篇，「八覽」的各覽首篇，「六論」的各論首篇，以及〈明理〉、〈精通〉、〈至忠〉、〈長見〉、〈應同〉、〈首時〉、〈如類〉等篇，都應屬於陰陽家的學說，此外，還有許多篇文章都是說明「春令生」、「夏令長」、「秋令殺」、「冬令死」，將四時、四季與人事相配合，闡明春生、夏長、秋收、冬藏的規律，也都屬於陰陽家的觀點，在作為序言的〈序意〉中，還標明本書主旨「所以紀治亂存亡也，所以知壽夭吉凶也」，也透露出本書主旨是崇尚陰陽家。

以陰陽家學說為中心，《呂氏春秋》中的哲學觀點十分明確，在回答困擾著古今中外一切哲人、思想家的「什麼是世界本源」這一問題時，《呂氏春秋》提出了「太一」、「道」或者叫「精氣」。在〈仲夏紀‧大樂〉篇中有：

日月星辰，或疾或徐，日月不同，以盡其行。四時代興，或暑或寒，或短或長，或柔或剛。萬物所出，造於太一，化於陰陽。

這些排比整齊，讀起來像詩一樣的文句在書中俯拾皆是：

太一出兩儀，兩儀出陰陽。陰陽變化，一上一下，合而成章。渾渾沌沌，離則複合，合則復離，是謂天常。

將宇宙本源歸結為實實在在的「太一」、「道」等樸素哲理，由這哲理引申出以金、木、水、火、土「五行」，並以「五行」配合春、夏、秋、冬四時的學說，《呂氏春秋》中由陰陽五行統馭的歷史觀，其中有承認人類社會由低階向高級發展的看法和社會不斷進步的觀點。在〈恃君覽‧恃君〉中有：「昔太古嘗無君矣，其民聚生群處，知母不知父；無親戚、兄弟、夫妻、男女之別，無上下、長幼之道；無進退、揖讓之禮；無衣服、履帶、宮室、蓄積之便；無器械、舟車、城郭、險阻之備⋯⋯」這裡描寫

了文明社會以前的圖景,肯定了社會是在不斷進步的。

在這種思想指導下,書中提出建立中央集權制度的政治理想,在〈審分覽・不二〉篇中有:「必同法令,所以一心也;智者不得巧,愚者不得拙,所以一眾也;勇者不得先,懼者不得後,所以一力也。故一則治,異則亂,一則安,異則危。」這種鼓吹一統天下的言論,與周室衰亡後消除諸侯割據局面,建立統一王國的歷史趨勢是相符合的,在〈有始覽・謹聽〉中有:「今周室既滅,而天子已絕。亂莫大於無天子,無天子則強者勝弱,眾者暴寡,以兵相殘,不得休息。」主持寫書的呂不韋力主「天子」當政,而他想像的「天子」當然就是自己。

圍繞著陰陽五行的觀點,《呂氏春秋》中將儒家、法家等有關理論都和諧地熔於一爐,如《孟子・盡心下》中說:「民為貴,社稷次之,君為輕。」這是儒家的基本觀點,《呂氏春秋》中也闡述了這一觀點,在〈季秋紀・順民〉中說:「凡舉事必先審民心,然後可舉。」意思是說君主辦事必須順乎民心。在〈有始覽・務本〉中也有類似的話:「宗廟之本在於民。」在〈季秋紀・精通〉中也有「聖人南面而立,以愛利民為心」。

從這些言論中可以看出呂不韋透過《呂氏春秋》隱然以「聖人」自居,把「民」抬得高高的,故此,《呂氏春秋》中鼓吹「德政」與呂不韋在實際上奉行「興滅,繼絕」的「德政」則是十分吻合的了,在〈離俗覽・上德〉中寫道:

為天下及國,莫如以德,莫如行義。以德以義,不賞而民勸,不罰而邪止。

主張「德」和「義」本是儒家的特點,在這篇文章中,還舉出事實說明用「德」「義」勝過法家主張的「賞」「罰」,書中說,上古時代,邊境的民族「三苗」長期不服,禹請攻伐,而舜則主張用「德政」,結果,「行德」三

二　「多財善賈　長袖善舞」

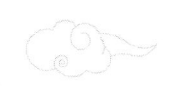

年，三苗服，這是說用「德政」可降伏敵國。

書中又舉「行義」的例子，說晉獻公時，妖冶的麗姬讒害公子重耳，公子重耳逃出晉國，流亡於翟、衛、齊、魯、宋各國，後來到了鄭國，眼光短淺的鄭文公對這位亡命的公子頗為不敬。

鄭國的大臣叔瞻勸文公道：「臣聞賢主不在人危難時落井下石，而今晉國公子有難，理應扶植他一把，今後必有好報，隨從公子重耳的都是一些賢人，大王若不能恭敬地招待重耳，不如早點把他殺了。」

糊塗的鄭文公並沒有接受這個建議，重耳離開鄭國之後，流徙了數年，終於回到晉國，成了晉國國君，當了晉文公的重耳，還記得建議殺他的叔瞻，於是就發兵攻鄭，鄭國得知晉軍來攻，惶恐萬分，叔瞻對鄭君請求道：「晉軍攻鄭全因叔瞻，不如把我送給晉君，以免鄭國遭殃。」

鄭君無法，只得照叔瞻的請求將他送給晉軍。叔瞻被押到晉國後，晉文公重耳令人燒了大油鍋，準備生烹叔瞻，不料叔瞻在下油鍋之前大聲疾呼：「三軍之士都聽我說。我叔瞻是由於忠於鄭君而遭到這個下場的，從今以後你們就不要忠於君主了，忠君者最後是要下油鍋被烹的！」

晉文公重耳一聽此言，似有領悟，立即下令送叔瞻回鄭，結果鄭國免除了晉國圍攻之患，叔瞻也逃脫了被烹之災，這就是「行義」的好處。《呂氏春秋》中這段記敘，表達了作者對「忠」「義」和「利」的態度和看法，原來「忠」「義」「德政」等已不是抽象的道德標準和範圍，它們也有其實際的作用，在這一點上，和法家所提倡的「利」是一致的，而呂不韋所奉行的「德政」，倡導的「行義」，恰恰是屬於這種類型。

在《呂氏春秋》中鼓吹的道家思想，也有所指，〈似順論‧分職〉中說：「無智、無能、無為，此君之所執也。」要君主什麼事也不做，一般地說這確是道家的主張，但針對呂不韋當政的那個時代，他是不是有意地教

中篇　成功

訓坐在國王位置上的秦王政「無智、無能、無為」呢？看來有點嫌疑。否則不會引起秦王政後來那麼深的積怨。

在《呂氏春秋》中，還可以見到呂不韋為政的一些主張，例如善於用人，〈審分覽・勿躬〉中說，治國為君者不必事事親躬，更不需要事事都會，只需選擇適合做各種事的人，委派、督促他們各負其責就可以了，「聖人」治天下就是把各種有專長的人用起來，上古時代大橈作甲子、黔如作虜首、容成作歷、羲和作占日、尚儀作占月、後益作占歲、胡曹作衣、夷羿作弓、祝融作市、儀狄作酒、高元作室、虞姁作舟、伯益作井、赤冀作臼、乘雅作駕、寒哀作禦、王冰作服牛、史皇作圖、巫彭作醫、巫咸作筮，而「聖王」什麼也不會做，但「聖王」委這二十個人以官，令其各司專職，盡其巧，用其專長，故天下大治。

春秋時代的齊國，桓公任管仲為相，管仲對齊王說：「墾田種地方面的事，臣不如寧邀，請任命寧邀為大田；禮儀方面的事，臣不如隰朋，請任命隰朋為大行；進言直諫，臣不如東郭牙，請任命東郭牙為大諫臣；出征打仗之事，臣不如王子城父，請任命王子城父為大司馬；判案斷獄之事，臣不如弦章，請任命弦章為大理。」

齊王即按管仲所提，任命上述各人分別為官，而統受管仲控制，結果十年之內齊國就成為霸主，九合諸侯，一匡天下，管仲乃是齊國的相，他並不憑個人一己之能，而充分發揮別人的才能，故能使百官竭力奉公，而使國富民強，這正是呂不韋的做法。

世間一切活動都是由人進行的。英明君主，治世良相，善賈豪商和成功的企業家首先重視的就是擇人、用人，在〈知接〉中講了一個極生動的故事說明君主善於辨識人的重要性。

齊國的相管仲有病，桓公前往探視，同時請他安排後事。

二 「多財善賈　長袖善舞」

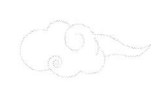

「仲父萬一有個三長兩短，有什麼可囑咐的事嗎？」齊王虛心地問。

「我是要死的人，別問我了。」

「請你不要推辭，非聽聽你的意見不可！」

「好吧！那我就說說。」管仲被問得不得不說，「希望大王對易牙、豎刁、常之巫、衛公子啟方這幾個人防著點！別總接近他們。」

「易牙這個人對我不錯。」齊桓公不解管仲何以對易牙印象如此之壞，就隨口說出自己的感覺，「那一次我有病想吃肉，易牙竟把自己的親生兒子煮來給我吃，對這樣的人還有什麼可疑的嗎？」

「說的正是這件事！」管仲回答道：「人沒有不愛自己的兒子的，可易牙這小子竟能忍心把自己親生兒子煮了，對於您還有什麼下不去手的嗎？」

「豎刁對我也不錯。」齊桓公又提起豎刁道：「他為了侍候我，竟主動淨身進，難道還不夠忠心嗎？」

「人沒有不愛自己的身體的，豎刁這小子竟對自己下得去狠手，疼得死去活來，又斷子絕孫，這樣的人對您還有什麼不忍心做的嗎？」管仲回答。

「常之巫呢？」齊桓公又問：「這個人能算命，又能治病，生死疾病經他算就能算出來，我何以不能信他呢？」

「死生是命中定的！」管仲說這話有點宿命論，但是古人都是這樣想，況且他說這話的目的是反對巫術，的確，巫術於死生無補，而且害人，他對齊桓公說：「病疾也是身體本身的問題，大王不遵循生命自身規律，而相信勞什子常之巫，此人就可憑您的信任胡作非為了。」

「衛公子啟方侍候我十五年了，整天在我身旁，連父親死他都不敢回家奔喪，對這樣的人不該有什麼懷疑的吧？」齊桓公非一一問到底不可。

「人之常情都愛自己的父親，而衛公子啟方竟能在他親生父親死時不

179

中篇　成功

哭,不奔喪,這樣狼心狗肺的人對大王還會好嗎?」管仲冷冷地回答。

「啊……」齊桓公無言以對,只好點頭答應,不久,管仲嚥了氣,齊桓公果然遵照管仲的臨終遺囑將這四個人逐出宮外。

齊桓公逐走這四個壞蛋之後,因為身旁缺少阿諛奉承、拍馬屁的人,感到極不舒服,吃飯也不香,睡覺也不安,也懶得上朝,這樣過了三年,實在忍不住了,大概有權勢的人之於阿諛奉承的需求,像是吸毒者對鴉片、海洛因一樣,一會兒都離不開。

「這個管仲未免太過分了吧!」桓公為自己找理由,於是下令召易牙、豎刁、衛公子啟方回宮,官復原職,陪伴自己,一年以後,齊桓公身染重病,常之巫早就散布出消息:「某日國君就要死!」得到這個消息後,早就準備好的易牙、豎刁、衛公子啟方就與常之巫勾結起來作亂,他們把宮門塞住,不准通行,假借桓公名義釋出命令,一時國內不明真相,桓公在床上亦不知外界發生了什麼事,幸好平時對女人還好,有一多情女子冒著風險跳牆進入桓公住的壽宮,見到這位躺在病榻無人問津的老頭。

「給我點吃的。」聽到有人進來,桓公有氣無力地請求,大概多日無人給他送吃的東西了。

「我沒有東西給您吃。」婦人據實回答,愛莫能助。

「給我點水吧!」奄奄一息的桓公囁嚅地說。

「水也沒有。」婦人不無遺憾地說。

「到底發生了什麼事?」桓公吃力地問道。

這個女子如此這般地將易牙等四人做的事簡略地說了一遍,這時,桓公才恍然大悟,老淚縱橫傷心地嘆道:「唉!畢竟是聖人預見得準,若死者有知,我還有什麼臉在地下見仲父管仲呢?」說罷矇住臉氣絕而死。

桓公死後三個月也沒有人管,屍體都長了蛆。

二 「多財善賈 長袖善舞」

《呂氏春秋‧知接》中記載了這段故事後,發表議論說:「桓公非輕難而惡管子也,無由接見也。無由接,固卻其忠信,而愛其所尊貴也。」這裡所說的「接」就是接受賢臣的忠告,桓公不能接受管仲的忠告,結果落得那麼可悲的下場。

在〈離俗覽‧難舉〉中說:善於用人者,用其所長,不必責備求全。若求全責備,則天下無可用之人。古代的堯、舜、禹、湯、武這些大「賢人」尚有「不慈」、「卑父」、「貪位」、「放弒」之類的惡名,何況其他人?故要求別人的時候應當想到他也是個人,不可能十全十美,而要求自己的時候,不妨用「義」的標準來衡量,就會發現自己有更多的不足之處,這樣,就會有許多人可用。

昔衛國的甯戚投奔齊桓公時,因無人引薦在路旁等待,伺齊桓公出來時,甯戚擊牛角而歌,被桓公發現,詢問之後,桓公得知其有治國安邦之才,次日擬委之重任,但齊國舊臣聞訊反對,對齊桓公說:「甯戚是衛國人,齊距衛不遠,不妨派人去衛一問,若是賢才,用之未晚。」但齊桓公卻說:「不必去問,若去問可能會發現其有小毛病——『小惡』,因其有『小惡』而不用其治國安邦之能『大美』,『以人之小惡,亡人之大美』,這是許多君主得不到人才的根本原因啊!」齊桓公的這段故事和他的這句名言,也正是呂不韋用人標準的注解。

用人不疑,疑人勿用。這是君主用人的重要原則。《呂氏春秋》中還宣揚,君臣之間相互信任不疑,是事成、功立的重要保障,對臣下的任用,絕不能被無端的誣告和謠言所動搖,而君主需有判斷是非的能力,此所謂「決善」。

有一回,魏文侯派樂羊率兵攻中山,得勝後樂羊回朝報功,面有得意之色,魏文侯得知,命負責文書的官吏將樂羊出征時群臣、賓客的奏書拿

中篇　成功

來給樂羊看,一翻這些奏書,其中竟有兩大箱上告自己和中山不能攻取的文書,樂羊頓時感悟:「中山之舉,非我樂羊之力,國君之功也。」樂羊的話確實說出問題的關鍵,如魏文侯不能堅信樂羊而聽信讒言,不用說有兩箱告密信,就是有一二件也足以使樂羊身敗名裂了,還有什麼攻中山的勝利?魏文侯有決斷,不為流言蜚語所動搖,堅持信用樂羊,終於取勝,這些記載,無異於為呂不韋「決善」作了注腳。

上述這些內容都歸納到陰陽五行的大系統中,從而構成以陰陽五行為中心的雜家體系,對照呂不韋為政的表現,也正是與其行為相吻合的。所以《呂氏春秋》雖不是呂不韋親手所寫,卻可反映呂不韋的觀點。

同先秦時代的許多著作一樣,《呂氏春秋》在宣揚這些觀點的時候,不僅僅是空洞的說教,常常是用一些歷史故事來加以論證,這就使全書內容顯得豐富、生動,易於引起讀者的興趣,例如〈季冬紀・士節〉篇中,用極大篇幅記了這樣一段故事。

齊國有個名叫北郭騷的人,以結網、打柴、織履為生,但仍無法養活自己的母親,一天,北郭騷求見齊相晏嬰。

「我整天勞作連老母親都養不活,請大人給我想個辦法吧!」北郭騷對晏嬰說。

晏嬰不認識北郭騷,但他的下屬卻知道此人,對晏嬰說:「此人是齊國的賢者,一貫行為正直,對天子不義、對諸侯不友善的事,對他有利也不做,現在,他能主動請相爺幫忙,是崇拜您的為人,一定得答應他的要求!」

晏嬰聽左右這麼一說,立即下令賜給北郭騷糧食和錢財,而北郭騷僅接納糧食卻拒絕錢財的贈予,就回家侍奉老母去了。

幾年後,晏嬰失寵,被齊國國君猜忌而出亡,路過北郭騷家時入門辭

二 「多財善賈　長袖善舞」

行，北郭騷正在洗澡，聽說晏嬰來訪，立即出來歡迎：「先生準備到何處去？」

「國君對我有懷疑，不相信我啦！只有逃走啦！」

「那您就好自為之吧！」

晏嬰原想北郭騷會有更熱情的話安慰他，沒想到得到的只是這麼一句冷淡得近乎無情的話，只好悻悻而去。

「唉！我晏嬰有今天的下場，活該！誰讓我不識好壞人呢！」晏嬰遭到北郭騷冷遇，寒心到極點。

晏嬰走後，北郭騷對身邊的朋友說：「我曾經因仰慕晏子的為人，向他請求過幫助以養活老母，俗話說受人之恩，必當以身報答，今天晏子遭受猜疑，背黑鍋，受冤枉，我要用死來替他洗清。」

接著，北郭騷就穿戴整齊，請朋友替他捧著劍和竹箱，一同前往國君門下求見，國君的大門怎能隨便進入？北郭騷對守門的人說：「晏子是齊國的賢人，聽說他離開了齊，他這一走齊國必定遭到外敵入侵，與其見到外敵侵入，當亡國奴，不如先死，請將我的頭獻給大王，以替晏子洗刷冤情。」又對隨同來的友人說：「請將我的頭裝在竹箱裡，送上去！」

說完，自刎而亡。

北郭騷死後，他的朋友果真遵囑把北郭騷的頭割下來送給國君。

「北郭先生為國而死，我也要為北郭先生死了！」獻過北郭的頭後，那位朋友也刎頸自殺。

齊國國君聽到這一連串為晏嬰出走而自殺的壯烈之舉，嚇得立即派人去追晏嬰，這時晏嬰已走出城外，尚未到國境，使者追至，晏嬰不得已而返回。

中篇　成功

　　當晏嬰回到城裡，方知北郭騷自刎的壯舉，也才了解不哼不哈的北郭騷為自己付出了多大的代價，他痛恨自己曾錯怪了這位大勇大智的義士，懊悔地罵了自己一句：「像我這樣有眼不識泰山的人，家破人亡，真是活該啊！」

　　這個曲折、生動、頗為激動人心的故事，要說明什麼問題呢？《呂氏春秋》的作者只總結了十一個字：「賢主勞於求賢，而逸於治事。」

　　《呂氏春秋》的這種文章風格，使書中的大部分內容看起來不太枯燥，甚至十分有趣，更重要的則是因其相容並包，思想、數據極為豐富，它不僅有哲學的、政治學的、經濟學的、邏輯學的、法學的、自然科學的、農學的第一手數據，而且具有相當高的文學的、史學的價值，它不僅是秦國歷史上一部最重要的著作，也是先秦諸子中獨樹一幟的「雜家」開山之作，在中國學術史上占有極重要的地位。

　　書是知識的載體，是傳播知識的媒介，著書立說就要公之於眾，讓別人知道，《呂氏春秋》寫成後在什麼時候發表，用什麼方式發表，卻頗費了呂不韋的一番心思。

◆ 千金懸賞

　　關中的初秋，是個異常美妙的季節，青黃相間的原野，展示著一大片一大片的漸趨成熟的誘惑，天空清澈，恬淡得猶如一泓無痕的秋水，而它深邃蔚藍的神情卻又使人生出無限遐想，清涼之風讓人從容地想到生命的未來，而風中傳來的秋蟲悽切的鳴叫，又讓人感到悲傷和迷惘……

　　戰國末年，統一中國的戰爭前線已推到距秦國本土以東遙遠的地方，關中地區一片和平景象，這裡是秦國的大後方，在寧靜、威嚴、豪華的秦國宮殿深處，呂不韋沉醉在收穫的滿足氣氛之中，享受著權力爭鬥的豐碩

二　「多財善賈　長袖善舞」

果實，卻又如感染秋天悲涼的情緒，踱步於宮中御道上，傾聽殿旁秋蟲鳴叫時，覺得前景象個難解之謎。不久，一個小小的計畫就在呂不韋的腦際出現……

秦王政八年（西元前239年）的一天清晨，秦國國都咸陽突然顯得比平時熱鬧起來，不少人跑到城東的市區，既不買賣東西，也不是來散步，而是來看稀罕，原來，在咸陽的市門之上，公布了一部書，還有一個告示，大家七嘴八舌地議論，紛紛趕到市區來看的，就是這部書和這份告示。

那時作為秦國國都的咸陽城，是十分整齊的，陸續建造起來的宮殿，構成咸陽的主體，貴族、富人的房舍占據了宮殿以外的主要大道旁，一般平民百姓只是在僻街、陋巷搭間草棚、茅屋棲身，而買賣物品的商賈，則必須到劃定的市區內進行交易活動，所以，「市」區內是商號、鋪面和小攤集中的地方，咸陽的市是用圍牆圈起來的，進出市區必須從市門經過。這樣，朝廷或地方官要釋出什麼告示，就常常在市門附近揭示，以便使更多的人都了解。

當時，紙還沒有被發明出來，書寫的材料主要是木牘和竹簡，有時也用絹、帛等紡織品，如果寫部書，字數很多，用絹、帛太貴，一般都寫在簡、牘之上，簡，是將竹子劈開、刮平，截成長二十三公分、寬一公分的竹片，在上面寫字，每支簡大約可寫三四十字，有時根據需求，竹簡可以截得長一些，那就能多容納一些字，但無論簡有多長，一支竹簡能寫上去的字數也是有限的，所以古代人要寫一篇文章或一部書要用許多支簡，寫好後把這些簡用麻繩或皮條連綴起來，就成為類似現代的書，當時叫做「編」，寫在木質材料上的文書，應當叫木牘，用法大體和竹簡一樣，只是木牘可以寬一點，成為方形的，此外，簡、牘還有各種形式和不同用法。

西元前239年出現在咸陽市門上的告示和書，當然是寫在簡、牘上面

中篇　成功

的，那麼多的竹片和木板要掛在市門之上，也必定是十分醒目的一大片，這是從前沒有過的事，因此，咸陽城都轟動起來，人們懷著好奇的心情，興沖沖地趕來，看看到底是怎麼回事。

在鬧鬧嚷嚷、萬頭攢動的市門前，當人們弄清楚是怎麼回事之後，更是大為驚訝。

原來那寫在數千支簡上的，就是呂不韋組織編寫的《呂氏春秋》，而《呂氏春秋》旁的那個告示內容是：

現將《呂氏春秋》全文公布，歡迎指正，有能增、損一字者，給以千金的賞賜。

在這個告示之上，果真有明晃晃的一大堆錢放在那裡，據說這就是「千金」，誰若能改動《呂氏春秋》中一個字的，立即按告示中宣布的兌現，將「千金」拿走。

這的確是件驚人的事，難怪今天咸陽城像一鍋開水一樣都沸騰起來了，眾人奔相走告，議論紛紛，「千金」，畢竟是個巨大的數目，只要能改動一個字，就可以得到這麼多錢，怎能不使人激動呢？於是，圍在市門前的人越來越多，有的一字一句地閱讀《呂氏春秋》的全文，有的反覆思索著告示的內容，就是不認字的也饞涎欲滴地瞪著兩隻眼睛，望著那一大堆誘人的錢不願離去，每個人腦子裡都不免浮想聯翩，激發出發財的美夢，市門上的《呂氏春秋》以及其旁的告示和「千金」，成了咸陽城人人談論的熱門話題，成了人們注意的焦點。

但是，時間一天天過去，好奇的觀眾越來越少，站在市門前閱讀《呂氏春秋》的人也逐漸散去，一直到最後也沒有一個人提出改動這部書的一個字，那令人動心的「千金」原封不動地仍舊放在那裡，沒有誰能把它拿走。

二 「多財善賈　長袖善舞」

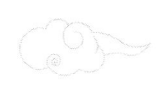

《呂氏春秋》果真寫得那麼好，連一個字都無法改動嗎？當然不是！是咸陽城的人水準都不高，挑不出這部書的毛病嗎？也不是！那究竟為什麼沒有人能更動《呂氏春秋》的一字呢？這個問題在當時的數據中找不到答案，成為呂不韋歷史中的又一個謎。

不過，這個謎不難解答，之所以沒有人指摘《呂氏春秋》瑕疵，不是別的原因，而是因為人們知道這是相國呂不韋主編的，大家都明白，儘管告示寫明「有能增、損一字者與千金」，實際這是一種自我吹噓的方式，不過標榜此書完美無缺、無可指摘而已，若真有信以為真的書呆子，當場挑出毛病，誰知道後果會如何？說不定拿不到「千金」之賞，反而會惹來殺身之禍呢！

這就是《呂氏春秋》公布後沒人更動一字的真實原因。

這個原因雖然是推測出來的，但卻是合情合理的，首先明確提出這個看法的，是在《呂氏春秋》首次公布二三百年以後，生活在東漢時代的王充（西元27年至約97年）。這時的呂不韋早已不在世，他的黨羽也早都死光，好學深思的學者王充，在研究了歷史和《呂氏春秋》之後指出，呂不韋當時的權勢如中天之日，用他的名義寫的這本《呂氏春秋》懸在市門之上，在場的觀眾、讀者害怕呂的權勢，儘管能看出書中的毛病，誰敢公開指出呢[44]？

又過了一百餘年，到東漢末有一個大學者高誘，首次對《呂氏春秋》作系統、詳盡的注，在高誘的注中，就挑出十一處錯誤[45]，這些錯誤中，有的是字、句、稱謂的錯，有的則是跟事實有出入，比如下面兩個例子。

《呂氏春秋》中有一篇名為〈必己〉的文章，其中記載春秋時代宋國有個「桓司馬」的大官，此人有一顆寶珠，很多人都十分羨慕，連當時的宋

---

[44]　見《論衡·自紀》。
[45]　見《呂氏春秋》高誘注。

中篇　成功

國國君也想要把這顆寶珠弄到手,恰巧,後來這個「桓司馬」犯了罪離家出逃,國君就派人詢問那顆寶珠的去向,有人說那顆寶珠被扔到魚池中去了,於是宋國君就下令掏乾魚池找寶珠,結果,魚池掏乾後寶珠沒有找到,魚也死光了。

這裡,《呂氏春秋》記載的宋國國君稱為「王」,但是高誘考證,上述那件事發生在西元前418年即魯哀公十四年,宋國的「桓司馬」名叫桓,而當時的宋國國君是宋景公,並沒有稱王,這在《春秋》中有明確記載。所以,高誘指出《呂氏春秋》此處稱宋「王」是不對的。

《呂氏春秋》中的〈上德〉篇所記載的故事中也有錯誤,春秋時的晉國國君獻公,娶了一個年輕貌美的小老婆麗姬,這個麗姬仗著在獻公身邊得寵,成天說前面幾個老婆生的兒子的壞話,使得獻公逐漸對三個兒子(大兒子稱為太子申生、二兒子公子重耳、三兒子公子夷吾)疏遠,讓他們都離開國都到外地,但麗姬還不死心,非要害死這三個兒子才甘心,有一天,麗姬突然召見太子申生,對他說:「你爹夢見你的生母姜氏了。」

太子申生聽說已經死去的親生母親姜氏在父親的夢中出現,趕忙準備了豐盛的食品,到姜氏的祠堂前祭祀,按當時的禮儀規定,祭祀過母親的食品,應奉獻給生父享用,就在申生將這些食品送給獻公去的途中,麗姬做了手腳,將有毒的食品換了進去,待獻公將要吃的時候,麗姬突然攔住了他說:「這些東西是從遠方送來的,還是叫別人先嘗嘗吧!」

於是獻公下令,叫隨從的內侍先嘗幾口,不料吃下去的人一會兒工夫就伸腿瞪眼死了,又拿那些食品餵狗,這些狗也立時斷氣,獻公一見大怒,要殺太子,太子申生明知這是麗姬在搞鬼加害自己,但他不願向父親表白,只對左右的人說:「我父親沒有麗姬,覺也睡不安,飯也吃不下。」

之後,申生舉劍自盡,含冤離開人世。

二 「多財善賈　長袖善舞」

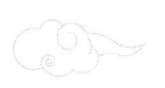

太子申生死後，公子夷吾見麗姬如此狠毒，就逃往外地，另一個公子重耳也帶著隨從人等逃往國外，公子重耳先跑到翟，又到衛國，衛國的文公對重耳不甚禮貌，使重耳不得不離衛去齊，在齊國住了不久又到魯國，魯國的國君更不像話，竟然讓重耳光著膀子下水捕魚，重耳當然受不了這樣的侮辱，就去了宋國，宋國的襄公還不錯，對重耳的招待還算熱情，可是重耳也沒在此住多久，又去了鄭國，到了鄭國後就碰上前面提到的叔瞻，重耳又率人離開鄭國，來到楚國，又從楚國到秦國。後來，在秦穆公的支持下，重耳回到晉國，成為國君，這就是赫赫有名的晉文公。

《呂氏春秋》中〈上德〉篇在記載這一段故事時，有一處錯誤，那就是重耳到楚國後，「荊成王慢焉」，就是說楚成王對重耳慢怠，很不尊敬，其實這是與歷史事實不符的，東漢學者高誘在注《呂氏春秋》時，就舉出證明駁斥了《呂氏春秋》的記載失實。他舉出的證據是《春秋左傳》的下述記載：

公子重耳來到楚國，楚國國君設宴招待。

「公子若有朝一日返回晉國，你將怎樣報答我呢？」楚國國君在宴席上向重耳問道。

「漂亮的女人、貴重的玉帛，您有的是；奇禽、異獸，好玩的東西也是貴國的特產，至於晉國有的物品，都是貴國棄之不要的，我能有什麼報答您的呢？」重耳這樣回答，不知是謙虛，還是不願向楚君承諾什麼。

「儘管如此，你到底用什麼報答我呢？」楚君仍不放鬆，繼續逼問。

「那我就告訴您吧！」重耳無奈，只好直率地說：「若託陛下之福，我得以返回晉國掌權，當晉、楚發生軍事衝突時，我一定先令晉軍退避『三舍』（『一舍』三十里，『三舍』共九十里），給楚軍讓路，若仍得不到貴軍諒解，那我就左手執鞭、右手持弓箭和您拚個死活！」

中篇　成功

　　公子重耳的直言不諱,惹惱了楚國大臣子玉,他要楚君立即殺掉重耳,但楚君十分冷靜地說:「晉公子重耳廉潔而儉樸,文質彬彬而有禮節,隨從他的人都有修養而寬厚,對重耳都十分忠心且有能力,我看重耳必能成大事,這是天意,誰也不能違背。」結果,楚君便把重耳送往秦國[46]。

　　根據上述記載,高誘推斷出楚君對重耳還算可以,「不得為慢之也」,指出《呂氏春秋》的記載是不符合歷史事實的。

　　高誘就是根據自己的考證,指出《呂氏春秋》並非無瑕可摘;咸陽市門的「千金」,也並非無人能取,「咸陽市門之金,固得載而歸也」,當時無人對懸之市門的《呂氏春秋》增損一字的原因,乃是由於懼怕相國呂不韋的權勢而已,「蓋憚相國畏其勢耳」。

　　王充和高誘的分析是對的,《呂氏春秋》的確有不少錯誤和不足之處,不過,綜觀這部大著,結構整齊,內容豐富,在當時也屬於極有價值的作品,對以後的影響更深,不失為中國古代優秀的文化遺產。所以,「千金懸賞」儘管有自我吹噓的意思,可是這本書畢竟非同尋常,此書的出現,不僅在秦國,而且在那個時代,也算得上一件大事。

　　不過,呂不韋在秦王政八年將《呂氏春秋》公布於市門,並千金懸賞,難道僅僅為了自我吹噓嗎?非也,選在這個時間公布《呂氏春秋》,是呂不韋經過深思熟慮,反覆思考,有計畫、有目的安排的,是有其特殊用意的。

　　自從西元前249年莊襄王上臺後,呂不韋便以相國的身分執掌秦國大權,西元前246年,十三歲的秦王政繼位,呂不韋更以「仲父」的地位進一步控制朝政,這期間,秦國的實權完全操控在呂不韋手中,尚未成年的秦王政只不過是個傀儡,可是,隨著歲月流逝,呂不韋一天天老下去,秦

---

[46]　見《左傳・僖公二十三年》。

二 「多財善賈　長袖善舞」

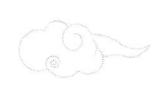

王政則逐漸長大成人，到秦王政八年（西元前239年）嬴政已經是二十一歲的青年，按秦國的規定，青年國君到二十二歲時就要舉行加冕禮，戴上一頂表示進入成年的帽子，從此就要親自處理政務，而「輔政」的呂不韋也應當還政於秦王政，如果即將親政的秦王是個有為的君主，或不願受人擺布的國王，那麼呂不韋不僅會喪失以前的一切權勢，而且會遭到清算。

慣於獨攬政權的呂不韋自然不願落到這個地步，但他大約已經察覺秦王政並不是一個可以任意擺布的軟弱國君，甚至可能是自己最大的政敵，而自己又不敢公開篡位取而代之，怎麼辦？只有加緊對秦王政的控制，《呂氏春秋》搶在秦王政二十一歲時公布，其目的之一就是向秦王政示威，他用千金懸賞的辦法向秦王政發出訊號，令秦王知道，自己作為一個相國，對秦國百姓的威懾力究竟有多大！《呂氏春秋》公布後無人敢更動一字，這就表示沒有人敢公然反對他。用這種辦法要這位年輕的國君了解呂相國的勢力，從而不敢稍有反抗[47]。

公布《呂氏春秋》的另一目的，還在於暗示秦王親政以後，要像古代傳說中的顓頊對待黃帝那樣，接受呂不韋的教導，《呂氏春秋》一書的序言〈序意〉中寫道：「良人請問十二紀，文信侯曰：嘗得黃帝之所以誨顓頊矣……」示意呂不韋像黃帝教導顓頊那樣，要將自己的主張強加在秦王政身上。

最後，也是最重要的目的乃是，《呂氏春秋》作為呂不韋個人對人生、宇宙、政治等重大問題的基本看法，既是他本人思想的代表，也是呂不韋執掌秦國十餘年大政的施政綱領和指導思想，在秦王政即將親政之際，公布《呂氏春秋》，實際上是將呂不韋的思想、觀點和政治綱領系統、全面地向秦王政坦露，希圖秦王政按照他的思想和政治路線繼續走下去[48]。

---

[47]　見《子略》。
[48]　見《呂氏春秋·序意》高誘注。

中篇　成功

　　作為一部包羅百家的「雜家」著作，似乎很難看出哪些內容、觀點、理論和主張是反映呂不韋個人的東西，這裡說的代表呂不韋人生觀和政治思想的內容，也並非指其書中某幾個具體觀點和主張，因為其書兼收各家，所以許多具體觀點和理論主張在本書中往往有相互牴觸、矛盾之處，有時此篇否定彼，而彼篇肯定此，故任意摘取書中某篇或某種觀點就視其為呂不韋本人的主張、看法，則不免以偏概全，然而，若就《呂氏春秋》總體思想和傾向及全書突出特點論呂不韋的思想及政治綱領，則是較為科學且較為接近實際的。

　　《呂氏春秋》總體思想是以陰陽五行為中心的，「兼儒墨，合名法」，包容百家，其特點是「雜」，本書的這個特點也正是呂不韋本人思想和政治綱領的特點。

　　這種「雜」的傾向，決定了呂不韋既不拒絕法家，也不反對儒、道、墨家，而是相容並包，採納各派的理論主張和思想觀點，而這一特點表現在天命觀方面，呂不韋既不迷信神鬼，又未能擺脫對命運的恐懼；表現在統一中國的方式上，既採用法家主張的武力進取，又採用儒家的懷柔方式誘敵歸順；表現在統治方法上，既主張嚴刑峻法，又不棄禮義教化，同時也強調道家的「無為而治」；表現在君主的個人作風方面，既主張君主專權，又反對君主獨斷，在大權獨攬的前提下，拱手無為；在物欲的追求方面，既不提倡禁慾的苦行主義，主「任天性」，滿足人自身生理需求，又反對奢侈、縱慾，以上五個方面不僅在《呂氏春秋》中有明確論述，而且呂不韋在一生的活動中也在貫徹實行，視其為呂不韋的思想和政治主張，大體是沒有問題的，呂不韋公布《呂氏春秋》，要秦王政接受的，無非是這些內容。

　　可問題是：秦王政會不會接受呢？

下篇　敗亡

　　且夫嗜慾無窮，則必有貪鄙悖亂之心、淫佚奸詐之事矣。

　　　　　　《呂氏春秋‧侈樂》

　　凡治亂存亡，安危強弱，必有其遇，然後可成，各一則不設。故桀紂雖不肖，其亡，遇湯武也。遇湯武，天也，非桀紂之不肖也。湯武雖賢，其王，遇桀紂也。遇桀紂，天也，非湯武之賢也。

　　　　　　《呂氏春秋‧長攻》

下篇　敗亡

一　驪山建塚　甘泉縱歡

歡樂的渭水從中國的西部高原奔流東下，從進入關中平原開始，她似乎就變得憂鬱而凝重，不再喧騰、咆哮，而是緩緩地向前滾動，從而把挾來的大量泥沙留在身後，在她經過的關中平原上，由一片片蔥鬱林莽覆蓋下的黃土沃野，一直伸展數百里。

在渭河北岸沿一望無際的平原，矗立起一座座秦國王家的離宮別館，那輝煌瑰麗或精巧別緻的鳳閣龍樓，令附近耕作的農民和途經此地的旅行者敬畏而又浮想聯翩，不過，多少宮闈穢事，也似乎隨宮中的柳絮落英傳到高大的宮牆以外，飄到民間的宮中豔息緋聞，並沒有和春花秋月的時光一起一日日流逝得無影無蹤，而如縷縷的輕煙和淡淡的薄霧，在歷史長河中留下神祕和誘人的遺跡……

◆ 嬴政之謎

歷代大人物的面目往往都被時代塗上一層神祕的色彩。居住在深宮中的帝王，在戒備森嚴的護衛下與世人隔絕，更讓普通的人感到難以理解，呂不韋在人生最後的日子裡，處心積慮加以控制、應付的秦王嬴政，就是一個極其神祕的君主，從他的出生，到其所有的作為，都留下一連串難解之謎，即使是精於運籌、善於謀劃如呂不韋這樣的大投機商，也未能早日識破嬴政之謎，最後終於將其數十年鑽營所得的暴利，連同老本——自己的身家性命，一股腦兒輸給了這位稀世的君主。

當《呂氏春秋》公布後，那一陣不大不小的衝擊波越過宮牆使年輕的嬴政經歷了一陣短暫的激動，然後一切又都歸於平靜，似乎什麼事都沒發生過，御溝中淌著的仍是散發出脂粉氣息的細流；透過梧桐、垂柳的密蔭

一　驪山建塚　甘泉縱歡

飄到宮外的笙歌管絃之聲，依然歡快優雅；巍峨的大殿上照舊是神氣活現的呂不韋在發號施令；而坐在飾滿珠寶的碩大御座上的還是那個一言不發的秦王嬴政。

清晨，在朝曦尚未代替啟明星出現在東方天際之前，咸陽城的章臺宮前早已鐘鼓齊鳴，伴隨著莊嚴、肅穆的鼓樂聲，秦國文武大臣魚貫來到章臺前殿（在今陝西省西安市西北的低堡子附近），這裡是秦國的主要朝宮，每日的早朝，計議軍國大事和重大政治活動均在這裡進行，照例，相國、「仲父」呂不韋神采飛揚志得意滿地坐於嬴政之側，聽取大臣稟奏，釋出各種指示，他連看都不看一眼坐在大殿中央的秦王，似乎根本沒有這樣一位君主記憶體在。

已經二十一歲的秦王嬴政與年輕、英俊這些字眼沾不上邊，他長得難看而瘦小，坐在那闊大的王位上，聽著呂不韋頤指氣使地發號施令，顯得可憐巴巴，因為自小得過軟骨病成了雞胸，使得他坐在那裡像頂著一口小耳朵，那些踞於殿下的群臣幾乎看不到年輕君王的面孔，而他的面孔確實沒什麼值得可看的，像擰乾了的抹布似的臉上，長著一副馬鞍鼻，那兩隻眼球突出像馬一樣的眼睛，時不時地閃出一道冷冷的青光；偶爾說幾句話，嘶啞的聲音像狼嚎，令人毛骨悚然[49]，秦王政的這副「尊」容，絕不會給人留下諸如親切、和藹之類的印象，不過在他親政之前，臣民們被呂不韋的權勢所震懾，沒有多少人會注意那個坐在宮殿中央卻一言不發的秦王。

「請大王定奪。」每次呂不韋處理完朝政之後，都不忘加上這麼一句例行公事的話。

「按丞相說的辦。」秦王政也只能機械地作如是回應。

於是群臣喧呼謝恩，叩首散朝，這一套程序從秦王政繼位到第八個年

---

[49]　見《史記・秦始皇本紀》。

下篇　敗亡

頭天天重演，表面上看來沒有絲毫變化。

可是，秦王政畢竟一天天大了，雖然長得不那麼英武，但腦袋裡的東西肯定一天天多起來，呂不韋正是感到這點，才迫不及待地、大張旗鼓地公布《呂氏春秋》，看看這個不聲不響的秦王有什麼反應。

「請大王定奪。」《呂氏春秋》公布後，呂不韋仍這樣說，同時看看坐在殿中央的秦王政，他已經派人給嬴政的案頭擺上一部《呂氏春秋》，料他已經看過，呂不韋想知道嬴政看過後在朝廷上有什麼變化。

「按丞相說的辦。」秦王嬴政還是那句已重複過八年的話，像一隻壞了的留聲唱片，連聲調都沒變。

「散朝！」呂不韋冷冷地盯了嬴政一眼，無可奈何地吐出這兩個字，轉身回府去了，他暗暗地嘆了一口氣，摸不透這個從小看著長大的嬴政心裡想什麼，真是個謎！

望著遠去的相國，嬴政也慢慢地抬起身轉回後宮，誰也沒有注意到他眼裡射出的凶光，雖然表面上一切依舊，但嬴政內心裡正經歷一次前所未有的劇烈風暴，他的理智和感情正展開一場激戰，只是長期以來養成的冷酷性格和極端的冷靜，使得他能在必要的時候保持沉默，這大概與他幼年的經歷有關係，他一定記得剛剛懂事的時候就被遺棄在邯鄲的日子，孤兒寡母過著逃亡的生活，那時雖然母子相依為命，可風流成性的母親在落難中也不忘尋歡作樂，情人一個跟著一個地更換，最後遇到性能力超強的嫪毐，倆人終於難解難分，哪裡還顧得上連父親都難確定是誰的趙政呢？

好不容易盼到回咸陽的日子，隨著母親成為宮中的后妃，嬴政也算是一名王室貴冑了，可是在眾多的王子、王孫面前，這母子倆的來歷不免常常成為宮中悄悄議論的話題。

「不過是個娼妓罷了，什麼破貨，也來宮中當妃子！」出身秦國貴族

一　驪山建塚　甘泉縱歡

門第的妃子嘲諷地說。

「瞧那個小東西的醜樣子，不知是誰的種，也要當個王子！」眾多的王子、王孫鄙夷地談論著趙政。

冷嘲、熱諷、排擠、打擊，以及歧視的神情、憐憫的目光，像一支支利箭射來，幾年來宮中的生活雖也錦衣玉食，但宮內的空氣像三九天的嚴寒包圍著嬴政母子二人，做母親的邯鄲姬倒不在乎，反正身邊有異人疼愛，左右有呂不韋維護，對後宮嬪妃姬妾的嫉妒很快習以為常，依然自顧自地尋歡作樂，日子也過得快活。

唯有可憐的嬴政似乎是被父母遺忘，孤獨地忍受著周圍的壓力，他處在被忽視、被歧視的境遇，不僅生病缺乏及時的醫治，以致留下一生難以斷根的殘疾，而且心靈上受到永遠不能療癒的創傷，所以他常常喜歡一個人獨處，不願見人，漸漸發展到不喜歡看到別人歡樂，他以仇恨的心情審視周圍的世界，報復的火種在他心中萌生，到讀書識字的年齡，秦國宮內完全按照本國傳統向嬴政灌輸文化和價值觀，在秦宮內重要的傳統教材無疑是《商君書》，因為商鞅是使秦國興盛的奠基人，百餘年來秦國奉行的就是商鞅的政策路線，事實證明，商鞅確實使秦國由弱變強，他所說的話哪能不被認真對待，記載商鞅思想、言論的《商君書》哪能不被秦宮奉為圭臬？

論至德者不和於俗，成大功者不謀於眾。

這是嬴政讀《商君書》一開始就碰到的兩句話，這兩句話對他影響極深，使得這個本來就心理陰暗、性格孤僻的嬴政，在接受秦國傳統文化薰陶後，更加冷漠、殘酷，對一切人都不信任，對眾人都仇視，唯一追求的就是個人的功利。為了個人目的他可以忍耐旁人無法忍受的壓力，甘心坐在王座上當傀儡，眼睜睜地看著呂不韋在身邊頤指氣使地發號施令，他甚至視而不見地任憑呂不韋、嫪毐之流出入自己母親的後宮，眼看著他們在

下篇　敗亡

母后的床笫間恣意歡樂,讓他們鬼混,但是,這種壓抑的性格下,潛藏著令呂不韋想都沒想到的仇恨,一旦得志,他會像豺狼一樣吃掉任何一個人的,說他「居約易出人下,得志亦輕食人」[50],簡直恰當極了。

不過,在親政之前,他必須保持沉默,必須裝聾作啞,裝得什麼也不懂,任呂不韋擺布,尤其是《呂氏春秋》公布後的一段日子裡,嬴政似乎什麼事都沒有發生一樣,沒說一句評論的話,甚至沒有任何表情,令呂不韋捉摸不透。

事實上嬴政這些日子緊張極了,下朝以後他匆匆忙忙回到後宮,顧不得和宮女們嬉鬧,就伏在案上一支簡一支簡地閱讀《呂氏春秋》,他急於弄清呂不韋這部書裡寫的什麼內容,弄清楚他要做什麼。

「噹噹」、「咚咚」,宮中巡夜的衛士敲著警器已經走過三遍,滴漏刻示標出已是夜半時刻,可是秦王寢殿內還亮著燈光,嬴政從晚飯後一直伏在案上看《呂氏春秋》,他眼睛從簡上掠過,腦海裡翻江倒海似的掀起波濤,書中所寫的內容有的使他拍案讚賞,有的則令他憤怒髮指,不知不覺已到深夜。宮女、侍衛們偷偷地看了幾次,誰也不敢請他睡覺,他們都納悶,究竟是什麼吸引秦王如此動情。

「好!說得好。」忽然聽到嬴政大叫,下人忙進來看,誰知嬴政原來是看書入神自言自語,高興得大叫,他看到的是〈有始覽‧謹聽〉中的一段文字:

> 今周室既滅,而天子已絕。亂莫大於無天子,無天子則強者勝弱,眾者暴寡,以兵相殘,不得休息。

當時東、西周均被秦所滅,掛名的「天子」確實「已絕」,年輕的秦王嬴政隱然以未來的天子自居,當然欣賞這種重新建立以「天子」為中心

---

[50] 尉繚語,見《史記‧秦始皇本紀》。

一　驪山建塚　甘泉縱歡

的、統一的中央集權的新秩序的言論和主張,所以對於依靠戰爭實現統一的理論也由衷地贊成。同時,他對於以武力的方式完成統一大業也頗讚賞,比如〈孟秋紀‧禁塞〉中所寫的:

故取攻伐不可,非攻伐不可;取救守不可,非救守不可,唯義兵為可。兵苟義,攻伐亦可,救守亦可。

這裡說的「義兵」就是指消滅各諸侯國割據、實現統一的秦軍,《呂氏春秋》中還明確提出,戰爭勝利後要建立統一的政權、統一的法令。〈審分覽‧不二〉:「必同法令,所以一心也;智者不得巧,愚者不得拙,所以一眾也;勇者不得先,懼者不得後,所以一力也。故一則治,異則亂;一則安,異則危。」

呂不韋當政期間進行了統一戰爭,正是《呂氏春秋》中提出的上述主張的具體實踐,看到這裡,秦王嬴政知道,主張用武力消滅各諸侯國,建立中央集權的統一政府,呂不韋的想法是和自己一致的。

以後的事實顯示,秦王嬴政對於消滅割據、武力統一全國的態度和《呂氏春秋》的主張確是相同的,他親政之後,首先處理朝廷和宮中的內亂,一旦內亂處理完畢,就立即全力以赴地進行統一戰爭。結果,終於在即位後的二十六年,親政後的十七年,西元前 221 年,結束了數百年割據局面,建立了統一的秦王朝,在中國境內實現了前所未有的統一。對於這個成就,秦王政——統一六國後稱秦始皇——是頗為得意的,當秦始皇二十六年(西元前 221 年)秦消滅了各諸侯國之後,在慶祝海內統一的朝會上,秦始皇歷數了消滅山東六國的經過之後,對群臣說:

寡人以眇眇之身,興兵誅暴亂,賴宗廟之靈,六王咸伏其辜,天下大定。[51]

---

[51]　見《史記‧秦始皇本紀》。

下篇　敗亡

這裡，他把消滅山東六國稱為「誅暴亂」，接著，秦始皇就令臣「議帝號」，建立統一的制度：統一法令，統一道路，統一文字，統一度量衡，在全國建立統一的官僚體制，統一實行郡縣制⋯⋯等等，這些千秋大業的建立，與《呂氏春秋》中表達的呂不韋的政治綱領是一致的。

消滅諸侯國割據，建立中央集權的統一國家，這個目標，如果說自秦孝公在商鞅變法以後就確立了的話，那麼在呂不韋時代，就以《呂氏春秋》的系統表達方式見諸文字而公布於世，在秦始皇時代則最後完成，這是一個長達百年的歷史任務，呂不韋和秦始皇只是這根鏈條中的兩個環扣，但卻是兩個極為重要的環扣。

呂不韋時代承上啟下，尤其是集各家之學說闡發統一中國和消滅割據的觀點及以武力達到統一的合理性，首次為秦國統一提出了系統的理論根據，而秦始皇則以實際行動完成了中國的統一，這兩個環扣缺一不可，秦始皇本人也十分明確地意識到，他所進行的統一事業乃是完成包括呂不韋在內的秦國先人的未竟之業，在秦始皇三十七年（西元前 210 年），秦始皇逝世之前，在概括其一生的〈會稽刻石〉中就明確地宣布其統一大業是繼承前代未竟之事[52]。

可見，秦王政和呂不韋在統一中國的大政方針方面不謀而合，難怪他看到《呂氏春秋》忘情地拍案叫好。

「說得對！」當他看出《呂氏春秋》這部雜家著作是以陰陽五行學說為中心的時候，禁不住脫口而出，自言自語，這一回宮女們可不再理他了，在《呂氏春秋》中〈有始覽・應同〉篇具體運用五行學說於人世：「凡帝王者之將興也，天必先見祥乎下民。黃帝之時，天先見大螾大螻，黃帝曰：『土氣勝。』土氣勝，故其色尚黃，其事則土。及禹之時，天先見草木秋冬

---

[52]　見《會稽刻石》及《全秦文》。

一　驪山建塚　甘泉縱歡

不殺，禹曰：『木氣勝。』木氣勝，故其色尚青，其事則木。……代火者必將水，天且先見水氣勝。水氣勝，故其色尚黑，其事則水。」秦王政特別崇奉陰陽五行，所以對類似言論大聲叫好。

從秦統一中國後的事實看，秦始皇雖以法家學說來治國，但其統治國家的思想理論基礎則是五行學說，按照金、木、水、火、土的相生、相剋原則，水剋火，周為火德，則秦就是水德，這是在戰國時期就已有陰陽五行家宣傳的觀點，又被《呂氏春秋》系統化地形成理論，秦始皇統一中國之後，更加有意識地宣揚這種「五行終始說」，以證明秦王朝建立的必然、合理性。

西元前 221 年（秦始皇二十六年），秦始皇把「皇帝」的稱號加給自己的同時就宣布：秦代周是水德代替火德，這個歷史命運早在五百年前就定了。據說，五百年前秦文公出獵時獲得一條黑龍，這條黑龍就預示著代表水德的秦人要取得天下，於是，秦統一中國後，一切按五行學說辦事，規定河水更名為「德水」，各種顏色中以代表水的黑色為上，衣服、旌旗、節旄都是黑色的，連宮殿中牆壁上畫的龍都是黑色的，此外，與水德有關係的數目、聲音也以法令形式作為規定，數字以六為尊，因為六代表五行中的水，故而秦王朝時代能湊夠數的皆為六，車六尺、乘六馬、六尺為步，符、法冠皆六寸，舉凡一切與數有關者，皆以六為上。這些事實都說明，秦始皇時代的政治是在五行學說之下運作的。

可見，對於《呂氏春秋》中建立的統治理論，秦王政絕對贊成，他一定十分欣賞這部書中說出了自己想說的一些話，才興奮得連連喝采。

不過，在殿外聽命侍奉的宮女們注意到，讀簡的秦王嬴政並非一直處在這種興奮的情緒中，有時聽到他低聲自語，似在詛咒著什麼。

「嘩啦。」突然聽到竹簡落地的響聲，這聲音在寂靜的深夜顯得特別嚇

下篇　敗亡

人，正在巡邏的宮中衛士也從遠處跑來，人們看到秦王嬴政把一堆竹簡推到地下，憤怒地走來走去，燈光照著晃動的人影映在窗紗上，像是一頭囚禁在籠中的發情野獸，宮娥、侍衛都清楚，在這個時刻最好不用理他，一定是書中的某些言論勾起年輕君王的怒火了。

宮娥、侍衛們猜得不錯，秦王嬴政確實是從《呂氏春秋》中引發的怒火，尤其是當他看出這部書不僅鼓吹法家思想，而且提倡儒、法、道、墨各派兼收並蓄的時候，看到在治國為政方面除主張嚴刑酷法的法治以外，還提倡儒家的「仁義」、實行懷柔政策的言論，看到有關這方面的內容，秦王嬴政一定會聯想到呂不韋在對關東六國的兼併時，除使用暴力徹底消滅之外，有時尚用籠絡、綏靖的做法，他甚至暫時採用「興滅國，繼絕世」的策略，取得某些諸侯的妥協和支持，這種剛柔相濟的兩手策略，在呂不韋統治時期是最明顯的一個特點，卻是秦王嬴政不大贊同的。

逐漸成熟起來的秦王嬴政，是不喜歡這種策略的，他不僅繼承秦國一貫奉行的尊法傳統，而且將法家的嚴峻、酷烈統治方法推向極端，對法家主張的欣賞和偏愛，首先來自秦人的環境和傳統，秦人最早處於黃土高原的隴地，這裡氣候寒冷，土地貧瘠，生活艱苦，人民性格豪爽，而歷來的統治者都是採取重賞、重罰的辦法支配人民，因此，秦民養成「重功利輕仁義」的價值觀。

其次由於秦王政本人的性格，而他這種性格在接觸到李斯之後則與之一拍即合，李斯為荀子的學生，但他的思想、主張皆已超出荀子儒家觀點的範圍，把荀子的性惡論——即認為人性先天是「惡」的——發展成法家以嚴刑峻法治國的理論。

李斯早在呂不韋當政時來秦，後來深得秦王政的器重，秦王政在統一六國的過程中及統一六國以後施行的軍事、政治措施，則可以明顯地看

出和《呂氏春秋》中宣揚的「德」「刑」並用、剛柔相濟的主張不同；其繁法嚴刑為亙古所無，以致「赭衣塞路」，「囹圄成市」。

在戰爭中殺人遍野姑且不論，剛剛平定六國後又大興土木，建六國宮殿，北築長城，南戍五嶺，使數以百萬計的勞動力暴屍於邊塞及工地，在這十餘年中，只有暴力的淫威在肆虐，呂不韋提倡的仁德與刑罰並重的統治方法，已為極端的、單純的嚴刑酷法的統治所代替，而日後的這一切表現，早在呂不韋執政時期，就在秦王政的思想上逐漸成熟起來，難怪秦王嬴政氣急敗壞地將《呂氏春秋》推到地上。

不僅如此，還有令秦王嬴政生氣的內容，當他看到《呂氏春秋》闡述用人之道的文字時，恨不得把這些竹片一把火燒掉，在〈孟夏紀‧用眾〉中有「物固莫不有長，莫不有短」，善於經商者則以長濟短，取長補短方可營利，為政者當也循此理。善於吸取別人長處以補己短者，才能成功。而善於利用長處以補己之不足者，方能有天下。

天下無粹白之狐，而有粹白之裘，取之眾白也。夫取於眾，此三皇五帝之所以大立功名也。凡君之所以立，出乎眾也。立已定而舍其眾，是得其末而失其本。得其末而失其本，不聞安居。

這裡指出，君主欲成大業必須依靠眾多比自己高明的臣下，方能「出乎眾」，若不用其眾，僅相信自己的力量乃是捨本求末，沒有不失敗的，事實上，這正是呂不韋奉行的理論，在他當政的數年，其軍事、政治的成就都是在其他將軍、大臣名下做出的，呂不韋甚至沒有直接發號施令，然而，在他執政的十餘年中，文武大臣們個個盡心供職，忠於職守，可見呂不韋用人有方，善於發揮眾人之長，取集腋成裘之效，不專斷而發揮臣下的作用，乃是呂不韋為政作風的一個特點。

秦王政對此則大不以為然，他從來不相信臣下，他所表現的作風是獨

下篇　敗亡

斷專行，對任何臣僚都不相信，成為真正的孤家寡人，這種作風在統一六國後發展到了頂點，他不僅不相信臣下，而且對左右最親近的大臣也不放心，他的行動隱祕，不讓任何人知道。

有一次，秦始皇到梁山宮，從山上見到丞相李斯的車騎甚多，表示不太高興，隨從左右的宦官暗暗通知丞相，令其減損車騎以免引起秦始皇不悅，誰知秦始皇見到丞相減損車騎後反而大怒：「誰將我的話洩露出去了？」他追問左右的宦官，當然沒人敢承認，於是，秦始皇下令：將當時在場的宦官一律殺掉，從此以後再沒有人知道秦始皇的行跡了。

一個國君懷疑臣民，以致連左右近臣都不相信，還談得到信任臣下發揮眾長嗎？怪不得當時有人說秦始皇「天性剛戾自用，起諸侯，並天下，意得欲從，以為自古莫及己。專任獄吏，獄吏得親倖。博士雖七十人，特備員弗用，丞相諸大臣皆受成事，倚辨於上。上樂以刑殺為威，天下畏罪持祿，莫敢盡忠」。

這裡說他有「博士」卻「備員弗用」，「丞相」也只「皆受成事」，唯唯諾諾地「倚辨於上」，所有的人都「莫敢盡忠」，這同呂不韋放手令臣下去做的作風大相逕庭，而那些應當由臣下去做的事，秦始皇卻喜歡自己辦。

「天下之事無大小皆決於上，上至以衡石量書，日夜有呈，不中呈不得休息，貪於權勢如此。」[53]

顯然，秦始皇喜歡獨斷專行、事必躬親、不信任臣下的性格和作風，絕非統一中國之後才出現的，它必定早在呂不韋執政期間，就已逐漸在步入青年時代的秦始皇身上形成了，不過，在親政之前，他不得不隱忍著不暴露而已，見到《呂氏春秋》中的說教，秦王嬴政當然怒不可遏，氣得他在屋內團團轉。

---

[53]　見《史記·秦始皇本紀》。

一　驪山建塚　甘泉縱歡

金雞報曉，晨光熹微，東方已露出魚肚白色，通宵沒有闔眼的秦王嬴政勉強地看完《呂氏春秋》的最後一支簡，強打著精神又去上朝，當他坐在王位上，一面哼哼哈哈地應付著呂不韋和群臣，腦子裡卻滿是剛剛讀過的《呂氏春秋》，對書中的觀點，他還隱隱約約地感到有一點不滿意，那就是對天命和鬼神的看法。在《呂氏春秋》中有墨家的言論，但《墨子》一書專科有〈名鬼〉一章宣揚鬼神，而《呂氏春秋》中卻偏偏很少有相信鬼神作用的言論，相反卻常常出現強調人的作用，反對迷信天鬼的言論。

例如〈有始覽・名類〉中說：「禍福之所自來，眾人以為命，安知其所？」〈季春紀・盡數〉中說：「卜筮禱祠，故疾病癒來。」〈不名論・博志〉中說：「精而熟之，鬼將告之。非鬼告之也，精而熟之也。」這些言論也正是呂不韋實際奉行的，他的一生中沒有一次祈求鬼神的活動，也沒有聽天由命的跡象，始終都在靠自己的力量奮鬥。

秦王政想到這些內心也萬分不悅，他不僅相信陰陽五行學說並力圖將其神祕化，而且一貫迷信鬼神、命運，這種傾向到統一六國後愈來愈嚴重，最為明顯的就是為求長生不死之藥，多次派人到海中求仙，企圖長生已是荒唐，又妄求尋找神仙和妙藥更屬無稽，難怪一再被騙，而秦始皇終不悔悟。

秦始皇二十八年（西元前219年），方士徐福上書，說東海有蓬萊、方丈、瀛洲三座仙山，山上有仙人，可得長生之藥，秦始皇立即派徐福率數千童男、童女入海求仙，但徐福一去杳無音信[54]。

秦始皇三十二年（西元前215年），秦始皇又派燕人盧生去求仙人，令韓終、侯公、石生去尋不死之藥，不僅一無所獲，反而被方士愚弄，先是向秦始皇獻圖書，後來又說「真人」必須隱祕不為人知，才能得到不死之

---

[54]　有傳說是徐福東渡到今日之日本國，見拙著《秦漢史》（上），臺北五南出版公司，1992年出版。

下篇　敗亡

藥，於是，秦始皇自稱「真人」，行動隱蔽不讓人知「以闢鬼」，但無論怎樣求神裝鬼，都不可能得到根本不存在的不死之藥，結果，秦始皇一怒之下殺掉咒罵他的儒生、方士，造成遺臭萬年的「坑儒」慘案。

然而，一再被騙的秦始皇，對尋求長生，對鬼神迷信，至死不渝。當他巡行到東海岸，聽說海中有天魚，射中即可找到仙人，竟親自乘船出海，不惜冒險在風浪中射魚求仙，見到「亡秦者胡也」的讖語，就相信胡人即匈奴必定是秦王朝的死敵，立即下令伐匈奴，聽說周鼎中有一個沉於泗水，他相信找到這個鼎就可永保皇位，就在秦始皇二十八年（西元前219年）東巡至彭城（今江蘇省徐州市）時，齋戒禱祠，令千人下水求周鼎，結果毫無所得。

更可笑的是，這一年秦始皇南下渡淮，由南郡到湘山時，因船行水中遇大風影響過江，隨從說此地有湘山神乃是堯之女、舜之妻，始皇震怒，下令皆伐湘山樹赭其山，這種與「神」搏鬥的愚蠢行徑，後來被某些史學家美化為「不懼鬼神的精神」，實際反映了秦始皇對鬼神的存在是深信不疑的，否則他何必對山和樹如此大發雷霆呢？從嬴政一生的活動中可以看出，他一直相信命運、鬼神，因此對於《呂氏春秋》中表現出的不怎麼相信命運和鬼神的態度怎麼能接受呢？

「散朝！」聽到耳邊響起呂不韋宣布散朝的聲音，秦王嬴政才從沉思中回到現實中來，回到後宮，思緒仍在起伏，他想把看過的《呂氏春秋》在頭腦中整理出個條理來。

「大王請用漿！」宮女們端上新釀的香噴噴的漿，緊接著又有人給他揉肩、搥背，儘管秦王嬴政還很年輕，平時宮娥綵女的這些溫存也是必不可少的，但近來卻一反常態。他揮揮手趕走了千柔百媚的宮女，獨自倚在案旁，甚至連飯都不想吃，他要冷靜地想一想。

一　驪山建塚　甘泉縱歡

秦王政知道,《呂氏春秋》雖不是呂不韋自己所寫,卻無疑表達了呂不韋的看法,待看完《呂氏春秋》之後,秦王嬴政又明白了呂不韋何以趕在自己親政之前的這一年公布這部書。

秦宮的白晝幽靜而顯得悠長,早朝歸來的秦王嬴政倚案凝思,不覺昏昏欲睡,待一覺醒來,已見一抹夕陽塗在視窗,窗外的天邊一角映出金色的晚霞,他方曉得昏睡了一整天,大約是近日連續深夜讀書太累的緣故吧!不過,一到夜幕降臨之時,秦王政的精神立刻就抖擻起來,這個習慣一直到他的晚年仍然保持著,待吃過膳房送來的晚飯後,秦王政覺得腦子裡已逐漸勾畫出他與呂不韋之間的異同,這種感覺早在幾年前就朦朧地萌生,只是並不清晰,全部看過《呂氏春秋》之後,經過冷靜思索,他才得出明確的概念。

「亂莫大於無天子。」秦王嬴政踱著方步輕聲自語,他習慣於獨自沉思,從來不願與別人討論自己心中的問題。

「要有統一天下的天子,這個看法對!」

「用義兵取得天下。」他自己將這個問題提出來,又自己回答:「說得也不錯!我秦軍伐各國就是義兵,未來的天子就是我。」

「陰陽五行主宰著萬事萬物。」他又想到《呂氏春秋》中濃厚的陰陽五行色彩,欣然表示:「說得很透澈,不愧是一些文人。」

想到這裡秦王政舒心地一笑,他感到在這些根本問題上和呂不韋想到一塊去了。

不過,笑容在秦王嬴政臉上沒停留多久就消失得無影無蹤,他那一副陰森的「尊容」像被蛇咬了一口似的,扭曲得令人不寒而慄,小心翼翼地站在門外的宮女和宦官們又聽到熟悉的低沉的詛咒聲。

「什麼仁義!什麼德政,一派胡言!」他自己嘟囔的話,顯然是不滿

意《呂氏春秋》的內容。

「不相信神鬼、命運？」一個接一個的問題都要在他自己已經成熟的理性天平上衡量一遍，這是秦王嬴政在清理《呂氏春秋》留下的一大堆觀念，也在審視本人與呂不韋的分歧：「胡說，妄論！」

「君主要無為？要放權給臣下？」清理到這個觀念時，秦王嬴政情不自禁地大聲喊了出來，他憤怒得控制不住自己，再一次抓起竹簡摔到地上。

至此，秦王嬴政終於弄清了，他與呂不韋在統一天下的大目標方面雖沒有分歧，可是在統治這個未來帝國的策略、手段方面，以及個人作風方面，都和呂不韋完全不同，又想到呂不韋這麼多年獨攬秦國大權，使自己居於傀儡地位，以及他和自己母親的種種醜行，嬴政不由得怒火中燒，「不共戴天！」、「勢不兩立！」這就是秦王嬴政經過思考後得出的最後結論。

不過，秦王嬴政也十分清楚，現在尚不是和呂不韋攤牌的時候，因為他還沒有親政，秦國的大權還操控在呂不韋手中，還需要不動聲色地忍耐，仍需表現得似乎是無所作為的樣子，對呂不韋處理政務不加干預，聽其擺布。

謎一樣的秦王政，難解的秦王之謎！千百年來有多少人面對這些謎而興嘆，但是對呂不韋來說最重要的謎大約就是此刻秦王在想什麼，呂不韋一生最大的失誤恐怕就是沒有解開這一造成呂氏悲劇的千古之謎。

呂不韋對秦王政即將親政雖有一定戒備和種種安排，但對這個已經成熟起來的年輕君主究竟想些什麼，大概一無所知，這樣，在秦王政和呂不韋兩人間埋伏的衝突中，一個在明處被人看得清清楚楚，一個在暗處使對方無從防備，這種形勢就決定了這場悲劇的最後結局。

不過，一直到秦王政九年（西元前238年）之前，秦國內外大政均由

一　驪山建塚　甘泉縱歡

呂不韋主持,在這一階段的歷史上,似乎沒有秦王政的存在,所發生的重大事件,大都與秦王政無關,這期間他二人有直接關係的只有一件事,那就是秦始皇陵的修建。

◆ 秦陵悲歌

從咸陽向東,經過垂柳依依的灞河,眼前就展開一幅恬靜而廣闊的田園畫卷,這裡,雄踞於北面的驪山,像一匹黑色的駿馬,駐足於秦國國都的闕右,極目登臨,漫山遍野鬱鬱蔥蔥,青松亭亭,芳草萋萋,那山腳下的溫泉,千百年來急急匆匆地冒著熱氣,從地下湧出,又緩緩地向遠方流去,是誰在這裡譜下這首令人心醉的和諧、寧馨無聲的協奏曲,讓人們在動的、靜的、五顏六色的、千姿百態的大自然的組合中,盡情地、無償地領略美的境界?

俯瞰著關中大地的驪山,她的綽約風姿曾誘發過多少人的神往!而在她蒼翠的胸膛上,卻留下一連串悲愴的痕跡,早在西元前8世紀的西周末年,昏庸暴虐的周幽王為了博取他心愛的寵妃褒姒一笑,竟在和平的日子裡點燃了驪山頂上報警的烽火,一時狼煙滾滾,遮天蔽日,各地領兵諸侯見烽火臺上的訊號,以為發生戰事,紛紛率軍前來救駕,當各路大軍從四面八方聚會至驪山腳下的時候,氣喘吁吁的諸侯們才發現,原來是幽王和他們開了一個玩笑,而那位平時不輕易笑的冷美人褒姒,見諸侯們匆匆趕來的狼狽相,竟難得地開心大笑起來,幽王博得了寵妃的歡心,但卻失掉了所有諸侯的信任。後來,西方的犬戎果真向周朝首都鎬京(今陝西省西安市境內)進攻,危急中幽王又燃起驪山的烽火,可是幽王的威信早已掃地,這一次沒有一個諸侯來救,結果,犬戎攻進西周首都,周王被迫逃向關東,建國二百多年的西周王朝就此滅亡。

下篇　敗亡

　　幽王的悲劇落幕五百餘年後，驪山頂上的烽火早被山下的裊裊炊煙代替，這時，一場更大的悲劇又拉開序幕。

　　序幕開始的時間是秦王政剛登基的西元前247年，上場的是相國呂不韋，有一天朝會散後，文武官員紛紛退出王宮，呂不韋特宣召主管秦國宮室、陵墓工程的左、右司空二人上殿[55]。

　　「新王登基，建陵之事你們如何安排？」呂不韋在上發問，依照傳統慣例，每個國王剛即位時都要親自籌劃修建陵墓，秦王政才十三歲，自然就由丞相代辦了。

　　「啟奏相國，陵址尚需議定。」左司空先提出一個需要解決的問題。

　　「你們的意向如何？」呂不韋知道左、右司空早有成竹在胸，讓他們先說。

　　「秦國先公先王，自孝公以前都葬在故都雍地，此所謂『西陵』，孝公葬於櫟陽，惠文王『公陵』、悼武王『永陵』則在咸陽西側北原，昭襄王與唐太后合葬『芷陵』，孝文王『壽陵』、莊襄王『陽陵』均在咸陽東、驪山西麓芷陽地帶，此所謂『東陵』。」左、右司空一口氣歷數秦國先公、先王陵墓地址，供呂不韋定奪。

　　「依臣等參酌祖宗舊制，觀察、測定陰陽風水，新王陵址若確定在『東陵』之東、驪山北麓，則既合禮制，又占地脈之利。」

　　「好！那就選定東陵東端，驪山北麓！擇良日就破土動工吧！」呂不韋說：「不過，秦國自先王惠文、武、昭、莊襄各王所建陵墓，皆大其丘坊，多其殉葬寶藏，甚不足為訓。」

　　「是！」左、右司空知道呂不韋一向主張薄葬，對秦國厚葬之風不以為然，於是連連稱是。

---

[55]　見《秦陵工程督建考》，《秦始皇陵兵馬俑博物館論文選》，西北大學出版社1989年出版。

一　驪山建塚　甘泉縱歡

「世人埋葬死者時，把墳墓建得極高，墓上栽的樹多得像森林，還在陵墓旁修建寢殿、宮室甚至城邑，大興土木，我看用這種方法誇富是可以的，以此送葬則大可不必。」

呂不韋說得興起，滔滔不絕，口若懸河地發揮一通「節喪」的主張，見左、右司空連連稱「是」，他更加起勁地接著說：「人活在世上沒有不死的，而死後視生前這段短短的時間，即使活一萬年也像是一眨眼的工夫，可是壽長者不過百歲，一般的不過活六十歲，以百八十年活的工夫為無窮盡的死後之事考慮，怎麼能想得盡善盡美呢？」

呂不韋將生、死的問題突然提到哲學的高度，這些本是寫入《呂氏春秋》中〈節喪〉和〈安死〉篇的話，不知是執筆者根據呂不韋的口述寫出的，還是呂不韋從書上學來的，反正說得有道理，反映了古人對生、死和喪葬有一整套看法，他又接著說：「凡生於天地間的動物，都必有一死！」

這個看法顯然與秦王嬴政不同，秦王嬴政後來統一中國的目的達到，接著就追求長生不死，在這一點上他確實比呂不韋愚蠢多了。

「父子之情這是天性，若人死後就棄之溝壑，也是人情所不忍，故有葬死之舉，所謂『葬』就是『藏』，把屍體藏起來，不要被拋屍荒野就行了，作為活著的人，兒子埋葬老人也好，老子埋葬夭折的後代也好，最重要的就是關注死者的屍體埋藏好，不要被從土裡發掘出來，不要被人或者動物亂拉亂動。這就叫做『重閉』。」

「臣下明白！」左、右司空口頭答應著，至於心裡如何想，只有他們自己知道。

「古時死人埋葬於廣野深山就覺得心安了！」呂不韋聽到左、右司空同意他的看法更來勁了，又拉出「古人」來攻擊，其實他說的「古人」也許就指秦國的先王、先公，因為這些王、公都是厚葬主義者。

下篇　敗亡

「埋在深山裡，葬在高陵上，避開狐狸騷擾，免得水泉潮溼，這都是好辦法，可是，何必要把墓修得那樣豪華？棺槨內又何須放那麼多珠寶？這樣做只能是生者為炫耀富貴，而不是替死者打算。他們就沒想到把那麼多財寶埋在墓裡會招來盜賊嗎？他們就沒想到這樣奢侈辦喪事對死者毫無益處，反而給屍體帶來麻煩嗎？」

呂不韋對厚葬的氣憤，使得他激動之情溢於言表，大概在胸中積鬱已久的看法，已經到了不吐不快的地步：「利、財這些東西對百姓來說，誘惑力是相當大的。為財、利，有的人寧可冒殺頭、流血危險，至於那些沒有教養的野人，為奪財、利，更不顧親戚、兄弟的情義。現在有機會讓他們發大財，吃好的穿好的還能給子孫留下用不完的財產，而又沒有任何危險，誰會不要呢？那些把財寶埋在墓裡，把陵墓建造得像宮殿一樣的人，實際上是吸引盜賊來盜墓，雖然法令嚴禁掘墳盜墓，然而既有那麼多的財寶誘惑，哪能制止這種無本萬利的營生呢？何況死者埋在地下愈久，活著的人的關係愈來愈疏遠，對死屍的關心程度愈來愈淺，結果，埋在地下的金銀財寶、珍玉玩好、羽旄旌旗、黼黻文章，還不知落到誰的手裡呢？所以，我認為這些好東西奉養生者是可以的，送給死者無益而有害。」

呂不韋的見解實際是墨家的主張，不過他說得比《墨子》中的議論具體，似有所指而發，大約他批判的對像是秦國的王公貴族，但作為外來人而身居丞相之位，又不便直斥秦國先輩，故而有意泛泛而談，這樣，他的話就不免海闊天空，反覆論述：「現在如果有人在墓上立一石碑，碑上刻著：『此碑下埋有財寶甚多，不可不掘。掘出來的人一定大富，世世代代享用不盡。』人們必定笑這個立碑的是個『二百五』、大傻瓜。可是，世界上厚葬的人卻正是這樣的『二百五』、大傻瓜，從古至今，沒有不亡之國，而亡國之貴族、王室的大墓沒有不被掘開的，就是那些打過敗仗墓地被敵國占領過的國家，諸如齊、楚、燕、宋、中山、魏、韓、趙等都打過

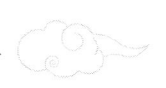

敗仗，此前還有更多的國家或亡或敗，而這些國家的大墓沒有一個不被掘開過，都知道這些事實，還爭相建造豪華大墓，豈不悲哉。」

呂不韋提到一些諸侯國戰敗後國君或貴族陵墓被掘的事實，意在引起秦國貴族和國君重視，不要蹈其覆轍，不料，這些淺顯的道理竟不能被秦王嬴政所接受。不知坐在呂不韋身旁的嬴政當時是如何想的，但後來的歷史證明他對呂不韋的這套主張十分反感，更不屑於接受他所提出的教訓。

見到秦王嬴政毫無反應，呂不韋不厭其煩地又接著說：「耗費巨資修建陵墓，只給死者招致禍患，故忠臣、孝子都主張儉樸辦喪事，古代名君堯葬於谷林，僅種一棵樹作為標記而已；舜葬於紀市，也不隨便移動原來的市肆；禹葬於會稽，更不擾亂當地百姓的正常生活，他們如此儉樸節葬，並非吝嗇，而是節省財力，實實在在地替死者辦事啊！」

直接舉出堯、舜、禹這幾位古代國君為例，幾乎是對著秦王嬴政耳提面命，呂不韋囉唆半天，意猶未盡，最後又總結性地說：「死去的先王如果有知，必以墳墓被掘為最大恥辱，而要保持先王陵墓不被掘發，則唯有儉、合、同。儉是說儉樸，合、同就是因地制宜，葬在山林就借山林地勢，葬在平地就按平地形勢埋葬，不必大動土木，這才叫愛惜民力，只有愛惜民力的人，才有人保護；不知愛惜民力，耗資費力興建豪華陵墓的，往往沒有好結果，請想一想宋未亡而宋文公的塚就被人掘了、齊未亡而齊莊公的墳也被掘開的事實，這還是在國未亡之時發生的，何況百年之後國已亡時呢？」[56]

呂不韋最後幾句話似是對秦國的預言，可是嬴政既沒有重視《呂氏春秋》中有關節葬、儉喪的倡議，也沒有對呂不韋的耳提面命做出絲毫反應。

---

[56]　見《呂氏春秋・節喪》及《呂氏春秋・安死》。

下篇　敗亡

「相國所見極是，臣下必照辦無誤。」左、右司空遵命回衙，立即籌辦修陵事宜，不日就破土動工。

按照呂不韋的要求，秦王政的陵墓應當儉樸無華，至少要低於其父王莊襄王及先祖昭王和孝文王的陵丘，事實上，呂不韋執政的數年間，秦王陵的修建確實也是按照這個意圖以較低的規格進行的，這時，朝廷不過動用有數的勞動力，在驪山北側清理出一片不大的陵園，選擇吉利的地形開始掘出墓坑而已，按呂不韋的設計意圖，建成的秦王陵其高大、豪華程度絕不會超過秦東陵的任何一陵。

然而，今天人們所知道的秦始皇陵的規模，和呂不韋最初的意圖相距何止十萬八千里！其高大、豪華程度，不僅遠遠超過秦東陵的任何一陵，而且超過秦國歷史上所有先公、先王的陵墓，在中國歷代帝王陵中也是絕無僅有的，秦始皇陵的修建創造了一批震驚世界的奇蹟，那這一切又是怎麼發生的呢？秦陵這一世界奇蹟的產生與呂不韋的悲劇有直接關係。

現在，讓我們暫時將目光從兩千年前移到今天，投向陝西臨潼東約五公里的地方，映入視野的是驪山與渭河之間的廣闊田野，在一片麥田中可見到鬱鬱蔥蔥的矮樹和長滿樹叢的土丘，若細心觀察，在田野、草叢中可以不斷發現秦代的殘磚碎瓦，這裡就是秦始皇陵園區。

秦始皇陵園區的範圍，包括三個主要部分：陵墓、城垣及陪葬坑，這三個部分都蘊藏著令人神往的內容，和說不清在時間長河裡湮滅的動人故事。

陵墓分為地上和地下兩部分，地面以上有高達76公尺的封土，像一座小山與南面的驪山遙遙相映，如此大的墳丘，在中國歷史上是獨一無二的。

本來，人的死亡無非是一種物質轉化形式，對死人如何處理完全取決

一　驪山建塚　甘泉縱歡

於生人的觀念，在原始社會初期，人死後就隨便掩埋了事，沒有任何神祕和繁雜的禮儀，埋死人的「墓」字在古文字中，其意義與「沒」字相同，埋在地下就沒有了，後來，人們產生了靈魂觀念，認為人死以後靈魂到另外的世界去，於是對死人的埋葬才開始複雜化，為祭祀死者，需要在墓地建立標誌，最初是種上一棵樹，後來就除種樹外又堆上土成為「墳」。

中國古代夏、商的帝王墓上還沒有封土的痕跡，大約自周代開始，在君主和貴族的墓上才有封土墳頭出現，它的做法是在墓坑上面，用層層黃土夯築，使之成為上小下大的方錐體，因它的上部是方形平頂，好像被截去頂部，故名之曰「方上」，自有封土墳頭的制度以後，其「方上」的大小都按官爵等級高低建造。

春秋戰國時期，各諸侯國國君競相稱霸，墳頭也因而趨向高大發展，大到猶如山丘，秦國君王的陵墓則從春秋到戰國初年尚沒有封土，到秦獻公以後墓上才有封土，而秦始皇陵的「方上」，乃是迄今為止國君、帝王墳中最大的一個，原封土的底部南北長 515 公尺，東西寬 485 公尺，總面積 249,775 平方公尺。經兩千年風雨侵蝕，現仍存封土高 76 公尺、東西寬 345 公尺、南北長 350 公尺，面積尚有約 12 萬平方公尺[57]。

站在始皇陵封土堆上極目四望，向東伸展出一片平疇，左靠渭水、右依驪山，東方原野盡收眼底，想像當年秦王在關中俯視關東，揮師挺進如驅猛虎而入羊群，其氣魄何等豪壯！從封土堆走下來，一路緩坡，「方上」似漸高大，站在遠處向南瞭望，墓上雄偉矗立的封土竟與遠方的驪山一爭高下，其氣勢不禁令人驚嘆，難怪以「山陵」的「陵」字稱這裡為「秦始皇陵」，遙想當年在平地上用一擔擔土造成的這個山陵，不知多少人為此獻出了他們的汗水、精力和生命！

---

[57]　見《秦始皇陵調查簡報》，《考古》1962 年第 8 期。

下篇　敗亡

　　然而,最「精采」的部分還在地面以下。

　　秦始皇陵的地下部分,因至今尚未經過考古發掘,所以仍然是個謎,根據有關記載和勘探數據可知,在封土的正下方埋藏著一座豪華的地下宮殿,地宮的宮牆如咸陽城內的宮牆一樣巍峨,宮牆南北長460公尺、東西寬392公尺,牆體高和厚各4公尺,其頂部距地表深約2.4～7公尺,面積有180,320平方公尺。

　　四門都有斜坡形通道,東面有通道五個,其他三面各有一個,金碧輝煌的宮殿也如咸陽城內的宮殿布局修建,其中珍藏著無數的財寶,以及供君主享用之物,又用水銀製成百川、江河、大海在地宮中流動,又模擬天象製成日、月、星、辰在地宮裡旋轉,在墓道和棺槨周圍又布置了弩矢機關,死者嬴政(秦始皇)就安放在特製的銅棺中,地宮內還常年點燒不滅的人魚膏燭,千年不熄,照耀如同白晝,但這一座富麗堂皇的地下宮殿究竟是何景象,至今仍停留在人們的想像之中,甚至地宮的面向、墓道的走向等基本問題,也僅依推測而已,這座神祕的地宮留給人們無限遐想,也透露出當年呂不韋和秦王嬴政之間的分歧。

　　秦始皇陵的封土四周,追尋殘瓦碎磚和夯土遺跡,可以勾畫出陵園地面上的城垣規模,這座仿照咸陽城形式建造的城垣,分內、外兩重,內城垣占地達785,900平方公尺;外城垣占地2,035,100平方公尺,平面布局呈「回」字形。內外城垣的四面闢門,門上有華麗的闕形建築,內城的四角還築有對稱的角樓。

　　進入內城,從遺跡中可以看出分為南、北大體相等的兩區,北區又以城牆隔成東、西兩部分,內城南區主要是陵墓上的封土,封土北側有一大型建築遺址,這裡原來一定是一座莊嚴、肅穆的寢殿,是用以祭祀墓主的禮堂,在秦始皇陵以前的君主陵上都沒有寢殿,祭祀墓主的寢殿在另外

一　驪山建塚　甘泉縱歡

的地方，秦始皇陵上第一次出現了寢殿，從此就成為制度，故而帝王「陵墓」又稱「陵寢」。

封土西側、南側和西北角布滿了陪葬坑，內城北區的西部也為密集的建築遺址占據，當年這裡是陵園的便殿，那黑牆灰瓦和飛簷斗栱與寢殿陪襯，更顯得和諧、完整。

在內、外城垣之間的東、西、南、北四個區中，除各種陪葬坑外，在西區的三分之二空間裡，還有寺園吏舍的遺址，當陵墓被毀之前，這裡住著管理陵墓的官吏、士卒，他們年復一年地守在這陵墓之旁，看著草生葉落，度過他們的一生。

在城垣內外，有數不盡的陪葬坑，構成秦始皇陵不可忽略的一部分，除了內城的府藏坑，內外城之間的馬廄坑、珍禽異獸坑及各種殉葬坑外，已經發現的震驚世界的陪葬坑，有兵馬俑坑和銅車馬坑。

1974 年 3 月，有幾位農民在距秦始皇陵東側 1.5 公里處打井時，偶然發現幾片陶俑的碎片，聰明的中國農民立刻意識到地下一定埋有重要的文物，於是，他們立刻向文物部門報告，經過考古工作者發掘，結果掘出了世界第八大奇蹟——雄武、壯觀的秦始皇陵兵馬俑群。

以軍陣形式排列的兵馬俑群共有三個坑，一號坑長 230 公尺，寬 62 公尺，面積為 14,260 平方公尺，共有陶俑、陶車馬 6,000 餘件，戰車 40 餘乘；二號坑位於一號坑的東端北側，平面呈曲尺形，東西長 124 公尺，南北寬 98 公尺，約有戰車 80 乘，駕車的陶馬 356 匹，陶質鞍馬 116 匹，各類武士俑 900 餘件；三號坑位於一號坑的西端北側，平面呈凹字形，東西寬 17.6 公尺，南北長 21.4 公尺，坑內計有戰車一乘，陶馬 4 匹，各類武士俑 68 件。

三個俑坑總共約有陶俑、陶馬 7,000 餘件、戰車 100 餘乘，這些兵馬

下篇　敗亡

陶俑和戰車，都按古代軍陣組成面向東方，一號坑是長方形軍陣，軍陣四周配置有前鋒、後衛及兩側的翼衛，以戰車、步兵相間；二號坑是以戰車、騎兵、弩兵及車徒結合的四個小方陣組成的曲尺形軍陣；三號坑內的武士俑按夾道的環衛隊形排列，象徵著古代的軍幕，即指揮部。古代軍隊的編列多為三軍，一號坑象徵著右軍；二號坑的軍陣為左軍；三號坑是指揮部，從而構成一個完整的軍陣編列體系。

站在秦始皇陵兵馬俑坑旁，猶如置身於秦國的千軍萬馬的軍陣之中，從這裡向西望去，秦始皇陵的高塚就在眼前，從這個位置判斷，兵馬俑軍陣正是象徵著守衛京城的宿衛軍，從恢宏的氣勢和一個個高大的武士俑冷峻的神情中，可以想像到當年秦國軍隊橫掃六合的威風。

兵馬俑的出土，被譽為世界第八奇蹟，確是當之無愧的，然而，這僅僅是秦始皇陵園外的一個陪葬坑而已。

1978年在秦始皇陵封土西側20公尺處，又探出另一個陪葬坑。

1980年在這裡試掘出了另一震驚世界的文物——銅車馬，這個陪葬坑平面呈巾字形，長、寬各為55公尺，面積為3,025平方公尺，出土的銅車馬共兩乘，大小相當於真車的二分之一，均係以銅製成，車輪均為雙輪，單轅，前駕四銅馬，車上各有銅御官俑1件，車馬鞍具齊全，與真實車馬無異，一號車上立有一柄銅傘，並有銅弩、銅矢、矢匣、銅盾，銅御官俑立於車上雙手緊握馬韁控馭馬車；二號銅車分為前後兩室，周圍立有廂板，上有一橢圓形的篷蓋，車後有門，兩側有窗，銅M御官俑跪坐於前室內，雙手緊握馬韁控馭馬車，銅馬通體彩繪，以大量的金銀為飾，裝飾得華貴富麗，是秦始皇車馬儀仗的象徵。

銅車馬的結構複雜，製作工藝很高，是世界文明史上的一顆瑰寶，而這也僅僅是秦始皇陵陪葬品中的一兩件而已。

一　驪山建塚　甘泉縱歡

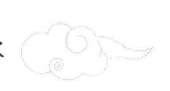

　　那麼，整個秦始皇陵中還有多少奇蹟和瑰寶，至今仍難以斷定，而建造秦始皇陵這一偉大歷史奇蹟，共動用了多少人力、物力和財力，也只能粗略地計算，根據已發掘的秦國先公大墓數據推算，僅陵墓的土方工程量約 29,976,000 立方公尺，全部工程總土方量為 36,030,070 立方公尺，用工數為 207,035,480 個工日。

　　秦王朝統一中國後大約有兩千萬的人口，如以五口之家計，全國不過有青壯勞力四百萬，僅土方工程一項用工，則平均每個勞動力只負擔修陵一種徭役就需四十餘天，這還不算其他方面的徭役。

　　這麼多的勞動力用於修陵，其場面一定異常壯觀，在方圓數十里的範圍內，成千上萬的人或在烈日炎炎下或在寒風凜冽中揮舞工具抬石、挖土、燒磚、製器，成年累月地勞動，不知多少汗水、鮮血和生命才造成了這個偉大工程！

　　距陵墓西南 1,600 公尺的趙背戶村西，曾發掘出兩處墓地，一處僅長 50 公尺、寬 12 公尺的墓穴中，白骨雜亂，互相疊壓，無法數清其中究竟埋下多少死人；另一處南北長 180 公尺，東西寬 45 公尺，總面積 8,100 平方公尺的墓地中，竟有墓穴 114 座，其中小墓穴中埋有屍骨二至三具，大墓穴中埋有屍骨十餘具，這些都是為建始皇陵而把生命丟在此地的刑徒，而像這樣的刑徒墓穴共有多少，至今也無法弄清。

　　秦始皇陵是用數十萬人的白骨壘起來的，那些被迫來為秦始皇修陵的民工，鶉衣百結，忍饑挨餓，背負重壓如牛馬一樣拚死拚活、沒日沒夜地出力苦幹，他們恨從心頭起，淚往肚裡流，只有無可奈何地唱著悲歌：

　　運石甘泉口，渭水不敢流，千人唱，萬人謳，金陵餘石大如斗。[58]

　　有的人怒斥秦始皇奪去他們衣食，詛咒這個暴君不得好死：

---

[58]　見《三秦記》。

下篇　敗亡

秦始皇，奪俺糧，開吾戶，據吾床，飲吾酒，喝吾漿，食吾飯，以為糧，張吾弓，射東牆，前至沙丘當滅亡。[59]

秦始皇大興陵墓，是在秦統一中國的秦始皇二十六年（西元前221年）之後，當時徵發的徭役，除築陵外，尚有修長城、戍五嶺、修馳道、建阿房宮等等，這些徭役加起來幾乎使百姓喘不過氣，人們不堪苦役，悲觀絕望，悲憤地喊出：「生男慎勿舉，生女哺用脯，不見長城下，屍骸相支柱。」[60] 他們被殘酷的勞役嚇得連兒女都不敢養，寧可餓死自己的兒女，也不願讓他們長大後給秦始皇服勞役了，在這些名目繁多的勞役中，修始皇陵是重要的項目，史載僅這一項就用工七十萬人，秦始皇陵所留下來的「奇蹟」，都是這數十萬人的血汗、智慧和生命累積起來的。

如果用呂不韋薄葬、儉喪的主張，與秦始皇陵鋪張、豪華的「奇蹟」對照，就可看出兩者反差何其巨大，當秦王政元年（西元前246年）呂不韋主持建秦王陵時，確是按照他的薄葬主張動工的，但是，這種薄葬的方針在建陵過程中，持續到秦王政十年就因呂不韋罷相而中止，從此以後，建陵就按嬴政的旨意進行。秦王嬴政對生死、鬼神和喪葬的看法，恰與呂不韋相反，好大喜功，貪大務多，鋪張奢侈是嬴政的作風，這種作風也反映到陵墓修建上面，特別是西元前221年秦統一六國之後，秦王嬴政成了秦始皇，這種作風更進一步發展，大肆動用人力、物力、財力修建始皇陵，就在西元前221年之後，這時，他可以徵發全國的勞動人民來關中修陵。

在已掘出的始皇陵旁陪葬坑中，就發現大量的從關東地區徵發來的刑徒遺骨，元代張養浩有一首《山坡羊》小曲，唱出了為秦服勞役的辛酸：「峰巒如聚，波濤如怒，山河表裡潼關路。望西都，意躊躇。傷心秦漢經

---

[59]　見《太平御覽》卷86。
[60]　見《古謠諺》。

行處，宮闕萬間都做了土。興，百姓苦；亡，百姓苦。」始皇陵大規模修建，從秦始皇二十六年（西元前 221 年）直至三十七年（西元前 210 年）秦始皇死時尚未結束，在秦始皇死後，其陵墓又由二世和子嬰繼續修建，直到西元前 206 年，反秦大起義的隊伍在劉邦和項羽統率下，打進關中，秦始皇陵的修建才被迫中止。如此長時間的大規模修陵，秦始皇陵焉能不成為「奇蹟」！

但秦陵這一奇蹟的遭遇，卻被呂不韋不幸而言中，嬴政死後，不到三年的時間，當秦陵尚未最後完工時，反秦大起義的隊伍就殺進咸陽，西元前 206 年，秦王子嬰投降劉邦，秦朝滅亡；接著項羽率兵入關，到咸陽後，一把大火燒光了秦國的宮殿，三十天的大火也焚燒了始皇陵上的建築，他又挖開陵下的地宮，將能攫走的財物搶掠而去，不能掠走的放火燒掉。

項羽走後，又有牧童因找亡羊，手持火把進入秦陵地宮，又放起一把火，熊熊火焰在秦陵下九十日不滅，結果，恰如呂不韋預言的那樣，耗資費力、歷經數十年修建陵墓，尚未最後竣工，就化為灰燼，留下的遺跡成為後人憑弔、傷感、發思古之幽情的對象，歷代文人騷客來到始皇陵前都不由得發出世事滄桑的嘆息，其中唐代詩人王維詠嘆得最為凝練：

〈過始皇墓〉

　　古墓成蒼嶺，幽宮象紫臺。
　　星辰七曜隔，河漢九泉開。
　　有海人寧渡，無春雁不回。
　　更聞松韻切，疑是大夫哀。

無論如何嘆息，都無法改變秦始皇陵被焚毀的事實，後來有人提出，項羽和牧童所焚乃是地宮上層及地表建築，埋葬始皇屍體的地宮仍未被開

下篇　敗亡

啟，一直保存完好，因此寄希望今後考古發掘有意外的收穫，即使果真如此，也不妨礙呂不韋預言的正確性，如果當年按照呂不韋的一貫薄葬儉喪的主張修建始皇陵，即使秦亡後，始皇陵也不至於屢屢遭焚，不斷被掘，直至今日仍是世人覬覦的對象。

如果秦王嬴政像其父異人一樣，把秦國大政始終交呂不韋控制，如果秦始皇陵一直在呂不韋督建下完成，秦陵的命運絕不至如此，今天見到的秦始皇陵也絕不是這個樣子，當然，現代中國也一定因此而少了一個足以向世界炫耀的「奇蹟」。

但歷史像蜿蜒的長河，不知在什麼地方就突然轉了大彎，炙手可熱、如日中天的呂不韋，卻在頃刻之間失掉一切，由實際的掌權者變成階下囚，秦陵的命運轉折，正是從呂不韋悲劇開啟的那時開始的，「冰凍三尺，非一日之寒」，呂不韋的悲劇早在他大權在握時就已萌生，呂不韋苦心經營數十年，當他達到權力和財富的巔峰時，就「物極必反」，開始從巔峰跌入谷底，風起於青蘋之末，呂不韋的一切禍患皆從女色而起，讓我們看看秦國汙穢的後宮吧！

◆ 深宮穢聞

甘泉宮坐落在渭河以南，又稱南宮[61]，在秦國眾多的宮殿中，這裡顯得突出的華麗，那宮牆內高大的殿堂，繡栭雲楣、鏤檻文㮰、嘉木樹庭、芳草如茵自不待言，就是那殿內的裝飾、擺設亦與一般後宮不同，不論是几、案、帷、帳，還是珠、玉、爐、鼎，都顯得精細、富麗、華貴、纖縟。壁上裹以藻繡，楹桷雕藻，文以朱綠，案上羅列的珊瑚琳碧，瑀瑁璘彬，明月隨珠，光耀如燭，翡翠火齊，絡以美玉，顯示出居住在這座宮裡

---

[61]　見《三輔黃圖》。

一　驪山建塚　甘泉縱歡

的絕非一般的后妃，原來這裡住的是秦王政的生母，生性風流的太后。

太后（邯鄲姬）自趙歸來後，就住在甘泉宮裡，隨著呂不韋投機事業的成功和秦國政局的變化，她的身分也由邯鄲姬而逐次變為異人妻、王太子妃、秦王后，到秦王政即位之後，她已成為秦國的王太后了。

儘管身分變化，但太后淫蕩成性的作風卻沒有絲毫改變，而且隨著年歲的增長、地位的提高，這個徐娘半老卻風韻猶存的太后，慾火愈來愈旺，呂不韋是她的老情人，自回到咸陽後，倆人重溫舊夢，如魚得水，在莊襄王時期，呂不韋為相，大權在握，公然出入後宮，國王異人視而不見，從不加干涉；莊襄王死後，秦王嬴政即位時尚不懂事，太后垂簾聽政，呂不韋更以「仲父」身分，直接在朝廷上發號施令，每當處理完朝政，呂不韋就直接奔向甘泉宮，倆人在宮中縱慾，太后的寢宮成了呂不韋的臥室，恣意淫樂肆無忌憚，幽會、偷情變成公開的宣淫、做愛，舉凡宮闈內種種醜行、穢事無不一一上演。

正如大多數貴族婦女一樣，太后的慾火是老而彌烈，對性的要求一年年有增無減，每天散朝聲傳入後宮，她就急切地盼著呂不韋的到來，倆人廝混由日中到夕陽西下，直至第二日早朝，才戀戀不捨地放呂不韋出宮上朝，日日如此。

而在呂不韋這方面，對太后的熱情則逐漸降低，有時散朝後，呂不韋故意不去甘泉宮，卻回丞相府，後來，去見太后的時間愈來愈少，以至幾個月也不見她一面，他由開始冷淡而至有意躲避風騷太后的糾纏。

呂不韋疏遠太后，固然有其生理方面的原因，自己年紀漸長且太后色衰，但根本原因還在於他心態上起了變化。

隨著秦王嬴政一年年長大，原來不懂事的孩子，已逐漸成長為沉默寡言的年輕君王，雖然秦王嬴政在二十二歲親政之前，對於呂不韋似乎言聽

下篇　敗亡

計從,對呂不韋的發號施令從來沒提出過異議,可是呂不韋深知,自己和太后的骯髒關係,在宮中,甚至在國內外都已半公開化,醜聞已傳遍天下,只是瞞著幼稚的秦王而已,一旦秦王政知道他的生母與自己的關係,後果如何,實在很難設想。

看到這位沉默寡言的嬴政,誰知道他心裡想些什麼?還不如小心為妙,更何況太后已人老珠黃,早已沒有了昔日在邯鄲時的嬌豔和妖冶,失去了對呂不韋的吸引力!

呂不韋要從與太后的骯髒關係中擺脫出來,還有更深層的原因,那就是,作為一個政治家,他的思想境界,遠超過昔日作為富商闊少的呂不韋了,聲色的享受固然是不可少的,但權勢的追求和政治上的貪慾則絕對壓倒生理上的需求,他自占據丞相要位之後,不能不把保持和擴大自己的權勢、鞏固自己的地位以及治理秦國政務置於首位,而要應付秦國內外的政治、軍事、經濟、文化等頭緒紛繁的要務,和宮廷內外勾心鬥角的政爭,又不得不迫使自己學習和吸收一切有益的知識,以彌補自己的不足。

呂不韋善於學習,從他招攬賓客及編纂《呂氏春秋》的創舉中,就可得到證明,而《呂氏春秋》的編寫,無疑也給呂不韋以理論和知識營養,所以,至少在他執政的最後幾年,其思想境界遠不是一個紈褲子弟的水準了。

此時,呂不韋對於男女和淫樂之事也有了一定的正確認知。

他認為人有貪有慾是無可厚非的,無論是「聖人」還是凡人,無論貴賤、智愚、賢或不肖,都有耳、目、口之慾,喜聽悅耳的「五聲」,喜看悅目的「五色」,喜吃可口的「五味」,這是人之常情,有慾就有情,所以喜歡美色,愉悅男女之情是人的本性,呂不韋不是道貌岸然的禁慾主義者,所以他並不以為同太后的戀情有何不可。

不過，他意識到慾和情不能無節制，胸懷匡世大志的「聖人」必須對慾和情有所節制，適可而止，這倒不是因為倫理和道德上的原因，而是無節制地縱慾，不僅不能達到身心的滿足，反而導致「亡敗」，要適當地控制耳目、口腹之慾（包括性慾），使耳不可贍、目不可厭、口不可滿，皆留有餘地，否則就會筋骨沉滯、血脈壅塞、九竅寥寥，一個人若虛弱成這個樣子，當然任何慾都只是心有餘而力不足了，人能長壽才能充分享受聲色滋味和男女之情，而縱慾者恰恰不能長壽，所以為長久享樂計，也要「貴生」，不可毫無節制地肆意淫樂[62]。

由個人身體強弱又關係到國家的興亡，呂不韋認為，君主若一味嗜慾，必然不顧國計民生，驕奢淫逸，接近佞巧之臣，疏遠端直之士，不施仁義，急功近利，結果招致百姓怨恨，國家大危，等到那時，社稷政權搖搖欲墜，聽到的是一片危機的消息，見到的是即將亡國的景象，此刻為君主的由大憂大患而百病併發，再好的音樂也聽不入耳，再好的東西也吃不進去，最漂亮的美人在旁也無力臨幸了，那和死有什麼兩樣呢？

呂不韋所處的地位，決定了他要從一個大國當權者的角度考慮問題，他認為「主道約，君守近」，意謂欲治天下的君主，首先必先治己身，治己身的重要內容之一就是「適耳目，節嗜慾」[63]。那些亡國的君主，大多是無節制地縱慾的暴君，絲竹歌舞、聲色美婦固然為君主所喜愛，但若流於淫逸，則這些能使君主歡樂的「寶」，就變成亂世之源。因為君主嗜慾愈多，則「民愈怨，國人愈危」，而君主本人也「身愈危累」，古代的昏君夏桀、殷紂就是因縱慾、嗜慾而亡國的，而宋、齊、楚等國的衰敗，也與其君主無節制的嗜慾有關，由此可見，嗜慾無窮則必失天下，因為嗜慾無窮必然生貪鄙、悖亂之心，必然引起許多淫逸奸詐之事，結果「強者劫

---

[62]　見《呂氏春秋·情慾》。
[63]　見《呂氏春秋·論人》。

下篇　敗亡

弱，眾者暴寡」，社會大亂，君主豈有不失掉政權的道理？[64]

　　甘泉宮中，愈來愈少見呂不韋的身影，太后的寢殿，愈來愈多的日夜是一人獨宿，從來沒有須臾缺少男人溫存的太后，怎能耐得住寒衾孤枕的長夜？而慾火正熾的貴婦，哪裡懂得身為丞相的呂不韋既怕嬴政洞悉姦情，又恐淫逸失國的種種顧慮，只要呂不韋不主動入宮，她就千方百計派宮女、內侍前往丞相府宣喚，她一味死纏住呂不韋不放，使得呂不韋十分為難。如何徹底擺脫這個老淫婦的糾纏，又能滿足其難填的慾壑，成為呂不韋必須解決的難題。

　　有一天，在夜幕降臨、九重秦宮已深鎖殿門之後，呂不韋又被太后召到甘泉宮中，然而，這天晚上出現在太后臥榻之前的，除了呂不韋以外，還有一個似曾相識的身影，最初著實使太后猛然一驚，待移過燈燭仔細觀看，才又把那一顆懸著的心輕輕地放下。

　　原來隨呂不韋來的不是別人，乃是太后老相識嫪毐，呂不韋為擺脫太后無休止的糾纏，才想到唯有把嫪毐奉上，才是唯一出路。

　　對於嫪毐，太后自然非常滿意，一來是同鄉，老相識舊情人，更因其性能力較呂不韋強得多，故此，太后對其優寵有加，愛之更甚於呂不韋，從此，呂不韋才鬆了一口氣，如釋重負地離開了太后。然而，嫪毐與呂不韋不同，呂不韋身為相國，又稱「仲父」，與秦王嬴政和太后關係公開，與眾不同，進出後宮很容易找到藉口，而嫪毐並非朝廷命官，又與王室成員沒有正式說得出口的關係，這種頗能引人注目的壯漢，偶爾潛入後宮，與太后作一度春風猶可，若依太后要求，不僅夜夜需魚水之歡，且恨不得日以繼夜作巫山雲雨，這就有一道極其嚴重的障礙橫亙在他們之間，這便是古代特有的絕對禁止除帝王一人以外的任何成年男子出入的後宮禁制。

---

[64]　見《呂氏春秋·侈樂》。

一　驪山建塚　甘泉縱歡

依中國古代帝王宮中的制度，君主、國王擁有大批妻妾，如周朝天子立一后、三夫人、九嬪、二十七世婦、八十一御妻，還有數量驚人的宮女，她們實際上都是天子個人的妾；春秋戰國時期，各諸侯國的國君都不再尊奉周天子，在后妃制度上也開始仿效天子，事實上，他們擁有的後妃數量早已超過周天子，孟子說當時的貴族「侍妾數百」，管子說「齊襄公陳妾數千」，秦國的後宮當也不少於此數，這麼多的後、妃、嬪、妾，是為天子、國王一人服務，絕對不允許其他男性染指的，因此，在後宮內只有一個成年男性，那就是國王，供後妃們驅使的奴僕也是大批宮女，這樣安排的目的，是隔絕後宮中大量女性和異性的接觸，然而宮中不少勞役僅靠宮女是不能完成的，於是就有閹人出現。

閹人，即割掉生殖器使其失掉性交能力的男人。在中國古代典籍中，最早出現與閹人有關的是甲骨文中的「｜×羌」，其中「｜」表示陽具，「×」表示切斷，羌是殷朝西方的少數民族，這片甲骨文所敘述的是殷王武丁將抓來的羌人變成閹人來祭神，武丁的時代大約是西元前 13 世紀，不過，甲骨文的記載畢竟是極其簡略的，較為確切地記載宦官的出現，則要從《周禮》及其他有關數據考證。

中國至少在西元前 8 世紀，就有用於宮中服役的「閹人」，最早的「閹人」大約是被處以宮刑的罪人，由於他們被割去生殖器，性情溫順，別無他慾，在王宮內作內侍官或灑掃宮廷，可使擁有眾多姬妾佳麗的君王放心。後來就將進宮服役的正常人閹割，形成一種宮禁，不過，在戰國至西漢時代，宦官尚不完全用閹人，到東漢時，宮中所有宦官才全部用閹人。

這種制度在西方也曾出現過，據「歷史之父」希羅多德記述，在西元前 8 世紀亞述的西密拉米斯時，就有宦官出現，在西元前 6 世紀的波斯，宦官被認為是比一般人都值得信賴的宮中役者，後來宦官被廣泛地使用，希臘人還利用宦官做買賣，而在小亞細亞的古都，還有將宦官賣給波斯人

下篇 敗亡

的,這說明中外歷史上都有宦官這種畸形人群的出現。

在呂不韋生活的那個時代,宦官雖不全由閹人擔任,但多數宮內服役者則為閹人,他們又被稱為「寺人」、「內臣」、「中涓」、「內監」、「內侍」等,後來通稱為「宦官」、「宦者」,這些人在宮中服役,由於已失掉性交能力,從而既能完成在宮中的勞役,又不會同宮中女性發生性愛關係,這是古代統治階級自私本性的產物。

閹人的出現是古代政治專制、道德上野蠻的表現,也是科學技術上的恥辱,秦國雖早年偏居西方一隅,但這種畸形的閹人也早已出現,春秋時期的《詩經・秦風・東鄰》中就有「未見君子,寺人之令」的說法,這個「寺人」就是被閹去生殖器的宮內男奴,可見,秦國宮內很早就有閹人。而只有這些被閹過的宦者才令君主放心。

嫪毐既不是女性,又不是閹人,出入後宮是不免要受到限制的。

如何才能使嫪毐公開地、合法地日夜守在太后身邊,而不被禁止呢?

呂不韋在思索一條萬全之策,嫪毐也在為難。

太后更是心急如焚。

俗語道「淫博迷心,則傾囊不吝」,一個大膽而冒險的計畫,終於被呂不韋想了出來。

又是一個早朝,當例行的前方戰報、國內政事奏告完之後,一位御史在階下高喊:「臣還有一事上奏。」

「有事速奏。」呂不韋照習慣代替尚未親政的嬴政處理政務,十四五歲的嬴政大氣不出地坐在中央,背後一簾之隔端坐著嬴政的親媽——太后,她每根神經都像上緊的發條似的,靜聽簾外朝廷之上發生的事情。

「臣參奏嫪毐擅自出入宮闈,穢亂宮闈,該當治罪,這裡有奏簡,其罪行都一一列上,請大王、相國審閱。」說畢,御史遞上一冊竹簡。

一　驪山建塚　甘泉縱歡

　　呂不韋接過奏簡，攤在案上做閱讀狀，只見那竹簡上密密麻麻寫滿嫪毒如何仗勢欺民、為非作歹以及種種淫亂穢行，御史所奏之事確實並非捏造，本來像嫪毒這樣的無所事事的淫棍無賴，有呂不韋和太后做靠山，越制犯法的劣行絕不會少，不要說這一冊竹簡，就是罄南山之竹，也難以書盡，不過，這位御史寫上的僅僅是其中很小的一部分，這部分中當然不包括與太后的關係，然而就是這樣避重就輕地「參奏」出的罪行，就已經夠重重地治罪了。

　　呂不韋將目光停留在簡上，其實他根本沒有看簡上寫的什麼，不需要看那密密麻麻的文字，他也早已知道簡的內容，因為今天這一幕就是呂不韋自己導演的。

　　裝模作樣地看了一會兒，呂不韋突然抬起頭來，像是勃然大怒：「豈有此理！定要從重懲治！」

　　廷下諸文武皆驚悚，殿內沒有一絲響動，空氣似乎凝結，大家都等著看相國如何決定一個人的命運，多數正直大臣都暗自高興，慶幸這個不三不四、沒有正式官位卻勢大無比的嫪毒終於得到報應，當然，必有少數人看出眼前這不過是一場戲。

　　「請大王裁決！」輔政的相國照例還要向坐在王位上的秦王請示，這個過場還是要走的。

　　「唔唔、啊啊……」正在復發氣管炎的秦王，還像往常一樣吐出幾個不清楚的音節算是回答。

　　「我看就處以腐刑吧？不知眾位大臣的意下如何？」呂不韋端出早已準備好的底牌，又照例徵詢在場的各位官員的看法。

　　秦國雖一貫奉行極權主義，君主獨裁專斷，但在朝廷議事時卻有一個極優良的傳統，就是允許朝臣們發表不同意見，甚至與國君頂撞，往往也

229

下篇　敗亡

不被怪罪,這一「祖制」在春秋時期的秦國就確立了下來,那還是在秦穆公時代,當時許多軍國大事允許臣下提出各自見解,秦穆公十五年(西元前645年),秦在韓原與晉國大戰取勝,俘虜了晉惠公之後,對於晉惠公如何處置,在秦國的朝廷上,當著穆公的面,秦國君臣就展開了極為激烈的討論。

「晉君成了我們的俘虜,是殺掉還是放回去,怎麼做合適?請各位大臣發表高見。」穆公頗有點「民主」精神,先徵詢大家的看法。

「殺掉!」公子縶搶先發言,意見很明確:「放走他到別國會留後患,令其歸國則會死灰復燃。不如殺死乾脆!」

「不可!」大臣公孫支立即表示反對。

「已經把晉國軍隊打敗,使晉人臉上無光,又要殺他們的國君,這樣做會增加晉人對秦人的仇恨,子思報父之仇,臣思報君之仇,這不是為秦樹敵嗎?」

「我並不是主張殺掉晉惠公就算完事。」公子縶接著爭辯:「我想用晉國威望頗高的公子重耳代替無道的惠公,這樣,我們戰勝晉國軍隊,顯示了武力強大,殺無道之君立有道之王,又顯示了我們的仁義,勝而無害,有何不可?」

「把人家一國羞辱個夠,又說我給你送個『有道』之君。這能辦得到嗎?」公孫支不無譏諷地反駁:「這樣做如行不通,必然為其他諸侯所恥笑,戰勝敵國卻遭到諸侯恥笑,這能稱得上『武』嗎?殺了為弟的晉惠公而立惠公之兄重耳,這也不能稱為『仁』吧!這樣做是極不明智的。」

公子縶一時語塞。

「那怎麼辦呢?」聽過雙方辯論後,穆公態度開始明朗,向公孫支發問。

「不如放惠公歸國,且讓晉國有個首領,然後將國君之子請到秦國為

質，讓子代替其父待在這裡，可以無後患。」公孫支這個意見果然被穆公採納，後來就照此實行了。

以秦穆公這樣有名的「霸主」，都允許不同意見在廷前辯論，更何況後來的歷代秦王？所以，對大事的廷議實際成為秦國的定制，戰國時期秦孝公在任用商鞅實行變法之前，及秦惠文王決定伐蜀之前，都允許不同意見在朝廷上發表，總之，有大事，徵詢在朝大臣的意見和允許在朝廷上發表不同看法，是秦國的一個傳統，這一現象在其他諸侯國的歷史上是很少見到的，至於形成這樣傳統的原因，恐非三言兩語所能說清的，但其中原因之一，大概與秦國進入階級社會較晚，殘存於政治生活中的氏族民主制的遺跡有關。

因為秦國有這樣的慣例，呂不韋當然也需走走過場，故而順口問問，不料這一問卻令一個人緊張得不敢出大氣，那就是坐在秦王背後用簾子掩蓋著的太后，她怕萬一有個大臣提出不同的處置辦法，或者揭出嫪毐和她的骯髒關係可就糟了，雖然秦國宮內從宣太后開始就不以這些事為恥，但與嫪毐的關係畢竟尚未公開，何況她還要繼續同其隱蔽地維持下去，聽到呂不韋發問，太后不由得捏一把汗。

實際上，太后的顧慮是多餘的，精於算計的呂不韋早已安排妥當，王廷上略一冷場，就有專司律令的廷尉高聲應對。

「相國所見極是！」廷尉挺身而出，來證明呂不韋決斷的正確道：「按秦法，死刑有腰斬、梟首、棄市、磔、剖腹、戮屍、鑿顛、抽筋、鑊烹、車裂、體解、絞、賜死；族刑有滅家，滅宗，滅族，夷三、七、九、十族；肉刑有髕、黥、斬左趾、劓、笞、榜掠、具五刑、髡鉗、釱足；徒刑有城旦黥、刑城旦、完城旦等。」廷尉一口氣說出這麼多刑名，也不無在呂不韋和秦王面前炫耀自己對律令的熟悉的意思，秦國慣例，對熟知律令者多

下篇　敗亡

加以重用、重賞,從廷尉所報的令人不寒而慄的眾多刑名中,也可了解秦國刑罰多麼的嚴酷。

「依嫪毐罪行定刑,」不等呂不韋插言,廷尉接著說,「將其判為死刑、族刑則太重,定為徒刑又太輕。相國所說的腐刑甚為合適。」

「願聞其詳。」呂不韋見一切都按其事先安排好的進行,當然微笑點頭。不過,他還需要廷尉從法律根據上加以論證,於是令廷尉說下去。

「是!」廷尉更來勁了,道:「《尚書・呂刑》曰『宮闢疑赦』,宮刑即腐刑,自古宮刑為淫刑,男子割勢,女子幽閉,凡男女不以義交者,皆應處以宮刑,嫪毐最大的罪惡就是亂搞,不以義交,按法應處宮刑,割掉生殖器。」

廷尉所說處刑原則,確實在古書中有明文規定,不過,在實施過程中,處腐刑者並不皆因「淫」或所謂「不以義交」,在專制時代,國君對臣民常常是不顧法律規定而任意濫加刑罰的,呂不韋當政前,魯國有姓孟的兩個年輕人,到秦國來求見秦王,其中一人向秦王宣傳打仗的兵法,得到重用,另一個則向秦王鼓吹他家鄉先輩孔子、孟子的「仁義」學說,沒想到碰了大釘子,還沒聽完這位小孟的遊說,秦王早就不耐煩了。

「當今是諸侯爭天下的時候,要『仁義』有什麼用!」喝斥一頓還不算,又立即命令將此人處以宮刑後趕出國門。

事實上處宮刑者不一定和「淫」有關係,不過,廷尉當著眾朝臣對呂不韋和秦王這樣講,無非是拍相國的馬屁,為嫪毐的腐刑找一點法律根據而已。

呂不韋聽著廷尉熟練地背臺詞,不動聲色,而簾後的太后此時才把一顆懸在半空中的心放下,輕輕地噓了一口氣。

「那就由廷尉去執行吧,散朝。」呂不韋大聲宣布。

一　驪山建塚　甘泉縱歡

　　始終坐在簾後的太后在朝臣退下之後，不由得和走近跟前的呂不韋相視一笑，當著逐漸長大的嬴政，他們已有所顧忌，不過，在無言的顧盼中，他們倆已經清楚：「大功告成了！」

　　太后急切地希望給嫪毐施以宮刑是有原因的，本來宮刑是極為殘酷的刑罰，受這種刑罰的人，要被活活割掉睪丸，而在古代不施麻藥、不能消毒的條件下，被施以這種酷刑，其痛苦是不難想像的，不少人在被施刑時就不勝痛苦而死，倖免不死者其傷口也極易感染，故受刑後一百日之內，要居於不通風的密室，猶如蠶一樣蜷伏靜養，其傷口不斷流膿出血，似腐爛一般。所以宮刑又稱「腐刑」，處宮刑又叫「下蠶室」。

　　漢朝司馬遷就因得罪漢武帝而被「下蠶室」，他描述被刑後的痛苦時寫道「腸一日而九回，居則忽忽若有所亡」，腹內似刀絞而出門不知所往，常常為受到這種酷刑的折磨而全身大汗，簡直比死還難過，這還是在受刑之後的感受，至於在行刑過程中的痛苦更不難想像。

　　然而多情的太后又為何忍心讓她心愛的嫪毐受這樣的酷刑呢？原來，呂不韋早已為她策劃好，在行刑之前由太后密令劊子手刀下留情，好在施腐刑者一般皆不在大庭廣眾之中、眾目睽睽之下進行，只要主刀的劊子手及一兩個助手在密室中將罪犯擺弄一番，出來回報一聲「執行完畢」即算大功告成，更重要的是，按古代禮制──「禮」制也有法律效力──受宮刑的罪犯可以分配到宮內服役，因其受過宮刑，和宦者的生理條件一樣，儘可以放心其在清一色女性的後宮中活動了，太后所希冀的，正是要把嫪毐變成保存著性功能的假宦者，從而在宮中公開與之廝混。

　　呂不韋和太后的陰謀得逞了，在「厚賜」之下，行刑的過程和刑後的安排，均按他倆的計畫順利地進行，嫪毐的性功能被保留下來，名正言順地、大搖大擺無所顧忌地來到太后宮中充當宦者，從此太后和嫪毐倆人在

下篇　敗亡

宮中如影隨形親熱無間，恣意縱歡，好不舒暢。

呂不韋把糾纏多年的淫婦太后推給嫪毐，也卸下一個沉重的包袱，他想鬆一口氣以便集中精力處理朝政，加緊控制一天天成熟的嬴政，並安排自己的晚年。

然而這一幕幕令人作嘔的場面，都表演在秦王嬴政面前，不能不使這位自幼性格偏狹的君主，心胸更加陰暗，從小缺乏母愛，又從未享受過家庭溫暖的嬴政，對自己的生母和呂不韋更加仇恨，報復的火焰在他胸中熊熊燃燒，只待燒毀這一切。

秦王政七年（西元前240年），夏太后去世，夏太后是莊襄王異人的親生母親、秦王政的親祖母，按照常理，她在秦宮中應享有最尊貴的地位，可是當年異人為謀求王位，聽從呂不韋的安排，認華陽夫人為母，並將名字都改為「子楚」，而置自己親生母親於不顧，後來異人果然如願以償，當了莊襄王，當然也只能將自己親生母親夏太后排在華陽太后之下。

年輕時受丈夫冷落，晚年時又被兒子遺棄的這位夏太后，雖居深宮之中，卻從未感到人世的溫暖，一定對王族內的嚴酷爭鬥有著切膚之痛，所以，當秦王政七年五月十六，年邁的夏太后懷著無限哀怨的心情離開這個世界之前，在彌留之際，她極其沉痛地提出一生中唯一的、也是最後的一個要求：「請將我埋在杜東，好讓我死後東望吾子，西望吾夫。」

因為莊襄王的墓在杜東之東，孝文王的墓在杜東之西，皆已先夏太后安葬於地下，她這一點可憐的請求當然得到了滿足，不過夏太后臨終前這個請求，撕心裂肺，撼動人心，是被剝奪青春、歡樂的貴族婦女，被扭曲壓抑人性的、被遺棄的玩偶，對專制社會提出的淒涼、哀婉的抗議。直到今天，在西安市東郊，還保留著夏太后陵墓的遺址，那長滿荒草的禿塚，孤零零地被包圍在現代化的樓群中，像是無言地向世人泣訴世道的不公和

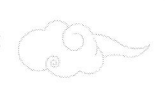

政治爭鬥的殘酷無情。

　　夏太后的死，在當時的秦國並沒有多少影響，不過，這位老祖母悽慘的一生和她最後悲涼的遺言，一定使秦王嬴政的心靈產生過巨大的震動，使得這位從小就看慣了人與人勾心鬥角，夫妻、父子、叔姪、君臣、朋友之間口是心非、殘酷爭鬥、你死我活地相互殘殺的君主，更加冷酷、更加無情、更加孤僻，進而採取更加沒有人性的統治手段。

二　蘄年兵敗　魂歸北邙

　　當呂不韋處心積慮地把嫪毐往太后身邊安排的時候，他一定不會想到這個舉動將打破秦國的政治格局，不會想到「閹人」嫪毐有那麼大的政治野心，從異人登上王位開始，呂不韋一直站在秦國權力金字塔的頂端，沒有人勇於挑戰他的權威，這或許讓他麻痺大意，因而絲毫沒有對嫪毐這麼個「宦者」產生警惕，但是嫪毐的可怕之處在於他擁有太后的絕對寵信，很快就在秦國形成一股強大的政治力量，而日漸成長的秦王政，只是冷眼旁觀呂、嫪二人的競爭，靜靜地等待著時機……

◆ 呂、嫪之爭

　　一輪冷月高懸夜空，甘泉宮裡燭光搖曳，從太后寢殿裡傳出高一聲、低一聲的嬌吟浪笑，那是太后和嫪毐在旁若無人地縱情歡樂，這是秦王政八年（西元前239年），嬴政已經二十一歲了，這位年輕的國王多數時間住在興樂宮，而呂不韋則在下朝後就回相府，宮中的太監、宮女自然沒有人敢干涉太后和宦官嫪毐的自由。

下篇　敗亡

「嘻嘻……」一陣陣輕浮的笑謔之聲不時地從緊閉的殿門中飛出，值夜的宮女和太監不由得向殿內張望，門窗關得嚴嚴實實，當然什麼也看不見，不過，用不著看，他們知道殿裡正演著一場好戲。

殿內，紗幔微動，薄幄輕搖，過了一陣，一聲長吟之後嫪毐伏地謝恩。

「想當初，我倆在邯鄲時，東躲西藏何等狼狽！」意興闌珊之際，太后對跪在面前的嫪毐不免憶起舊情道：「今天你已有了宦者的身分，可以公開地待在我身邊，應當滿足了吧！」

「這都是太后恩典，臣肝腦塗地誓死相報，不過……」

「你難道還有什麼不滿足的嗎？」太后看出嫪毐又有什麼要求，對這個愛寵的要求，太后是從來沒有不給他滿足的，有時嫪毐沒有提出的，太后也主動給以賞賜，以取得他的歡心。

「臣眼下只是一名普通的宦者，沒有爵位，也沒有封地……」

「別說了，我已經明白你的意思。」太后不等嫪毐說完就知道他要什麼。

隔了幾天，朝廷便釋出詔令：「封宦者嫪毐為長信侯，賜山陽（今太行山東南）之地為嫪毐封地。」

這道詔令的發表，在秦國朝野又像一次衝擊波，引起極大震動，按秦制，封爵、賜邑都是國王才有的權力，封賜嫪毐當然也只能出自秦王嬴政之口，但大臣都知道，賞賜嫪毐實際是太后的主意，嫪毐是太后的寵臣，給他以厚賜是可以理解的，而大權在握的丞相呂不韋為什麼對此未加阻撓呢？封長信侯、賜山陽之地，這和呂不韋的文信侯、食邑洛陽的待遇、地位完全相等，難道呂不韋沒有看出太后在這裡又培植出一個與自己分庭抗禮的政敵嗎？對嫪毐此次的封賞，呂不韋未加制止，甚至還可能主動促成，不知是他疏忽、沒有料到後果的嚴重性，還是錯誤地低估了嫪毐，總之是種下滅亡自己的苦果，朝野上下都從這道賞賜的詔令中得到了資訊，

二　蘄年兵敗　魂歸北邙

又一個實權人物已經出現，於是，望風趨勢者隨時地注視宮內動向，宦海中又要掀起一陣波濤，官場上將要重新列隊。

嫪毐得到山陽之地的封邑，當然不會去山陽居住，照例是以山陽之地為衣食租稅的領地，他本人依然在宮中陪伴太后，而長信侯的爵位，則與呂不韋的爵位同級，除了沒有丞相的職位外，嫪毐的地位幾乎和呂不韋一樣，至於居住的宮室、使用的車馬、穿戴的衣服，以及遊獵、苑囿所需，全任嫪毐所好，想要什麼有什麼，對他來說，似乎不存在限制和制度，唯一的麻煩就是他自己，因為宮中真正的宦者是不長鬍鬚的，而他是偽裝宦者，表示男性特徵的鬍子照長不誤，這就只能定期將長出來的鬍子拔掉，以繼續偽裝閹人。

儘管他沒有丞相的職位，可是因為有太后的支援，他仍然可以干預政事，逐漸，呂不韋的權力在不知不覺中被嫪毐奪去了，朝廷上大、小事皆按他的意志辦，不久，又將太原郡（今太原市附近）封給嫪毐，更名毐國，這時的呂不韋大概才感到嫪毐已成為一個可怕的政敵了，嫪毐則是步步進逼，寸權不讓，他已不滿足於被動地從太后那裡得到「賞賜」，而利用一切機會，主動地擴展自己的勢力，以同呂不韋抗衡。

養士，是戰國時期各國貴族培植私人勢力的重要方式，呂不韋成功的原因之一，就是在門下招攬了三千賓客，所以在秦國擁有很大勢力，這是嫪毐有切身體會的，然而，他雖被封侯，卻名為宦者，公開養士有所不便，於是就改頭換面不稱養士，而蓄養家僮。

「僮」是寄身於主人家的僕役，名義上雖身分較低，而實際上在嫪毐家的「僮」，也與呂不韋門下的「士」相差無幾，他採用的方法，無非是財貨的利誘和權勢的吸引，只要有錢財或名位做誘餌，就會有宦官和士人前來投靠，自古皆然，凡投到嫪氏門下者，都得到豐厚的待遇，在不長的時

下篇　敗亡

間內，嫪氏就擁有家僮數千人，要求在嫪氏手下為宦者，也不下數千人之多，嫪毒的勢力像惡性腫瘤一樣迅速膨脹，沒有多少時間，他就與呂不韋旗鼓相當了。

呂不韋感到嫪毒的勢力已形成對自己的威脅時，已經晚了，想再把自己扶植起來的嫪毒的勢力壓下去已不可能，因為嫪毒的背後有牢牢地把持政權的太后，而那位表面上不問政務的秦王嬴政究竟想什麼，誰也猜不到，朝臣們一貫是向勢大者傾倒，不少人已隨著嫪毒勢力的上升，而紛紛倒戈相向，眼看著十餘年經營的權勢大廈就要在嫪毒的面前塌下，這對於呂不韋來說，真是不甘心，但這顆苦果是自己培植的，只能忍氣吞下。

嫪毒勢力蒸蒸日上，在秦國大有超過呂不韋之勢，這種政治形勢日益明顯，連外邊也瞭若指掌，那些被秦國軍隊打得落花流水的國家，常常能利用秦國內部兩派勢力的矛盾，解救自身的危機。

秦王政八年（西元前 239 年），有一次秦國大軍向魏國發動強勁攻勢，疲弱不堪的魏國已無招架之力，束手無策的魏景湣王嚇得惶惶不可終日，在這危急關頭，有人問正在魏國的孔順：「有何高見？」孔順是大學者孔子的後裔，故人們又尊稱他為「子順」。

「敝人有點辦法。」子順回答，但話頭一轉又說：「可是我哪裡能有當政者高明，還是不說吧！」

子順這種欲言又止的態度，被魏王得知，他就急病不擇醫，立即駕車親臨子順居室就教，子順見魏王如此恭謙，也就趁勢把自己的見解全盤端出。

「與其戰敗失地，不如用土地賄賂敵軍，與其戰而敗亡，不如丟點土地。」觸及具體問題之前，子順先來一大套理論，然後轉入正題道：「寧可將地丟掉，也不肯用來賄敵，寧可戰敗亡國，也不肯丟點土地，這就是大

二　蘄年兵敗　魂歸北邙

王您的錯處。」子順以教訓的口吻說。

「請您把話說清楚！」魏王挨了訓，還不得不老實地請教，誰讓自己無能吶。

「如今大王失地數百里，棄城數十座，而國難不解，就是因為大王策略不對頭。」

聽著子順的訓斥，魏王到這時還沒弄清楚他的妙計是什麼，只好耐心地聽下去。

「大王若能聽臣之計，丟一點地而不至於傷國家元氣，失一點面子而不至於損失國格，國難可解而國仇可報。」子順又繼續吹噓，不過下面的話確不失為真知灼見。

「如今秦國全境自上而下都說，『某某是嫪氏的人，某某是呂氏的人』，可見，秦國上層當權者分為嫪、呂兩派，連一般百姓都清清楚楚，大王何不利用這個矛盾呢？」話說到這裡，魏王才聽出點眉目。子順對秦國內部情況有一定調查，難怪他開始時吹大話。

接著又聽子順說：「今大王透過嫪毐割部分土地賄賂秦國，拉攏嫪毐向秦討好，這樣就可以增加嫪毐在國內的實力，也就等於在嫪、呂兩派勢力爭鬥中，支持了嫪毐，而大王支持嫪毐，秦國的太后必對大王感謝不盡，一定會真心實意地與大王聯合、友好，這樣，大王就取得外交上最大的勝利。」這是子順謀略的核心，也反映出當時秦國內部嫪毐和呂不韋兩派水火不相容的嚴重程度。

最後，子順做結論似的說：「秦、魏兩國有老交情，而我們卻總是被秦所欺。這都是呂不韋的詭計。今趁秦國內部呂、嫪相鬥，我們拉攏嫪毐從而與秦聯合，秦國人和各國諸侯誰還不拋棄呂不韋而擁戴嫪毐，大王的仇不是徹底報了嗎？」

下篇　敗亡

子順的一番話，說得魏王頓時如夢初醒，連忙唯唯稱諾，立即返朝按子順之言如此這般做一番布置，手下人按吩咐去秦國展開活動，魏王在國內靜候佳音。

不久，在嫪毐門下，果然出現魏國來的神祕人物，而前線上進攻魏國的秦國軍隊也放慢了步伐，魏、秦的關係顯然趨向緩和，兩國關係出現了微妙的變化，而嫪毐的勢力在國內則直線上升。

出身市井無賴的嫪毐，雖不乏政治上的野心，但除了取悅於太后的房中術外，本無任何才能，靠太后庇護而暴發之後，儘管他處心積慮地拉攏官吏、士民，以鞏固自身實力，但劣根性畢竟無法徹底改掉，時不時又暴露出小人得志的本相，鋒芒畢露，驕橫跋扈，與太后縱慾之後，他就在宮內外為非作歹，無論是大臣、貴戚，還是權宦、內侍，都不放在眼裡。

有一次，嫪毐與宮中大宦官和秦王左右的大臣一起吃酒、賭博，眾人都喝得大醉，不免發生口角，不料嫪毐突然圓睜雙目，厲聲吼道：「我是秦王的假父，你們這些小子誰敢和我爭高低？」這無異於公開宣布他與太后的齷齪關係，嚇得大家瞠目結舌，誰還敢吭一聲。嫪毐又占了上風。

不過，嫪毐沒料到，這次占上風將要付出的代價是巨大的，當場被他壓服的那幾位，也不是好惹的，他們早知嫪毐與太后的關係，只是不敢說，這次他親口供認，而秦王嬴政也已年過二十，逐漸顯示出一定主見，於是他們立即向秦王告發，說嫪毐並非真宦者，與太后關係不清……等等，如此這般將嫪毐的穢行醜事一一歷數，請秦王決斷。

然而，秦王嬴政聽到揭發嫪毐的穢行之後，並沒有作出什麼反應，只是表示已知此事，令眾人退下。

嬴政的葫蘆裡賣的什麼藥，難道他有什麼難言之隱嗎？眾人如此猜測。

秦王嬴政確實有難處，目前大權仍在呂不韋和太后（實際就是嫪毐）

二　蘄年兵敗　魂歸北邙

手中，另外，由於嫪、呂兩派的明爭暗鬥，國內出現了空前的危機，他覺得現在還不是解決嫪毐的時候，僅僅把發生的一切看在眼裡，記在心裡，等待時機到來。

戰爭的歲月和歡娛的時刻同樣是飛快流逝的，秦國宮內一幕幕醜劇依次上演的同時，千里以外的東方戰場上激烈的統一戰爭仍在進行之中。

秦王政八年（西元前239年）的一天，一封十萬火急的戰報從前方送傳到咸陽秦國的朝廷之上：「長安君成蟜在屯留叛投趙國。」

這個消息像萬里晴空中突然響起的一聲巨雷，把捲進秦國內部爭權奪利的官、宦、貴族、豪門、宗室都打蒙了，一時不知如何是好，因為成蟜不是一般的率軍將領，此人乃是秦王的親弟弟，他不僅是貴族，被封為長安君，而且是秦國宗室中少有的幾員能幹的青年將領。

早在幾年前成蟜被派往韓國，就曾不費一兵一卒使秦國擴展百里之地，立下顯赫的功績，但這一年，長安君成蟜率兵攻打趙國的上黨（今山西省長治市一帶），正是秦軍士氣旺盛之際，上黨又無勁敵，卻不料在屯留（今山西省長治市境內）成蟜竟向趙國投降，得到這樣的消息後，秦國朝廷上下不免一片混亂。

還沒來得及提出對策，從前方又傳來情報說：趙國以極高的禮遇接受成蟜的投降，當時就把饒地（今河北省饒陽縣東北）封給了長安君，這是秦國有史以來，公開率兵投敵並接受敵國封賞的第一位王室成員，不用說，這件事對秦國內部的震撼是極大的。

成蟜的叛變顯示了秦國王室內部出現危機，或許就是由於嫪、呂兩派的爭權奪利，才迫使曾為秦國建立功勳的成蟜倒向趙國的。

此時的秦國畢竟還是軍事上無敵的「超級大國」，得到消息後，立即派軍鎮壓，秦軍一到，屯留的叛軍頃刻瓦解，成蟜叛軍失敗後，遭到極殘

下篇　敗亡

酷的屠殺，這時秦軍又一次露出殘暴面孔，所有反卒先被斬首，又被戮屍，身為國王之弟的成蟜，也自知沒有生的希望，決然在壁壘內自殺，就是屯留境內隨成蟜反叛的民眾，也被遷往千里以外遙遠的臨洮（今甘肅省境內），過著被流放的生活。

叛變的成蟜雖被輕而易舉地解決，但並沒有使秦國內部穩定下來，天災人禍接踵而至，這一年黃河又發大水，致使河水溢位，黃河大鯉魚西上入渭水，渭水暴漲，大魚在平地游來游去，關中平原成了人魚共處、蛙獸共存的一片澤國，莊稼、房屋、村落損失無數，多年來從未遭到天災之害、本土遠離戰亂之地的秦國人，遇到這樣大的水災哪有不驚慌失措的？於是，大批秦人紛紛離開家鄉，肩挑手提、扶老攜幼、牽車引馬地逃往東方，尋找有食物和棲身之地的處所去了。

對於遭災的秦國難民，秦國朝廷不一定關切，可是一大批農民背井離鄉，不僅會減少秦國軍隊後備力量和統治者賴以生存的衣食之源，而且增加了社會的不穩定因素，使秦國長期以來比較安定的社會秩序產生動亂，這就不能不使當權者焦慮了。

尤其令人不安的是，黃河的魚西上渭河，河水又不斷氾濫，致使魚上平地。這種罕見的現象，根據陰陽五行學說，是一種可怕的徵兆，「魚者陰類，臣民之象也」，魚，代表臣民。他們上岸，豈不是臣民要翻天了？在朝廷和達官貴族看來，「豕蟲之孽」預示人間將有「小人」之亂，在當時社會上就傳出謠言，說秦王政八年的這場水災，預告了呂不韋同嫪毒的末日到來，這個看法，直到漢代還為學者們深信不疑，在《漢書·五行志》中尚有記敘，不過當時的嫪毒並不知道，但深信陰陽五行學說的呂不韋，面對著空前的水患，大概也會惶惶不安地猜想，將要有一場人禍發生！

雞鳴紫陌，金闕曉鐘，花迎劍戟，柳拂旌旗，又是一個早朝，水災終

二　蘄年兵敗　魂歸北邙

於過去，一切又恢復了正常，像往日一樣，秦國的文武大臣在晨光熹微中，安靜、肅穆地進入章臺宮，按官爵大小侍立於大殿兩旁，等候秦王和相國召見。

這是秦王政九年（西元前238年）一次例行的朝會，首先是聽取前方的戰報。

國尉高聲稟奏：「大將楊端和已攻占魏地的首垣、蒲、衍氏（均在今河南省長垣市附近）。」

攻占魏國的首垣、蒲、衍氏雖在當時是一次小勝利，但在剛剛發生過成蛟叛變後不久，這次小勝對秦國朝野都有極大的鼓舞，舉國上下一片歡騰，然而，奇怪的是在朝廷上，除依例論功行賞、奏凱旋之樂外，竟沒有任何軍事部署，此刻被打得落花流水的魏國，已無招架之功，更無還擊之力，只待束手就擒，只要命兵馬乘勝進攻，滅魏和統一中國的時間將會大大提前。

但是，這時秦國向東方的進軍步伐卻明顯地放慢，無論是秦王嬴政，還是嫪毐、呂不韋兩大實權人物，或是幕後操縱的太后，都沒有對前線的戰事發出什麼命令，前線的秦軍將士們似乎按「慣性」在作戰，只不過當時的秦國軍事實力已對六國具有絕對壓倒性的優勢，所以秦國的土地一點點向前擴展。

聽不到朝廷的指令，見不到國君和丞相對戰爭的布置，秦國的臣民，尤其是前方的將士一定在納悶，這些當權的人物在做什麼呢？

嫪毐、太后、呂不韋、秦王嬴政此刻確實都沒閒著，他們已顧不上前線的勝負，都在緊張地籌劃個人的事，對他們每個人來說，都到了生死存亡的緊急關頭，一場你死我活的爭鬥即將公開進行。

嫪毐和太后在宮中公開宣淫，慾火日熾，嫪毐的羽翼已豐滿，橫行國

下篇　敗亡

內，愈加驕奢無度，而太后則淫亂不止，也許是因其生活優裕，或是由於嫪毐精通房中術，縱淫有術，偌大年紀的太后，竟與嫪毐生下兩個孩子，儘管秦國後宮早不以淫亂為恥，但身為太后與「宦者」嫪毐生子，畢竟是說不過去的，所以早在發現懷孕之初，太后就主動由咸陽遷出，避居到遠在雍城的大鄭宮，以躲過朝中文武官員的耳目，嫪毐則不時往返於咸陽和雍城之間。

雍城（在今陝西省寶雞市）本是秦國故都，也是秦人發跡地，這裡地處關中平原西端，東依周原、南臨渭水、西有汧河、北靠汧山，地勢平坦，土壤肥沃，氣候溫和，交通便利，是通往西北的咽喉要地，早在西周時代，這裡就是政治、經濟發達的地方，秦人祖先自西方崛起之後，由西向東遷徙，到秦德西元年（西元前677年）就定居在此地，並興建大鄭宮，這是秦人正式建立的國都。

從此以後，經過秦宣公、成公，特別是穆公的經營，秦國由一西方小國，終於能與中原的晉、齊、楚等國分庭抗禮，稱霸稱雄，一直到秦獻公二年（西元前383年）遷都櫟陽（今西安市臨潼區櫟陽街道）之前，秦國的國都始終在雍城，這裡作為秦國的國都達294年之久，所以其宮殿的建築較後修的咸陽，在當時要恢宏、壯觀得多。

雍城長達二公里見方，城內營建宮室，有大鄭宮、蘄年宮、櫜泉宮等，各相距約1.5公里，形成等腰三角形，此外，稍遠還有棫陽、羽陽等宮，一股清流由西北流經雍城，於宮前橫過，為宮中池榭注入汨汨活水，蜿蜒從東南出城，流入雍水，這股清流後來以秦將白起之名命曰「白起河」。

雍城宮殿建築也較當時的咸陽豪華得多，據1962年考古工作者在雍城遺址發掘出的部分遺物來判斷，雍城宮殿建築遠優於統一前的咸陽，不

二　蕲年兵敗　魂歸北邙

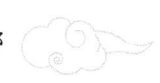

少裝飾均為咸陽所無，如裝飾於建築物上高達一公尺的大型豪華青銅構件，不僅秦國其他地區未曾發現，就是在秦國以外的各國亦未曾使用過。

正是因為雍城的特殊歷史背景和優越的條件，故秦自獻公二年遷都櫟陽，又於秦孝公十二年由櫟陽遷都咸陽以來，並未廢棄雍城。舉凡祭祀祖先和各種國家盛典，均需來雍舉行，而歷代國君及后妃、貴族死後，也多埋葬在此地，這裡有的貴族和王室的墓地，比所有的君主國王的墓地都宏大，甚至超過了商代的殷王墓。

雍城既有此便利條件，太后悄悄溜回雍城，懷孕、分娩，並繼續與嫪毐尋歡作樂，自以為不會引起宮內外的注意，但嫪毐則預感到自身的危機，一方面與呂氏集團的對立已趨於白熱化，但更重要的則是這一年秦王已屆二十二歲，按秦國傳統，二十二歲的君主即不需旁人輔政，而在秦王嬴政親政之前嫪毐若不能控制秦國局勢，不僅要敗在呂不韋手下，首先就有被秦王嬴政剷除的危險。

故此，嫪毐早在是年春天，就已下決心孤注一擲，準備公開作亂，以武力謀圖奪權，自太后離開咸陽之後，嫪毐就加速叛亂的準備，他利用在宮中自由出入的便利和已經培植起來的個人勢力，打著太后的招牌，聯繫了宮內一批掌兵權和掌機要的死黨。

其中的核心有：衛尉竭，衛尉是重要的領兵官，負責掌管宮內保衛，在宮門部署屯衛，夜間在宮內巡邏，天下各地凡欲入宮者皆須透過衛尉，其下屬有公車司馬令、衛令等，嫪毐所聯繫的衛尉名竭，他自然是叛亂的主要指揮者。

內史肆，內史是國都附近地區的最高行政及軍事長官，肆是嫪毐所網羅的死黨；佐弋竭，佐弋也是武官，主射弋，是當時掌握先進武器的軍事首領，此人的名同嫪毐聯繫的衛尉一樣，也叫竭；中大夫令齊，中大夫是

下篇　敗亡

在宮中侍奉國王供諮詢政事的宦者，平時可與國王議論朝政，也是十分重要的官員。

除這幾人以外，還有十五六個重要官員都和嫪毐混在一起，有的參與密謀，暗中調兵遣將，有的則知情不報或多方保護，戎翟君公、舍人、衛卒、宮騎等大小官吏，都在緊鑼密鼓地加緊行動，伺機而發。

嫪毐的政敵呂不韋對嫪毐的密謀自應早有發覺，不過，面臨著秦王即將親政的局面，呂不韋寧願看到嫪毐的叛亂，因為他感到迫在眉睫的威脅不是嫪毐，而是嬴政，也許他暗自盤算，如嫪毐叛亂成功，正好阻止了秦王的親政，自己可待機解決嫪毐；若叛亂失敗，也可借秦王之名鎮壓政敵嫪毐，正因為如此，呂不韋與嫪毐暫時似乎達成默契，對他叛亂的舉動持觀望態度，既不揭發，又不參與，實際是暗中支持。

至於秦王嬴政，這位登基多年尚未真正掌權的國王，目睹朝廷內外驚心動魄的政治風雲，歷經變幻莫測的世事滄桑，一定早已形成一整套謀略和計畫，不過，這位城府極深的國王，始終對別人緊閉心扉，誰也不知這位即將親政的年輕君主有何打算，就在嫪毐劍拔弩張的這年四月，嬴政突然率重要文武大臣離開國都咸陽駕臨雍城。

嬴政到雍城的理由，是要在這裡舉行加冠大典，加冠，是古代中國自西周以後就確立的一項極重要的禮儀制度，當時認為，士人二十歲才算成年，可以任職當官，可以生子，可以取別名──「字」，為表示進入成年，在二十歲時要舉行隆重的儀式，屆時由長輩為其戴上一頂特製的象徵成年的帽子，稱為「冠禮」，因此，古人將二十歲稱為「弱冠」。

人們非常重視「冠禮」，因為它是人生進入重要階段的一個重要象徵，在古代禮書《儀禮》中特將「士冠禮」列到首位，連天子也須按規定舉行加冠禮，不過，天子和諸侯的加冠禮可能更早，如周文王十二歲就已加

二　蘄年兵敗　魂歸北邙

冠，十五歲就生子伯邑考，春秋戰國時代也有不少國君十三四歲就已加冠[65]。

秦王嬴政十三歲就繼王位登基，可為什麼直到二十二歲才舉行加冠禮，比二十而冠的一般士人尚遲二年？這固然有秦國傳統規定的因素，更重要的原因則是呂不韋和太后把持政權不願讓嬴政親政，如今若不是呂不韋和嫪毐的矛盾加深，給嬴政奪回權力留下一個絕好機會，還不知何時才讓嬴政舉行加冠禮呢！現在，已經二十二歲的嬴政本人也已有主見，他決心不受呂不韋擺布，可以獨立，毅然率文武大臣到雍舉行加冠禮，這無異於公開宣布，自己要和嫪毐、呂不韋以及太后這三個政敵宣戰了。

冠禮在四月己酉日，於雍城蘄年宮內隆重地舉行，按照古代禮制規定，加冠禮儀式必須由被加冠者的長輩主持，有關族人、賓客參加，於祖廟前舉行極為繁複的典禮，給被加冠者戴上象徵成年的「皮弁冠」，嬴政的加冠禮當也大同小異，不過場面更加宏大，代表長輩的呂不韋無疑應當參加，隨來的群臣也都行禮如儀。

至於加在秦王頭上的則不是皮弁，而是冕，這是一種黑色的大禮帽，上有一長方板，稱為綖（一ㄢˊ）；前後各有十二串小圓玉石，稱為旒；下方有兩根絲帶，稱為紘；戴冕時將裝飾用的絲穗稱為纓；綖的下方尚有一類似簪狀物，稱為衡，用以插在頭髮內固定；衡的下端繫一塊玉，稱為瑱，而繫玉的絲線稱為紞。

除了這頂表示王權和王位的冕加於嬴政的頭上之外，在這次典禮中還有一個內容，即為嬴政佩劍，這是秦國特有的禮制，因為劍是古代奴隸主階級表示身分、地位的重要象徵，對於成年人佩劍，秦國歷史上一直十分嚴格地加以限制，到秦簡公六年（西元前 409 年）才允許「吏初帶劍」，而

---

[65] 見《儀禮・士冠禮一》疏。

下篇　敗亡

國君也只有舉行加冕禮表示成年時，才鄭重地將劍佩在身上。

加冠典禮的儀式剛剛結束，悠揚的雅樂聲似乎還在雍城上空迴響，就從咸陽傳來令人吃驚的消息。

◆ 咸陽報警

對於秦王嬴政來說，這個消息並不意外，不久前就有人來告發嫪毐並非宦者，並準備作亂，只是那時尚由呂不韋輔政，嬴政還只有聽他的分，而且反叛尚缺乏證據，因而隱忍未發，靜觀動向，現在加冠禮既已完成，嬴政再也不必受呂不韋約束了，他親政的第一件事就是直接指揮鎮壓這場醞釀已久的叛亂，由於國王、丞相和大部分文武大臣都在雍城，秦國國都很快就為叛亂的軍隊所占據，王宮內籠罩著一片恐怖氣氛。

原來，自嬴政率朝內重要文武官員赴雍城之後，嫪毐知道自己與太后的穢行及叛亂的圖謀已被發現，又見秦王嬴政舉行加冠禮，知道嬴政親政後遲早要對自己加以處置，故決心趁咸陽空虛之際作亂，因他早有預謀，宮內外重要頭目，如戎翟君公、舍人、衛尉等均已被他拉攏收買，倒也有一定勢力，唯一的困難，就是所能掌握、控制的兵卒甚少。

秦國的軍制非常嚴密，自從商鞅變法之後就建立起一套利於作戰的統一指揮系統，軍事武裝力量分為正規軍和地方武裝兩種，正規軍包括邊防、野戰及國都警衛部隊，均直接由朝廷掌握；地方軍由郡、縣尉統率，作為正規軍的補充和後備，隨時可調歸中央；而武裝力量的指揮權則完全掌握在國君手中，就是徵調縣卒，也都要國君的命令蓋上御璽才有效。

朝中武將平時無固定統屬之部隊，出征時，凡用兵五十人以上者，均需由國君委任並發給虎符才能調兵，虎符形狀如虎，分左、右兩半，左半交出征主帥，右半由國君掌握，出征歸來後，主帥交回虎符脫離部隊，這

二　蘄年兵敗　魂歸北邙

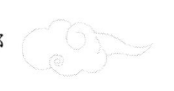

樣，軍隊可直接控制在國君手中，任何人均難以調動大量的軍隊，嫪毐圖謀叛亂時，儘管收買了不少帶兵的頭目如衛尉等人，但也必然遇到難以調兵的困難。

不過，嫪毐對此也有所準備，他早就偽造好秦王和太后的御璽，待秦王一離開咸陽，持偽造秦王和太后調兵令的嫪毐就徵發部分地方武裝──「縣卒」，和守衛國都的軍隊──「衛卒」，以及官騎（騎兵），命他們向雍城出發，目標是正在舉行大典的蘄年宮，形勢顯得相當緊張。

「咚、咚、咚！」

叛軍還沒走出咸陽，就已聞到城外傳來的戰鼓聲，這時，由雍城趕來鎮壓叛亂的軍隊已兵臨城下，秦王嬴政親政第一天，就表現出他剛毅果斷的統治作風，當聽到咸陽發生叛亂的消息後，他就毫不猶豫地下令，派相國昌平君和昌文君率兵直接從蘄年宮出發，日夜兼程趕回咸陽，所以嫪毐的叛軍還沒出咸陽，就碰到由雍城開來的秦軍。

率領秦軍鎮壓叛亂的昌平君和昌文君都是左丞相，秦國的官制分右、左兩相，右在左之上，當時呂不韋為右相，大權在握，而昌平君和昌文君為左相，此二人雖為相國，以前卻很少理事，以致史書上連其姓名都沒有留下，僅知昌平君原為楚國公子，立以為相，至於昌文君的事蹟連這一點線索都沒有，可見這兩位雖為丞相卻一直被呂不韋壓制排擠，而無所作為，這一次秦王嬴政剛一掌權，就在危急關頭起用這兩個人，而把呂不韋放到一邊，可見秦王嬴政對呂不韋也已懷有戒心。

嫪毐叛軍只是烏合之眾，當昌平君、昌文君所率大軍一到，即被打得落花流水，戰鬥迅速結束，被殺的叛軍有數百人，嫪毐等大小頭目卻在混亂中逃走。

咸陽的嫪毐叛亂，之所以輕而易舉地被兩位不知名的人物率軍平定下

下篇　敗亡

去，其原因不僅是叛軍無人支持，更重要的是秦國的軍事制度相當嚴密，儘管嫪毐為叛亂作了長期準備，但他畢竟無法調動大量軍隊，所以這種有利於國王而不利於叛軍的軍制是叛軍失敗的決定性因素。

咸陽城內戰火方熄，秦王嬴政即率眾官員從雍城回來，親政後的嬴政第一件事就是處理平叛後的事宜，這次朝會，秦王身邊已不見相國呂不韋，昌文君、昌平君報告平叛經過後，秦王嬴政下令，凡參加平叛有功者，皆按功勞大小拜爵，宮內宦者參加平叛戰鬥的也均拜爵一級；另外，又下一道詔令懸賞捉拿嫪毐等叛亂頭目，凡能生擒嫪毐者，賜錢百萬；擊斃者賜錢五十萬，擒殺其他餘黨者亦論功行賞，詔令下達後，朝野一片歡騰，拜爵的官宦彈冠相慶，當年九月嫪毐及其餘黨終於被捕，接著，在咸陽王宮門前和市門口，都掛出處理這些叛亂首領和保衛國都不力的官員的決定，計有：

嫪毐、衛尉竭、內史肆、佐弋竭、中大夫令齊等二十人，皆車裂、梟首示眾，並滅其宗，上述諸人的舍人隨同叛亂者，輕者處以鬼薪之徒刑，重者處死或奪爵流放。

決定公布後立即執行，這是一場恐嚇性的懲罰，按照秦國奉行「以刑去刑」的法家主張，即刑罰的作用一在於懲罰犯罪者，二在於威懾未犯罪者，執行的這一天，在咸陽鬧市廣場已豎起二十根高桿，數十匹烈馬在桿下揚蹄嘶叫，百姓們從四面八方聚集在廣場周圍，等待目睹那驚心動魄的一幕。

不一會兒，由二十輛囚車將嫪毐等二十名犯人推入廣場，當眾將每名犯人四肢及頭顱分別拴在五匹馬上，五匹烈馬各朝一個方向，只聽行刑官一聲令下，劊子手拚命將烈馬狠抽得猛衝，霎時，但見二十個活人被撕成一百塊血肉模糊的碎屍，這種刑罰以前用車執行，故稱為「車裂」，後來

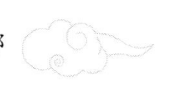

以馬代車,而「車裂」的刑名不變。

秦國有名的政治家商鞅就是被處以「車裂」之刑的,這是極為殘酷的刑罰,凡目擊者無不被嚇得膽寒,而等二十名人犯被「車裂」後,尚有劊子手將各個犯人的人頭撿起,懸於高桿之上示眾,這就是所謂「梟首」。「車裂」、「梟首」之後,這血淋淋的行刑一幕才告結束,隨之散去的圍觀百姓大概在相當長的時間裡也難以抹去重壓在心頭的暗影。

對於要犯來說,「車裂」、「梟首」後,還有「滅其宗」,即族刑,滿門抄斬和對其舍人的徒刑,在秦國,徒刑是沒有刑期的,只有罰作勞役的分工不同,最輕者即為鬼薪,其服役內容是為官府砍柴,女犯則為官府擇米,稱為白粲;此外,還有城旦、舂,即為官府築城、舂米;最常見的徒刑稱「隸臣妾」,他們勞役的內容包羅,從繁重的體力工作到家庭僕役的事務,是秦國最多的一種刑徒,而參與叛變的脅從者中,最輕的處罰是被判為鬼薪,更多的人被奪爵流放,有四千餘家被迫遷往蜀地的房陵(今湖北省房縣),是年,蜀地氣候異常,已到初夏季節仍天寒地凍,嫪毐叛黨被遷往房陵之家,竟有活活被凍死者,從而民間有傳說云:「秦法酷極,天寒應之。」

王宮內的搜捕仍在進行。

嫪毐事發,其與太后的穢行也無法掩飾,秦王嬴政派人搜查太后所居的寢宮,竟於宮內搜出她與嫪毐所生的二子,此事嬴政雖早有所聞,但目睹之後仍怒不可遏,又兼太后為自己生母,醜聞傳出,堂堂一國之主,有何顏面向國人交代?盛怒之下,他命人將兩個幼兒當即活活打死,將太后囚禁雍城棫陽宮,不得自由行動。

至此,嫪毐、太后一黨,總算被清除,鎮壓暫告一段落,而嫪毐和呂不韋兩派勢力的決戰還沒來得及展開,就以一方失敗而告結束。

下篇　敗亡

屠殺嫪毒黨人的殘酷場面，給秦國國都咸陽留下一片血腥氣，也給秦王嬴政本人的心靈染上濃重的陰影，因為親見太后的淫行給政治帶來巨大的災難，此後的一生，嬴政對男女之間不正當的性關係，表現出異乎尋常的痛恨，直到十餘年後統一全國，他在親自巡行各地時，還不斷地立石刻銘，詔告全國百姓嚴守男女之禮，嚴厲禁止不正當的男女關係。

就在秦始皇二十六年（西元前221年）統一全國後的當年，他在泰山所立石刻銘文中就有「貴賤分明，男女禮順，慎遵職事，昭隔內外，靡不清淨，施於後嗣」的文句，警告百姓恪守男女之大防；直到秦始皇三十七年（西元前210年）即他去世的那一年，臨死前在會稽（今浙江省紹興市）刻石銘文中還留下如此嚴格的法令：「有子而嫁，倍死不貞。防隔內外，禁止淫佚，男女絜誠。夫為寄豭，殺之無罪，男秉義程。妻為逃嫁，子不得母，咸化廉清。」其中規定，有子女的女人若再嫁人為「不貞」，男人若與不是自己妻子的女人發生性關係，就如同睡在不屬於自己圈裡的公豬一樣，應稱為「寄豭」，無論什麼人，殺死寄豭是不治罪的，且法律給以保護，為人妻者若要與旁人私奔，也被嚴厲禁止。

身為統一中國的皇帝，到嚥氣之前還念念不忘端正風俗，制裁發生不正當關係的男女，可見秦始皇對這類事多麼深惡痛絕，若不是秦國歷史上自宣太后到自己生母的浪漫行為給嬴政心靈留下的暗影，上述那些端正風俗的政策會在秦統一中國後出現嗎？那些端正風俗的想法會在秦始皇的頭腦中出現嗎？

秦王政十年（西元前237年）是秦國歷史上的多事之秋，當嫪毒叛亂剛剛被鎮壓下去，呂不韋集團的勢力尚未被觸動之際，秦國又發現了奸細。

奸細就是韓國來的水工鄭國，最初，鄭國被派來秦國本就是執行「疲秦」計畫的，不過秦國君臣始終沒有發覺，當一個巨大的水利工程即將

二　蘄年兵敗　魂歸北邙

竣工之時，秦王嬴政才得知，鄭國之入秦建水渠，乃是韓王的「疲秦」陰謀，將鄭國捉來審問，他本人也供認不諱。

這件事又在秦國朝廷內引起軒然大波，連繫起剛剛發生過的嫪毐叛亂，秦國的宗室大臣激起了對外來賓客的極大憤恨，一些宗室大臣紛紛上書，要求驅逐外來的賓客，他們說關東各國來秦的賓客都是為他們各自國家效力的，沒有一個值得信賴的人，必須將一切從秦國以外來的人全部趕出去！

除了出於對鄭國及東方各進入秦國的謀士、賓客不滿外，當然也針對呂不韋，因為呂不韋身為衛國商人，卻在秦國當了十餘年丞相，不僅本人總理朝綱，大權在握，而且大量吸收秦國以外的人士，將秦國宗室貴族棄之不顧，這必然引起擁有特權的貴族豪門的不滿。

成蟜的叛降就是一個訊號，這些貴族為保持特權，哪顧得什麼國家和社稷！只不過以前呂不韋執政，軍政大權集於一身，各宗室貴族敢怒而不敢言，現在見秦王嬴政剛一掌權，就無情地鎮壓了趙國來的嫪毐，接著又發現韓國來的鄭國竟是個奸細，感到驅逐包括呂不韋在內的外來人的時機到了，所以才拚命鼓譟，妄圖借秦王嬴政之手，奪回秦國貴族的特權。

呂不韋大約也感到嫪毐失敗後自己面臨的危機，他開始收斂鋒芒，極力佯裝超脫，韜光養晦，甚至噤若寒蟬，一聲不響。

在頑固守舊的宗室貴族煽動下，年輕的國王嬴政也異常激動，以鄭國的奸細事件為由，下令限期將秦國內的所有外來賓客，一律驅逐出境，在秦國的大小城的城門、市肆之旁，不過幾天就掛出了秦國朝廷的〈逐客令〉。

〈逐客令〉一公布，不免在秦國的眾多外來賓客中引起巨大的騷動，他們都人心惶惶，不知為什麼秦國竟改變長期以來招攬外來賓客的傳統，但面對嚴厲的〈逐客令〉，也都無可奈何，紛紛整理行裝，準備離開秦

下篇　敗亡

國，各自投奔別的國家。

就在這個時刻，在賓客中有一個人勇敢地站了出來，向秦國朝廷大聲疾呼：「客，逐不得！」在剛剛鎮壓過嫪毐又發現奸細的時刻，面對著森嚴的秦法，撥出這振聾發聵之聲的又是誰呢？

這個人就是從楚國來到秦國，被呂不韋拜為客卿的李斯。

李斯力阻秦王逐客，是透過他寫的一篇奏章〈諫逐客書〉發出的，在這篇有名的奏書中，李斯寫道：

「臣聽說朝廷下〈逐客令〉，我以為這樣做太過分了，翻開秦國的歷史看，當年秦穆公求賢，從西方戎族人請來了由余、從東方的宛找來百里奚、從宋國迎來蹇叔、從晉國挖來了丕豹、公孫支，這五位賢人並不是秦國人，卻受到秦穆公的重用，結果使秦國強盛，兼併了西方二十國，稱霸西方。至秦孝公時，用商鞅之法，改變秦國的制度和風俗，很快地就使秦國富庶起來，百姓安居樂業，東方各諸侯國俯首，戰勝了楚、魏的軍隊，將秦國領土擴大近千里，至今仍保持著強大的實力。秦惠文王之時，也是用魏國來的張儀，取得了東方的三川之地，兼併了西南方的巴蜀地區，北面攻占上郡、南面取得漢中，使原屬於楚的鄢、郢成為秦國的一部分，東面占據了成皋的險要，割取了肥美豐壯的地方，就此解散了六國的縱約，使他們不敢與秦國公然為敵，直到如今張儀的功勞還在發揮著功能。秦昭王時重用了魏國來的范雎，貶斥了秦國貴族穰侯，驅逐了另一支貴族華陽君，使公室強大起來，杜絕了貴族私人勢力的發展，像蠶吃桑葉般地征伐諸侯，使秦國成就帝王之業，這四位君主，都因了客卿的功勞，如此看來，客卿有什麼對不起秦國的？倘使這四位君主不容納客卿，不任用外來的賢士，怎麼能有今天強大的秦國呢？」

李斯首先追溯秦國任用外來客卿使國家強大起來的歷史，接著又用比喻，深入一步勸說秦國國君：

二　蘄年兵敗　魂歸北邙

「現在,君王有崑山美玉,有隨侯珠和和氏璧,掛著明月的珍珠、帶著太阿的寶劍、騎著纖離的駿馬、打著翠鳳的旗幟、支著靈鼉的皮鼓,這些珍稀的物品都不是秦國出產,可是君王卻很喜歡它們,如果只能是秦國產的才能用,那麼,夜光璧就不能裝飾在秦國朝廷,犀和象的器具也不能成為秦國宮廷內的物件了,鄭、衛兩國的美女也不能在大王後宮侍奉您了,外來的駿馬也不能在您的馬廄中供您使用了,江南的金、錫,西蜀的丹青也都甭運來了,還有那宛地的珠、阿地的絹帛、各地的錦緞、窈窕的趙國女子,也都不能為大王享用了。」

「現在,秦國宮內流行的是極其好聽的鄭、衛之音,如果按照秦國以外的東西都不要的原則,這些音樂也不能聽了,還是演奏那秦國傳統的叩著瓦器、彈著竹箏、拍著大腿的聲音刺耳的音樂吧!可是,大王還是喜歡聽悅耳的鄭、衛之聲,不願聽那敲水瓶的樂器。這是什麼原因呢?無非是稱心、快意。現在,用人卻不是這樣,不問此人才能如何,為人怎樣,只要不是秦人,就一律驅逐出去,這豈不是把人看得還不如珠玉和聲色嗎!這種做法哪裡像制服諸侯、統一天下的君主呢?」

在這段裡,李斯舉出一大串事實,說明秦國僅靠本國、本地物質和文化是不行的,必須廣泛吸收各國文明,當然更要重視秦以外的人才,最後,他在上書中指出「逐客」的危險後果:

「臣聽說:地方廣闊,米糧必多;國家強大,百姓必多;兵將強壯,士卒必勇敢,泰山能容納泥土,所以才高大;河海能容納小水,所以才浩蕩深長,當君王的不拒絕眾多的百姓,所以能使他的德行昭著。土地不論東西南北,都視作自己的疆土;人民不分本國和他國,都視作自己的臣民,五帝三王無敵於天下,就是由於百姓都向他們投奔。」

「現在君王卻反而拋棄百姓,驅逐客卿、賓客,這不是資助敵國,讓他們為別的諸侯國建立功業嗎?這樣一來,使天下的有識之士,不敢西

下篇 敗亡

來，真所謂『給寇借兵，給盜送糧』。要知道：不生於秦國卻對秦國有用的物品不少，而不生於秦國的士人，願為秦國效力的也不少呢！君王的〈逐客令〉一下，勢必將秦國的客卿趕到敵國，內部損害了百姓，外部結怨於諸侯，這樣的國家，怎麼能沒有危險呢？」[66]

李斯的這篇〈諫逐客書〉反覆論證逐客之令不可行，說理透澈，比喻恰當，有相當大的說服力，是一篇有名的古代散文。

寫完這篇〈諫逐客書〉之後，李斯覺得似乎吐出了胸中的鬱悶，頓時感到輕鬆了許多，但他估計，僅憑這一本奏書很難挽回秦王成命，對此書所起的效果並不抱多大希望，將奏書按程序呈上之後，等了幾天不見任何迴響，遂打點行裝，準備離開秦國，東去另謀出路。

此刻的秦王嬴政還沒有來得及翻閱李斯的這個有名的奏本，儘管內侍早已把它連同其他一些奏本放到秦王殿中的案上。

面對著案頭一大堆奏本，年輕的嬴政陷入深深的沉思，宮女們送上漿水，他連看都不看一眼，膳房傳來珍饈美味，他揮揮手示意拿走，內侍不敢多說，悄悄地退出，從下朝直到黃昏，秦王嬴政始終緊鎖雙眉，在寢殿內來回踱步，宮女們燃起了燈火，這幾天秦王破例地沒有召見、御幸寵妃，到深夜仍獨自待在殿內，顯然，他陷於難以解決的矛盾之中，思緒像大海的波濤，一時難以平定下來。讓秦王嬴政如此為難的是如何處理呂不韋的問題。

嫪毐叛黨已剷除，太后被囚，嫪毐和太后的私生子也被處死。但是，秦王嬴政知道，威脅自己國王權力的隱患並沒有根除，那就是呂不韋集團還未受到觸動，雖然呂不韋集團與嫪毐集團是對立的兩派勢力，但是他們兩家同樣都是以侵奪王權為存在和發展的前提的，從對秦王本人權力影響

---

[66] 見《全上古三代秦漢六朝文》。

二　蘄年兵敗　魂歸北邙

方面看，呂不韋比嫪毐的為害更甚，因為嫪毐畢竟只是個暴發戶，在秦國的根基不深，他所依靠的僅是一個淫蕩的太后，而呂不韋則為三朝元老，從孝文王時代就來到秦國，在莊襄王時期就身為丞相，掌握秦國軍政大權，對秦王嬴政來說他又是「仲父」，或者如傳說的那樣，他就是嬴政的生身之父。

嬴政在深思中，腦際不時呈現出幼年被拋棄在邯鄲時和母親相依為命的景象，那時若不是有呂不韋的安排，怕不知流落到哪裡去了，哪裡還有今天！想到這裡，冷酷的嬴政臉上也不免露出一絲柔情。

可是，秦王嬴政臉上的柔情並沒有停留多久，陰森、沉重的表情又回到他那瘦削的面孔上，雙眼射出兇狠的目光，一連串乾咳之後重重地吐出一口在喉嚨中停留了半天的痰，劈柴似的獨特的乾咳吐痰聲，驚動了待在殿外的宮女和內侍，根據經驗他們知道，此時縈繞在秦王嬴政腦際的矛盾已經解決，大概決心已定，可以吃飯了，於是，消息傳到御膳房，將剛才一箸未動的晚餐重新送上，請秦王嬴政進膳。

秦王嬴政終於從理智和感情的矛盾中解脫了出來，坐在秦國最高權力巔峰的位置上，嬴政對呂不韋專權、獨斷和跋扈的作風已有數年之久的體會，呂不韋身居丞相要位，又長期養大批遊士，其權勢遠非嫪毐之流可比，尤其是在嫪毐被消滅之後，竟有不少賓客、辯士在秦王嬴政左右為呂不韋歌功頌德，這就更引起秦王嬴政的警惕和不安，而早已在秦王嬴政胸中萌發卻不得舒展的權力慾，又似火上澆油，視呂不韋為不共戴天之敵，想到這裡，哪裡還顧得什麼「仲父」的名分！你死我活的決心立刻代替了動搖、猶豫的情緒，堅決剷除呂不韋，不能含糊！決心一下，次日立刻付之於行動。

秦王嬴政十年（西元前 237 年），十月，即嫪毐被處死後的一個月——嫪毐被處死在九年九月，因秦實行的是以十月為歲首，十月即稱十年十

下篇　敗亡

月，故十年十月實際是九年九月之後的一個月——在一次朝會上，秦王嬴政親自宣布了一道詔令。

「免去呂不韋相國之職。」

免職的理由並不難找，僅僅援引范雎因薦舉王稽和鄭安平這一「用人不當」當連坐的先例，和秦國固有的法律，就足以定下呂不韋保舉嫪毐入宮的罪名了，至於呂不韋專權以及他和太后的不正當關係，當然不必公開宣布，早在宣布免除呂不韋相職之前，秦王嬴政已做了周密布置，這位權極一時的相國被秦王派來的武裝侍衛嚴密控制，實際成了甕中之鱉，企圖抵抗是根本不可能的，只有俯首謝恩，免冠罷相歸府，等候進一步處理。

朝臣見呂不韋免相，有的拍手稱快，有的暗暗同情，不過，因為軍權現在已操在秦王之手，即使有人對罷相之舉不滿也不敢有所表示。

撤掉呂不韋的相國之職，秦王嬴政才輕輕地舒了一口氣。

處理了呂不韋之後，秦王嬴政才又想起鄭國的奸細案和他所下的〈逐客令〉。

「韓國派來的那個奸細鄭國現在何處？」秦王嬴政向負責審訊的廷尉垂詢。

「啟稟大王，鄭國現在獄中關押，他對前來『疲秦』的陰謀供認不諱。」廷尉據實回稟。

「為何不快處死，留他何用？」秦王嬴政不悅地問。

「報告大王，對鄭國的罪名已定，死刑在即，不過，罪犯希望在被處死之前能面見大王一次。」

可能由於好奇，也可能因為解決了嫪、呂集團後心情特好，秦王嬴政竟答應面見這位隱藏了數年之久、即將被處死的韓國奸細鄭國。

「把鄭國帶上來，看他要對我說什麼！」

二　蘄年兵敗　魂歸北邙

　　王令傳出，鄭國即從獄中被帶上殿，別看他身披刑具，在牢中囚禁多日，頭髮、鬍子也未能梳理，身上散發出監中一股特殊的發黴氣味，然而在他清臞的面龐上，一雙機智的大眼，閃出堅定的光芒，一步步緩緩地來到王宮，一點也不慌張，秦王宮殿的威嚴似乎並沒有影響鄭國內心的鎮定，相反，秦王嬴政在鄭國面前卻像是坐在被告席上，忐忑不安。

　　「奸細鄭國，你承認有罪嗎？」儘管被鄭國的風采所震懾，秦王嬴政表面上仍不失君主的威嚴，以不可抗拒的口吻發問。

　　「是的，我的確是韓國派來的奸細！」鄭國一點也不否認自己的罪名。然而，他接著侃侃而談說出一大篇道理，則徹底改變了秦王嬴政的決定。

　　「我勸說秦國的君臣修渠，確實是為了延緩韓國被吞併的年限，然而，渠成之後難道不也是秦國的萬世之利嗎？」

　　秦王嬴政雖然凶殘、狠毒，但並不糊塗，對鄭國所說的表示贊同。

　　「現在，興建在關中的偌大工程即將竣工。」鄭國接著說：「何不讓我將這項水利建設工程完成呢？」他沒有哀求秦王赦免，也沒有卑躬屈膝地出賣自己的主子，卻以極其理智的道理打動了冷酷而聰明的秦王。

　　沉吟半晌，秦王嬴政輕輕地吐出了兩個字：「照准。」

　　於是，鄭國當場被釋放，階下囚又成為水利工程的總指揮，鄭國冷靜而客觀的表白救了自己，也救了中國古代的一項偉大的水利工程，秦王嬴政將計就計的精明決定，使韓王「疲秦」的愚蠢計畫成為造福關中的舉措，鄭國從此全力領導修建完成這項水利工程，不久，一條從涇河通過渭北的水渠終於出現，這條被稱為鄭國渠的人工長河建成後，立即發揮了極大的經濟效益，使秦國關中的四萬餘頃土地（相當於今天二百多萬畝）得到灌溉之利，成為旱澇保收的豐產田，在水渠建成之前，渭北有不少鹽鹼地帶，土質瘠薄，莊稼長得很差，鄭國渠引來的涇河水中含有大量

下篇　敗亡

的沙土，使貧瘠土地得到改良。關中的農業生產面貌根本改變，畝產糧達一「鍾」（約合今一百六十公斤），在當時那種條件下，這個產量是相當高的，農業生產的穩定發展，給秦國加速統一中國，打下了牢固的物質基礎[67]。

只有在這時，秦王嬴政才有心情靜下來仔細閱讀堆積在案頭的奏本。

這一日，秦王嬴政正在一篇一篇地翻看竹簡，突然讀到李斯的〈諫逐客書〉，頓時興奮起來，奏書中生動的語言、精闢的分析以及嚴密的邏輯緊緊地抓住秦王嬴政的心，他一面閱讀一面不由得讚嘆起來：

「說得不錯！」

「有道理！」

「這個李斯真是個人才！」

看完後，秦王嬴政的主意已定，撤銷「逐客」的決定，並且立即下令：「快給我把李斯召來，寡人要和他面談。」

內侍將秦王這一決定傳達給咸陽守令，守令不敢怠慢，馬上派人到李斯住舍，沒想到李斯這時已攜帶個人行囊離開了咸陽。

李斯將〈諫逐客書〉呈上之後，多日不見朝廷有任何反應，眼看秦王下令逐客的時限已到，無可奈何地懷著絕望的心情打點行李上路，準備投奔別的諸侯國，另謀生路。

啟程的第一天，剛剛走到咸陽以東數十里的驪邑（今西安市臨潼區境內），踽踽獨行的李斯就被一位乘快馬的官吏追上，追來的官吏向李斯傳達秦王決定，令李斯立即返回咸陽，入宮謁見秦王。

聰明的李斯得知這一決定後，立刻猜出是〈諫逐客書〉產生了作用，二話沒說就隨來人趕回宮內，返回的路上邊走邊把見秦王時對答的話一遍

---

[67]　見《史記·河渠書》。

二 蘄年兵敗 魂歸北邙

遍地打著腹稿，他想像著在秦王殿上將有一場緊張的答問，這是一生中最重要的時刻，是能不能在秦國飛黃騰達的關鍵，也可能是自己生死攸關的一次答辯，李斯這樣想著，不覺已被人帶入秦王的殿上。

李斯一路的充分準備，沒想到根本沒派上用場。當他來到宮內時，秦王嬴政正忙著處理頭緒紛繁的軍國大政，聽到來人報告說李斯已被召回時，只輕輕地說了一聲：「令他官復原職！」就忙著處理其他事了，原打算在朝廷上賣弄一下才華的李斯，見秦王無意「垂詢」，也只得謝恩下殿，回到從前住的邸舍依然當客卿去了。

〈諫逐客書〉雖未使李斯立刻得到重用，但畢竟使秦王留住了他，更重要的是這章奏書矯正了秦王「逐客」的錯誤決定，依然執行一貫的大開國門、廣攬人才的政策，隨著秦國軍事上節節勝利，國土擴大，秦國內部生產發展、富裕繁榮，天下士人、百姓多嚮往秦國，許多政客、學者、遊說之士及知識分子紛紛聞風西向，投奔秦國。

在〈逐客令〉撤銷後湧進秦國的人流中，自然不免有一些隨大流、趕浪潮的庸碌無能之輩，但確實有一批具有遠見卓識、真才實學的菁英人才也來到秦國，大梁人繚就是其中的一個。

和歷史上不少有名的人物一樣，繚這個人也留給後人很多難解之謎[68]。

繚，是這個人的名字，他來秦之前做過什麼事，已不被人們所知，甚至連姓氏也沒有留下來，只知道此人原是魏國大梁人，後因在秦國當國尉，人稱尉繚。

尉繚的行蹤雖然有點神祕莫測，可是他確實是位軍事家這是毫無疑問的，他總結了戰爭的經驗教訓，寫下了一本軍事理論著作，在這部書中他系統地表達了對戰爭和策略、戰術等方面的觀點。

---

[68] 關於尉繚的種種記載及不同看法見拙著《秦史》，臺北五南圖書出版公司 1992 年出版。

下篇　敗亡

他認為軍事上的勝利最終取決於國家良好的制度和政策，只有國家富足而安定，才能打勝仗，而治理國家的君主，不能靠天，不能靠地，應當靠自己，「蒼蒼之天，莫知其極；帝王之君，誰為法則？往世不可及，來世不可待，求己者也」，他主張從整頓重新整理政治入手，健全國家制度，明確君臣職守，公正審理案件，給受株連的眾多良民平反，安撫流離失所的老百姓，開發利用荒蕪的土地，注重耕織，把發展農業作為治國之本，堅決實行農戰政策……等等。

他認為戰爭有「義」與「不義」的區別，「誅暴亂禁不義」是戰爭的基本原則，軍隊所到之處，應該使農民不離開自己的官府，他認為只要軍隊所至，不侵害老百姓利益，不耽誤農時，「足以施天下」。

在治軍方面，繚主張選拔精明能幹的將帥，並且「明制度於前，重威刑於後」，指揮官要以身作則，嚴格要求自己，與士兵同甘苦，要具有自我犧牲的精神，做到忘家、忘親、忘身，賞罰嚴明，敢賞敢罰，嚴格軍紀，嚴格訓練，對於懲罰違紀和戰敗逃跑的軍吏，以及軍隊編制、指揮訊號、著裝、訓練、演習、從軍、戍邊、宿營、作戰等方面的軍事行動，他都在總結前人經驗的基礎上，提出一套具體規定。

在作戰指導上，繚極重視研究敵我雙方情況，主張先調查對方實力，然後再決定舉兵，他還特別提出國家掌握市場對保證軍隊供應的必要性，沒有足夠的軍需，沒有「百貨之官」，就無能戰之軍，這些見解比起古代著名兵家孫子的思想有所發展。

繚的著作被後人稱為《尉繚子》，這本書的經歷也同繚本人一樣具有相當濃重的神祕色彩，流傳至今天的《尉繚子》共五卷二十四篇，計有：

卷一

　　天官第一

二　蘄年兵敗　魂歸北邙

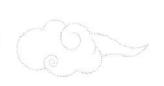

兵談第二

制談第三

戰威第四

卷二

攻權第五

守權第六

十二陵第七

武議第八

將理第九

卷三

原官第十

治本第十一

戰權第十二

重刑令第十三

伍制令第十四

分塞令第十五

卷四

束伍令第十六

經卒令第十七

勒卒令第十八

將令第十九

踵軍令第二十

下篇　敗亡

卷五

兵教上第二十一

兵教下第二十二

兵令上第二十三

兵令下第二十四

在最早著錄本書的《漢書・藝文志》中卻記「《尉繚》二十九篇」，歸在雜家類，而另在兵形勢家類中又記「《尉繚》三十一篇」；後來的《隋書・經籍志》、《舊唐書・經籍志》及《新唐書・藝文志》僅記載有「雜家類」《尉繚子》，在傳世本《尉繚子》中有「梁惠王問繚子」的字樣，而梁惠王的時代遠早於秦始皇八十餘年之久。

由這些緣故，歷來對《尉繚子》其書和尉繚其人，出現了不同的看法，《尉繚子》這本書是屬於兵家還是屬於雜家？還是一部兵家《尉繚子》，又有一部雜家《尉繚子》？尉繚是一個人，還是兩個人？是梁惠王時代的還是秦始皇時代的人？相互矛盾的數據令人百思不得其解，甚至有無「繚」這個人的存在也成了問題。

1972年4月，山東臨沂銀雀山一號及二號漢墓出土漢簡一批，其中發現兵書若干種，就有《尉繚子》殘簡，這就為解開尉繚和《尉繚子》之謎提供了可貴的數據，新舊有關數據可以證明，尉繚其實是秦始皇時代的兵家，而非梁惠王時代的人，《尉繚子》中有「梁惠王問」的文句，乃是當時流行的一種偽託前人的作文方式而已。

這裡暫時拋開對繚和《尉繚子》的考證，且說秦王政十年（西元前237年），繚在秦國開放政策的感召下來到咸陽。

到咸陽後，繚不顧旅途勞頓，風塵僕僕地來到王宮，要求謁見秦王，嬴政聽說有人求見，正值心情極好，痛快地應允繚上殿。

二　蘄年兵敗　魂歸北邙

「當今秦國夠強大的，各諸侯國無可匹敵。」尉繚一見秦王，劈面就開門見山地說：「可是，我擔心各國合縱聯合起來，那秦國就危險啦！」

秦王表示願聽他的「高見」，鼓勵尉繚繼續講下去。

「依本人之見，請大王千萬不要捨不得財物，拿出錢財去賄賂各國有實權的大臣，使各國內部產生矛盾，不過用三十萬金，就可各個擊破。」

尉繚提出的這個辦法，倒也不是太新鮮，以前李斯和呂不韋也都這麼做過，不過，秦王還是連連點頭稱是，表示可以按他的辦法去做，並且也確實做了布置，在生活上對尉繚照顧備至，衣服飲食的供給和自己一樣待遇，哪想到尉繚見到秦王後，對這位相貌醜陋的君主印象極壞，與秦王談話後不久，他就與人說起對秦王的印象：「秦王長得塌鼻、馬眼、雞胸，說話像狼叫，這樣的人沒有人性，心狠如虎狼，不得志的時候可以對人低三下四，一旦有權勢則能吃人，我是個普通百姓，可他見到我後卻顯得過分的恭敬，此人若真得到天下，天下的人可就要遭殃了，我不能與他為伍。」

尉繚大概是一個精通數術的遊士，善於從人的相貌上看出各人的性格和作風。他對秦王嬴政的評判大致不錯，尉繚看透了秦王嬴政陰險的個性，不願與秦王為伍，於是就悄悄地藏起來，打算伺機逃出秦國，然而，秦王嬴政因知尉繚有軍事才能，原打算在他面前表現得恭謙一些，沒想到尉繚要走，聽到這個消息，秦王馬上派人堅決挽留，並授與他全國最高的軍事長官職務──國尉，尉繚無奈，才勉強接受，後來秦國進行的統一戰爭，舉凡大的軍事行動，都有尉繚的策劃，秦國能在戰國末年不斷取得統一戰爭的勝利，是與尉繚的貢獻分不開的。

下篇　敗亡

◆ 遊魂東歸

　　咸陽城內，緊挨著王宮的一座富麗豪華的府第，碧瓦朱欄，軒窗掩映，一股清流曲折蜿蜒地從府院內流過，在飛閣流丹、簷牙高啄的堂室中，藏置著無數的珍奇寶物、美女嬌姬，這裡就是呂不韋的府邸。

　　已被撤去相職的呂不韋，回到暫時尚屬個人所有的、從前的相府，威風自不如以前，他眼望著園中枯草敗柳，池裡的殘荷凋萍，寒風瑟瑟，大雁哀鳴，似乎有意襯托自己悲涼的心境，回憶起昔日的景象，不由得一陣陣酸楚湧上心頭，那雕梁畫棟的幽房曲室也像蒙上一層淡淡的哀愁，平時嬌縱得寵的美妾都收斂了笑容，小心翼翼地迴避著悒鬱不歡的呂不韋。

　　不久前威勢赫赫、車水馬龍的相府，現在變成一座陰森森的囚籠，住在裡面的人都預感到，更大的風暴還在後頭，呂不韋更清楚地知道，秦王嬴政對自己的處理絕不會至此罷休，依往日的性格，他絕不會坐以待斃，等著命運的安排，無奈今天大勢已去，兵權不在手，只好躲在府中裝死躺下，示意毫無政治野心，僥倖地希冀秦王嬴政把他放過。

　　在罷相的這一段日子裡，呂不韋真是度日如年，一會兒想到絕不甘心這樣失敗，要設法奪權，一會兒又估計到自己只有少數家奴，沒有一兵一卒，要奪權無異於自尋滅亡，只好聽天由命，思緒起伏比渭河洪水期漲落得還要劇烈，此刻的呂不韋早已失去年輕商人的冒險性格，當年在邯鄲毀家求奇貨孤注一擲的精神，被多年來高官厚祿、養尊處優的生活消磨得一乾二淨，門下的賓客又紛紛離去，直接投奔了秦王，呂不韋徹底失去依靠，沒了主心骨，丟了魂，剩下的只有對往昔的回憶和徒勞的哀嘆。

　　秦王嬴政並沒有忽略呂不韋，更沒有忘記這位「仲父」，只是處理前方的戰爭事務，略略轉移了他的視線。

　　戰國時期的各諸侯國，若生存則必須打仗，而戰爭的勝負乃是決定一

二　蘄年兵敗　魂歸北邙

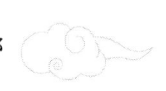

個諸侯國興衰存亡的關鍵，到秦王嬴政十年，天下的形勢大局已定，秦國如下山猛虎，一片片吞吃關東各國的領土，而各國只有防守的份，被秦滅亡僅是時間早晚的問題，秦王嬴政處理畢嫪毐集團之後，感到朝廷內已初步穩固，於是，就將注意力轉向前方的軍事方面。

十月，秦王嬴政下令，派桓將軍統兵赴前線，此時，秦軍在前線同時與幾個國家交戰，除較遠的齊、燕、楚外，剩下的大國都在與秦國作戰，爭奪土地，桓是秦王嬴政親政後任命的第一位將軍，這位將軍實際上是秦國幾個方面軍的總司令，事實證明，秦王嬴政所派的桓確是不辱使命，在前線屢建奇功，特別是在以後的歲月裡，桓的功績愈來愈大，僅西元前234年，攻趙國平陽（今河北省境內）一役，就斬首趙國士兵十萬之眾，成為戰國末期有名的戰役。

秦王嬴政親政的這年，照例有外來使者前來祝賀，即使交戰之國，也不妨礙這種禮儀性往來，是年，齊、趙兩國有使者到咸陽置酒拜謁秦王，接著因秦國撤銷了「逐客令」又重新昭示大開國門招攬賢才，於是，就有各國的遊說之士紛紛來秦，有的向秦王建議用人之策，有的向其提供策略主張，一時之間秦國的賓客又增多起來，咸陽成為遊士、賓客的聚集地。

有一天早朝，經過例行的朝儀後，國尉報告前方軍情，這一段時間宮廷內劇烈地奪權之爭，自難免影響前方的軍事進展，秦王嬴政聽到沒什麼值得興奮的消息，心中悶悶不樂，正要宣布散朝之際，忽聽賓客班內有人高聲請求奏事：「臣下有事上奏！」

「說！」秦王嬴政出言一直簡單而直率，他不願聽花言巧語，自己也從不多說一個沒用的字。

「臣請求陛下赦免太后。」奏事的賓客是個馬屁精，他對鬧得烏煙瘴氣的秦國宮闈內亂了解得一清二楚，見嫪毐已被處置，嫪黨也已被粉碎，呂

下篇　敗亡

不韋的大權又被剝奪，年輕的國王親自執政，大權獨攬，而國王的親生母卻被幽禁，估計這無非是嬴政一時衝動，又礙於面子，不得不如此表示，既然太后的兩個情人皆已被處理，她也不會再鬧出什麼風流事了，嬴政畢竟是太后的親生子，母子之情不能不顧，但又矜持著君主的尊嚴，想赦免親自幽禁的太后，自己又不好啟齒，所以，揣測秦王的心理，這個馬屁精賓客竟在朝廷之上提出赦免太后的請求，按說，秦王嬴政幽禁太后，不過是國王自己家中的內部糾紛，與別人有什麼關係！可這位急於諂媚的賓客，卻找了這麼個題目巴結國王，稟報過後他心裡美滋滋的，準備聆聽國王的誇獎，幻想著領賞時的殊榮。

「胡說！」秦王的怒吼像一聲霹靂，把沉醉在幻想中的馬屁精嚇得魂不附體，待到清醒過後，他才想到要說明一點理由，趕忙語無倫次、結結巴巴地辯解。

「啟稟大王：太后乃大王之母，賢德慈惠，於大王有養育之恩，雖說那個什麼有點不檢點之處。可是，可是……事情已經過去了，若大王開恩……」

「住口！」沒等馬屁精說完，秦王早已按捺不住怒火，制止他再胡扯下去，命令道：「拉下去，把這個不知深淺的小子處死！」

原想諂諛奉迎秦王，沒想到得到這樣的下場，他伏在地下叩頭如搗蒜，連呼「大王饒命」。秦王正在氣頭上，哪裡聽得進去，示意廷尉立即執行。

廷尉接旨，同時又請示用何種刑，秦王嬴政冷冷地吐出兩個字：「蒺藜！」

聽到這兩個字的滿朝文武，以及侍衛和宦官，無不嚇得面色如土，大殿內鴉雀無聲，有人雙腿在發抖，連衣服的抖動聲音都能聽到，那個可憐

二　蘄年兵敗　魂歸北邙

的賓客更是魂不附體，發出一陣狼似的哀嚎，淒厲刺耳的聲音震動殿前的屋瓦，令人毛骨悚然。

所謂「蒺藜」，乃是秦國最殘酷的刑罰之一，即用鐵製的蒺藜抽打受刑者，每挨一下，立時皮開肉綻，卻不能立即死亡，直至血肉模糊、全身開花方慢慢因疼痛而氣絕，這種酷刑不用說身受，就是聽到的人都感到難以忍受，難怪殿內的人都像三九天被扔進了冰窖，一個個體似篩糠，舌如打結，目瞪口呆地看著那位拍馬屁不成反遭毒打的倒楣蛋！

聽著一陣陣遠去的號叫聲，秦王嬴政臉上顯出一股得意之色，見殿下的文武官員呆若木雞的樣子，心中十分暢快，從上朝起積鬱的一股無名火，也隨之煙消雲散，然而，表面上他仍然保持著發怒狀，陰沉著臉，用他那特有的嘶啞的喉音，發出刺耳的命令。

「今後若有敢以太后之事說項者，均照此例處理！」

從朝會退下來的大臣們，被這一幕血淋淋的場面嚇得幾天不敢吭一聲，過了好久，大家心中還在納悶：秦王為什麼對自己親生母親如此無情？為什麼對馬屁精用這樣重刑？那些以忖測主子心理為生的賓客更是反覆研究，百思不得其解，其中有人猜想，或許新執政的國王為顯示公正、大義滅親，故意用這一舉動做給臣民看的；有人猜想，秦王內心何嘗不想將自己母親赦免？只是太后做的事太骯髒，醜聞揚天下，輕輕放過恐於世人面前落一個護短、以權謀私的惡名，猜來猜去仍然覺得秦王嬴政內心深處，還是希望有人替太后開脫，於是陸續又有人出來，請秦王念母子之情赦免太后，先後又有二十六人在朝廷上進諫，誰知這些不知深淺的進諫者，一個個皆被秦王用同樣的刑罰處死，群臣這才親身體驗到，這位年輕的君主絕不輕易被人說服的脾氣，也懂得了骨肉之情在最高的統治者家族內，已經淡得如白水，以常人的思想感情和思維方式去衡量一個國君，特別是一

下篇　敗亡

個傑出的國君，一定有許多事不能理解。

無限制的權力和為維持這一權力所要做的種種殘酷的手段，需要坐在權力頂端的統治者摒棄常人的情感，把自己變成冷冰冰的機器，眾臣下、賓客見秦王嬴政果真毫無憐憫、寬赦太后之意，且言出法隨，不會輕易改變主張，自無人再敢觸逆鱗，自尋死路，從此無人敢言太后事。

無論多麼驚天動地的事件，隨著時光的流逝，也都會在人們的記憶中褪色、淡忘，太后和呂不韋的事，鬧騰過一陣之後，因為再沒人提起，過不多久，差不多都被人忘了，似乎從來沒有發生過一樣。

有一天，秦王政在宮中籌劃前線戰事。突然宮門稟報，有齊國滄州（今河北省滄州市）人茅焦前來進諫，隨同他來的還有一群滄州的同鄉，一聽到「諫」字秦王就有預感似的，令宦者去問：「來者不是進諫太后的事吧？」茅焦回答說：「本人正是為此而來。」宦者回宮如實向秦王嬴政傳達，秦王嬴政說：「你去告訴他，難道他沒見到宮門前那一堆死人嗎？」宦者又返至宮門轉告了秦王嬴政的詰問。

「已經見到了。」茅焦平靜地回答。

「那你為什麼還要找死？」宦者十分不解。

「我聽說天上有廿八宿，今死者才有廿七人，我之所以來，正是為湊足這個數，本人是不怕死的。」茅焦顯然是胡謅。

宦者還沒有見過這種自己找死的傢伙，十分不解地進宮如實向秦王報告，而隨同茅焦一起來秦的齊國同鄉，也沒想到茅焦會說出這種荒謬的言辭，見形勢不妙，全都背起行李逃走，以免受其連累。

秦王聽到宦者報告後，按捺不住怒火，拍案大叫！

「這小子自己找死，好！把鍋準備好，燒上開水，這次你想讓屍首埋在宮門口也不行了。」

二　蘄年兵敗　魂歸北邙

宦者領茅焦入內，茅焦隨宦者進宮，卻又磨磨蹭蹭慢條斯理，好像飯後散步，既不慌張，也不發愁。

「你快點走啊！」宦者有點不耐煩。

「我走進去就死，您難道還不可憐我，讓我晚死一會兒嗎？」茅焦說得讓人心酸，可是面部表情一點也看不出害怕的樣子，宦者只得由著他慢慢走來。

終於，來到秦王嬴政面前，茅焦叩拜如儀，尚未等秦王發問，先說：「臣聽說，有生者不諱言死，有國者不諱言亡，諱言死的不能得生，諱言亡的不能得存，死生存亡這種大事，是聖人所需要了解的，不知大王想不想了解？」

「你說吧！」秦王沒好氣地說。

「秦國現在正以統一天下為己任，」茅焦巧妙地先恭維一句。不過，這是實情，接下來的話就不那麼好聽了，他說：「可是，陛下車裂假父，暴露出您的嫉妒之心；撲殺兩位弟弟，有不慈的惡名；又把令堂囚禁於雍城，落個不孝的罵名，您的名聲如此之壞，又用蒺藜打死勸說您的諫士，像古代暴君桀、紂一樣專權，這些事讓天下人知道，絕對不會再有人投奔秦國了，臣擔心秦就會亡在陛下手中。」

這些話猶如當眾揭秦王瘡疤，指責車裂嫪毐，並當面說這個大壞蛋是秦王的「假父」，又把嫪毐和太后所生的兩個私生子說成是秦王的「兩弟」，這比任何罵人的語言都惡毒，在旁聽到的人無不為之捏一把汗，茅焦自己說完也解開衣服做出準備伏刑捱殺的樣子。

殿內氣氛異常緊張，在場人都預料秦王的憤怒會像火山一樣爆發，大概又要增加一具死屍了。

「啊！」沒想到秦王若恍然大悟，忙下殿親自扶起茅焦道：「請先生穿

好衣服,您的看法很有道理,我一定接受。」

形勢戲劇性的變化,令所有的人都鬆了一口氣。

茅焦起身,整理好衣冠。秦王嬴政立即下令賜茅焦上卿之爵。

接著,秦王親自到雍城將太后接回咸陽,奉養於甘泉宮內,被接回咸陽的太后,大喜過望,親自設酒宴答謝茅焦,席間,說不盡的感謝之辭,把茅焦說得似秦國的第一大功臣。

「平反冤案,扶秦國社稷,使之轉危為安,讓秦王母子復得骨肉相聚,這全都是茅君之力。」

在歡宴中,太后的風流案就以喜劇的形式結束了[69]。

以暴戾、殘忍、嗜殺成性而著稱的秦王嬴政,為何竟能面對茅焦的辱罵而不怒?特別奇怪的是,在茅焦之前,秦王嬴政已經毫不留情地殺死了二十七個為太后事而進諫的人,何以偏不殺茅焦?甚至還接受他的意見,接回太后?後來有人據此而推測關於太后與嫪毐的私情的傳說,乃是別人誣陷,秦王對嫪毐和太后的處理實為冤案,故聞茅焦勸諫之後幡然悔悟,立即平反,但這種推測無法解釋何以前二十七人皆被殺,其真實原因大約是茅焦的說辭並不是以母子之情打動嬴政,而是以秦國統治的現實需要說服嬴政。

從政治上考慮,作為政敵的嫪毐集團,首犯及核心成員已被剷除,太后在這一集團中已失去作用,不構成王權的威脅,而當時秦國正進行統一戰爭,嬴政胸懷橫掃六合之雄心,急需籠絡天下人向秦,而各國遊說之士能量極大,其心向背對國之興衰、戰爭勝負有直接影響,若以一個連生母都不認的無情冷酷的國君面目出現於天下,則天下士人必不敢再投奔秦國,一個連對生母都毫無情感的國王,一個對進諫之士處以酷刑的暴君,

---

[69] 見《說苑》。

二　蘄年兵敗　魂歸北邙

誰還敢來投奔？

茅焦的聰明恰恰表現在，他不是以常人所持的親情來說服秦王嬴政，而是以嬴政如此面目將給世人留下何種形象，以及這種形象給嬴政自己帶來種種不利後果，來撥動嬴政追逐功利、地位、權勢、聲望的心弦，才使秦王嬴政改變了主意。

秦王改變主意的結果，立刻給秦國和他自己帶來好處，冷酷的暴君畢竟因恩赦太后而塗上了一點「慈」、「孝」的脂粉；剛愎自用、專斷拒諫的獨夫也因不殺茅焦而蒙上一層「禮賢下士」、「從諫如流」的面紗，當面咒罵秦王嬴政的茅焦，確是「小罵大幫忙」，而塗上脂粉和蒙上面紗之後的秦王嬴政，也從中得到實惠，在茅焦來秦之前，就有一些賓客來秦，在茅焦說秦王之後，又有大批有識之士投奔秦國，形成了統一中國前人才西流的盛況，而許多來自秦國以外的軍事家、政治家都得到秦國的重用。

他們在統一戰爭中為秦國效力，有著不可磨滅的功勞，其中著名的如軍事家尉繚、王齕、桓齮、王翦、王賁、李信、王離、趙嬰、楊樛、蒙恬等，政治家姚賈、頓弱、李斯、王綰、馮劫、趙亥、隗林、馮無擇、王戊、宗勝等，如果沒有這些外來的軍事家、政治家為秦國做出貢獻，秦統一中國歷史任務能否完成，大概要畫個問號，中國古代的這段歷史可能也要重寫。

淫蕩的太后接到赦免令後，高高興興地回到咸陽，她一路上回憶不久前和嫪毐的狂熱、和呂不韋的勾搭，以及在幾個男人間周旋的甜蜜、溫馨的日子，現在一切都成為過去，咸陽城裡宮闕依舊，灞河兩岸垂柳如故，只是昔日隨時可滿足自己情慾的多情種嫪毐已下地獄，唯有在深更夜靜獨臥寒衾之時，才能淋漓盡致地在自己腦海中重溫舊夢，聊為畫餅充飢，但虛幻的享樂畢竟不能真正滿足精神和肉體的急需。

下篇　敗亡

　　幸好還有一個舊情人呂不韋在京城，回去之後鴛夢重溫也可解多日飢渴，想到這裡不免一陣衝動，自己似乎感到心跳得更快了，四十餘歲的半老徐娘，身經百戰的蕩婦，倒像是初次偷吃禁果的少女一樣，陶醉在對往昔的懷念和對未來的憧憬之中，恨不得一下飛到咸陽投到呂不韋的懷抱之中。

　　她哪裡想到心上人呂不韋的厄運，這時才真正開始。

　　罷相後的呂不韋龜縮在相府內，當然不會像太后那樣只想到淫樂，他知道讓出相位絕不是最後的結果，根據他多年對秦王嬴政的了解，更嚴重的打擊還在後頭，既然無力對抗，只好聽天由命，果然，在太后回到咸陽之時，呂不韋在府中也收到秦王嬴政的手令。

　　「令文信侯就國河南。」

　　當呂不韋戰戰兢兢地受領了這道驅逐出國都的君令後，既憂慮又慶幸，憂慮的是擔心的事果然來了，秦王嬴政開始把打擊的矛頭對準了自己，「就國河南」實際就是進一步削弱曾為丞相的呂不韋的勢力，令他遠離政治中心，至於下一步等著自己的是什麼，就難以揣測了！

　　所慶幸的是，君令上還稱自己為「文信侯」，表示侯爵還是被秦王承認的，而逐出國都的名義乃是「就國」，即回到自己的領地上去，這種做法不僅給自己留下面子，而且說不定給政治命運的轉變帶來契機，因為呂不韋曾被封文信侯，賜洛陽十萬戶領地，但在戰國後期，秦國給功臣和貴族所賜的封地，都是供給衣食租稅的領地，擁有該領地的王侯貴族不必親至，只需居住在國都坐食領地租稅而已，秦國國君一般不讓擁有領地的貴族住在自己封地之內，以免他們的勢力膨脹，形成「尾大不掉」之勢，擁有領地的王侯貴族也樂於在國都優遊享樂，以免遭到國君的猜忌。

　　但呂不韋這次卻意外地得到「就國」的君令，不能不令他暗暗高興，

二　蘄年兵敗　魂歸北邙

他心想，嬴政畢竟「嫩」了點，沒有料想到離開國都、逃脫朝廷直接控制的「文信侯」會有更大的「作為」，為此，遭到驅逐的呂不韋憂中有喜，急忙匆匆收拾行裝，趕往河南「就國」去了。

當太后回到咸陽時，呂不韋早已離開了原來的相府，沿著黃塵漫舞的通向東方的大道「就國」去了。

來到自己領地之後，呂不韋就像換了一個人，他精神煥發地接待、拜訪當地豪傑、父老，興致勃勃地研究政治、軍事局勢，熱情洋溢地招納外來的賓客，不斷同東方各國派來的神祕人物頻繁交往，他似乎不是失寵待罪的大臣，而是雄踞一方的領主，以「養士」馳名的呂不韋又在極短的時間內招集了一批賓客，在他的領地裡又出現了令人生疑的種種跡象，呂不韋想做什麼？

不久，一些消息陸續傳到秦王嬴政的宮中，有人向秦王報告：「關東各國諸侯不斷派賓客、使者和呂不韋聯繫。」

「呂不韋家中賓客盈門，有不少人為其歌功頌德。」

「各諸侯與呂不韋信使相望於道，往來密切。」

開始，秦王嬴政對這些消息沒有做出任何反應，是因為沒在意，還是故意裝糊塗？不得而知，但呂不韋卻因此逐漸囂張起來，這個飽經政治風雲變幻的政客，在所有的反攻、翻案準備中，處處周詳，樣樣仔細，卻唯獨忘記「韜光養晦」這一重要策略，他不該在羽翼尚未豐滿之際，任賓客頌揚之詞流傳，更不該毫不掩飾自己聲望一天天上升的事實。也許是可怕的虛榮心，或是高估了自己的力量，總之是不夠謹慎，使呂不韋招來殺身之禍。

經過一年的觀察，秦王嬴政眼見回到河南領地的呂不韋勢力迅速膨脹，圍繞著呂氏奔走出力的賓客、謀士愈來愈多，呂不韋的野心一天天明

下篇 敗亡

顯地暴露出來，城府甚深、諳熟謀略的秦王嬴政終於下決心斷然除掉這一禍根，管他是不是自己的親生父親！

一天，呂不韋正在領地的宅邸內與眾賓客閒談，忽然守衛報告，秦王自咸陽派人傳令已至府門，呂不韋慌忙至門前迎接，雙手捧過三尺竹簡，拆開封泥，只見簡上寫道：

> 君何功於秦？秦封君河南，食十萬戶。君何親於秦？號稱仲父！其與家屬徙處蜀！

這道詔令的目的是將呂不韋流放到蜀地，但所據的罪狀則是以質問的口氣說：你有什麼功？被封為文信侯，還食十萬戶！你與秦王有什麼親屬關係，敢稱「仲父」？這就是說：你呂不韋無親、無功，根本沒有資格自居如此高位！這樣一來就等於說呂不韋死有餘辜，因為嫪毒事發之後，本應連及呂不韋同罪，而當時秦王嬴政之所以「不忍」處死呂不韋，一是因其「功大」，二是由於他與秦王嬴政的說不清道不明的關係，但這一令中，秦王一口把呂不韋的「功」和「親」都徹底否定了，一個既無功又與秦王不沾親的人，竟敢號稱「仲父」，又占據洛陽十萬戶，這豈不是彌天大罪嗎！令其遷蜀真是便宜他了。

按秦王嬴政的作風，若要處死一個免官的大臣，本無需說明什麼理由，更沒有必要大張旗鼓地宣布其罪狀，但對呂不韋卻例外地詔告天下，呂氏與秦廷「無親」「無功」而枉居高位，這不恰恰從反面透露出呂不韋對秦的貢獻和與秦王嬴政的特殊關係嗎？否則，他何必極力否認呢？

風流一世的呂不韋最終明白，自己的政治生命已到盡頭，無法逆轉，既然由本人一手帶大的親生子對自己採取這樣的手段，一切挽救的辦法都已無濟於事，於是，他老老實實遵照秦王手令，按時帶領家屬一步步踏上通往蜀地的艱難旅途。

二　蘄年兵敗　魂歸北邙

　　從中原的黃土地，經過關中沃土，爬上崎嶇巍峨的蜀道山路，終於來到指定的流放地點，呂不韋在遭到一次次厄運的打擊後，早已銳氣蝕盡，意志磨光，一副孱弱的身軀，殘存的僅是一絲苟延生命的可憐慾望，他在數千里長途跋涉的艱苦途程中，昔日邯鄲覓寶的成功，秦宮遊說的告捷，掌秦國相印的威風，以及在姬妾、王后帳中的溫柔，一定會時時閃現在腦際。

　　此時，往事如雲煙，他感到人生之無常，一個平凡的商人忽而成為不可一世的大國丞相，又忽而變成階下囚，誰能想到這前後的變化不過是二十幾年的時間，當年，身為一個平凡商人，企望著攫取暴利，當費盡心機，爬上秦國權力頂端的時候，哪裡會想到日後欲求當一名平凡商人而不能的日子呢？

　　呂不韋哀嘆著自己不幸的命運，忍辱含恨地在蜀地住下來，但他的悲劇還沒有結束，秦王嬴政還沒有停止對他的監視，在呂不韋居住的地方，不時有官府派來的人公開盤查或祕密盯梢，使呂不韋如芒刺在背，寢食不安，在這段悽苦難耐的日子裡，他一定想起一百年前來到秦國的商鞅和自己十分相似的遭遇，曾經在秦國出現的一幕慘劇，也時時浮現在呂不韋的腦際——

　　那是西元前338年的一天，在秦國境內的一個小城——澠池，輕風溫柔地親吻著樹林，朵朵白雲掠過青春的田野，這是一個看不見戰場烽火的平靜的日子，然而，這天當地的多數百姓沒有像往常一樣去幹活，卻擁向城邊的廣場，驚懼地觀看著在此發生的一幕慘劇，在廣場中央一個壯年漢子被當眾處以「車裂」酷刑。

　　只見那受刑的漢子的頭和雙手、雙腳各被縛在一匹精壯的馬後面，而那五匹早已耐不住性子的烈馬猛地向各自不同方向竄出，撕心裂肺的慘叫還在廣場上空迴盪，那漢子的肢體就被扯成五塊，血淋淋地拖在五匹馬的

屁股後面，衝出人群朝遠方跑去，這個被撕成五塊的人，就是在秦國實行改革變法的商鞅，想到發生的慘劇，呂不韋不禁想起他的這位老鄉一生輝煌的業績，悲嘆人生易逝，命運無常。

商鞅出生在戰國時中原的一個小國——衛國的貴族家中，他的祖父是衛國的國君，按當時命名的慣例，他原稱衛鞅（以國姓），也可稱公孫鞅（因祖父是國君，故稱公孫），改稱商鞅是後來的事。

商鞅自幼好學，曾拜過魯國著名學者尸佼為師，當時，思想學術界空氣十分活躍，各種學派、各種主張都可自由發表，各自宣揚理論、學說，史稱「百家爭鳴」，而尸佼則是包容各派的「雜家」，他的學生衛鞅當然也對各派主張都有涉獵，不過，在涉獵過各家學說之後，衛鞅獨對法家的「刑名之學」特別有興趣。

商鞅出生的衛國，那時已經衰落，早成為一個被強鄰欺辱的小邦，見自己的祖國離滅亡之日不遠，待在國內沒有前途，衛鞅趁年輕就在西元前365年投奔魏國。

不過，商鞅在魏國待了幾年，並沒有得到重用，他的才能和抱負也沒有得到施展的機會，一直到西元前361年秦國發生了一件大事，才改變衛鞅此後的一生命運。

西元前361年，秦國的國君獻公病死，二十一歲的渠梁繼位，是為孝公，這位新登基的國君面臨極嚴峻的形勢，位居關中的秦國長期處於落後的地位，國內經濟停滯不前，又受到關東強國和西部戎、狄少數民族的欺辱，那些實力強的大國如齊、楚等國簡直把秦國視為尚未開化的野蠻人，甚至中原各諸侯國會盟都不准秦國參加，這種客觀形勢對不甘落後的秦孝公有極大的刺激，使他感到作為一個大國竟落到如此地步，真是奇恥大辱，於是，孝公剛一登上君位，就實行富國強兵、穩定人心的措施，賑濟

二　蘄年兵敗　魂歸北邙

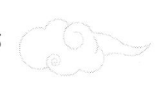

貧困孤寡，招兵買馬，賞賜有功之士，同時，他還宣布了一條極為重要的法令：

凡能使秦國強大起來的人士，都可以得到官做，分到土地。

這是一項有特殊吸引力的政策，它既無國別限制，又無等級前提，沒有任何條件，不論張三、李四，只要「強秦」就可升官發財。

正是在這一大膽開放的法令下，在魏國未能施展其才能和抱負的商鞅來到秦國。

商鞅到秦國後，透過秦國大臣景監去見秦孝公，第一次見到孝公時，商鞅向孝公說以「帝道」，這是屬於道家學派的一種政治學說，秦孝公對這一套毫不感興趣，商鞅邊講，孝公邊打瞌睡；第二次商鞅又求見孝公，這一次向孝公說以「王道」，這是儒家的學說，孝公仍然不願聽，並十分生氣地責備景監竟給他找來這樣一個無用之人；商鞅第三次求見孝公，說以「霸道」，這是法家的學說，這一回孝公聽後才對商鞅重視起來，開始有用他的意思，於是，商鞅又一次同孝公談話，向他鼓吹「強國之術」。孝公對此特別有興趣，聽著聽著不覺湊到商鞅面前，一連數日也不厭倦，商鞅的「強國之術」就是法家的一套政策和主張，孝公覺得這一套是有效的，因此，他相信了商鞅的學說，準備按照這樣的學說，對秦國的制度進行改革。

秦孝公雖相信商鞅的法家理論主張，準備進行變法，但仍有一些猶豫，他顧慮「變法」「更禮」改變舊的制度，會遭到守舊勢力的反對，一時下不了決心。

依照秦國的慣例，凡國君一時不能決斷的大事，允許在朝廷上爭論，於是，秦孝公便召集反對變法的兩個代表人物——甘龍和杜摯，在朝廷上和商鞅展開辯論。

下篇　敗亡

在辯論中，商鞅首先針對孝公思想狀況，直截了當地指出「疑行無成，疑事無功」，若要變法，就不要怕別人反對，而要強國必須變法，這種言論得到孝公支持，但遭到甘龍和杜摯的反對，一場激烈爭論就此展開。

由於商鞅的理論、主張適應了秦國的需求，迎合孝公「圖強」的願望，經過辯論，秦孝公終於下定決心，任用商鞅實行變法。

接到孝公的任命以後，商鞅就制定改革秦國舊制度的法令，在這些改革法令公布以前，商鞅曾做過這樣一件事。

一天，商鞅將三丈長的一根木頭放到國都的南門，並宣布有能將它移至北門者，賞十金，當時，人民莫名其妙，沒有人敢動，接著，商鞅又宣布，能移去者賞五十金，果然，有一人將它移去，商鞅立即賞此人五十金，「以明不欺」，商鞅之所以做這件事，就是為取得國人對法令的信任，表示當政者出令必行，有禁必止。

這件「取信於民」的事做完之後，秦國就實行改革。

秦國實行改革所公布的第一道法令是〈墾草令〉，「墾草」就是開荒，由於統治階級壓迫、剝削，使勞動人民紛紛逃亡，以致土地無人耕種，秦國境內又有大片未開墾的荒地，〈墾草令〉就是命令人民開荒地，以增加生產，可見，秦國的改革是從經濟建設開始的。

秦國的變法雖自西元前359年就開始了，但由於在這期間商鞅僅是客卿的身分，沒有實權，所以一切變法措施仍是由孝公推行，到西元前356年，即商鞅入秦後三年，孝公拜商鞅為左庶長，將實權交給商鞅，就在這一年，商鞅立即實施大規模的改革。

秦孝公六年（西元前356年），商鞅又公布了這樣的法令：「令民為什伍。」規定五家為一伍，十家為一什，如果一家「犯罪」，其餘四家就要連坐，這就是什伍連坐法。

二　蘄年兵敗　魂歸北邙

　　由於秦國人民都編制於伍、什之中，實行什伍連坐法，所以較遠的往來和留宿客舍（旅館）均須有憑證，沒有憑證者，客舍主人不得收留，否則，客舍主人就要同罪連坐。

　　商鞅推行新法的第二個方面，是獎勵為封建政權作戰，而嚴格禁止私鬥。

　　獎勵軍功的辦法是，凡有軍功者，均可得到賜爵、賜地、賜官等獎賞，根據各種數據記載，有下列幾項具體規定：

(1) 凡在戰爭中能殺得敵人甲士一人並取得其首級者，賜爵一級，並且還賜田一頃，宅九畝。得一甲首者，若為官者可當五十石俸祿之官，得二甲首者可為百石之官，也就是說，一爵相當於五十石之官。

(2) 斬得敵一甲首者，還可役使一人（或一家）為自己的農奴，「除庶子一人」，得到五個甲首的即可「隸五家」。

　　與獎勵軍功緊密關聯的是爵制，商鞅變法以前，在秦國也有官爵，如上造、大夫、庶長等，但並不細密，商鞅變法過程中，對秦的爵制進行系統整理，並明確規定了二十等級。

　　與爵相適應，還有一定特權和待遇，如前述得爵一級的就可役使農奴性質的「庶子」一人之類。爵至九級五大夫，就可「稅邑三百家」，即坐食三百家的稅收，七級公大夫，就可以得到同縣令相等的待遇，若犯罪，爵高的可以用爵抵罪。

　　商鞅變法時規定，無軍功者，即使是宗室貴族，也不得超越規定的標準占有田宅、臣妾，連穿衣著履都有限制，不得任意鋪張。

　　秦國變法時還規定，凡由耕田和紡織而生產粟帛多的人，則可免除自身的徭役；凡經營商業及怠惰而貧困的，要連其妻子兒女一同沒入官府為奴。

下篇　敗亡

　　當時，將農業稱為「本業」，將從事商業稱為「末業」，重本抑末從此成為秦國的傳統，商鞅變法時推行的這一政策，對發展封建經濟有著正面效益，它使更多的勞動力投入到農業生產上來，但由此途徑也造成了一批地主，因為法令規定「至帛粟多者，復其身」，帛粟愈多者，負擔愈輕，其結果是貧者愈貧，富者愈富，造成「富者田連阡陌，貧者無立錐之地」的現象，這也是封建經濟發展的必然規律。

　　商鞅還制定了嚴厲的法令，以維護封建地主階級利益，這些法令制度的原則是「輕罪重刑」，即使犯了很輕的「罪」，也要處以極重的刑罰，據說連「棄灰於道者」（將灰倒在路上），也要處以黥刑，因為先秦的法家都有這樣一個理論，認為只有對輕罪處以極重的刑罰，人們才不敢犯更大的罪，「重刑，連其罪，則民不敢試」，由於民不敢犯罪，則「國無刑民」，這叫做「以刑去刑」。

　　商鞅變法，首先遭到秦國舊貴族勢力的反對，新令一公布，太子駟的老師公子虔以及公孫賈為首的一部分舊勢力代表人物，就故意違犯法令，阻撓新法的推行，商鞅就將公子虔處刑，將公孫賈黥面，還有許多人認為新法「不便」，議論紛紛，在商鞅的嚴厲鎮壓下，這些人再不敢說話，就是用這樣的暴力推行了新法。

　　當然，在地主階級專政的確立過程中，底層百姓的抗爭也隨之展開了，據《史記‧商君列傳》載，新法「行之十年」，「山無盜賊」，可見，至少在最初「盜賊」還是有的。

　　總之，商鞅使用嚴厲的鎮壓手段推行新法，將議論法令的人均「遷之於邊城」，將觸犯法令的人處以酷刑，據說，一天就在渭河邊上殺死七百餘人，「渭水盡赤，號哭之聲動於天地」，結果，使新法得以推行，「秦人皆趨令」，取得了初步的成果。

二　蘄年兵敗　魂歸北邙

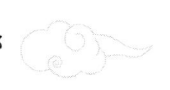

秦孝公十年（西元前352年），商鞅又被升為大良造（又稱大上造），為了進一步保護封建制，繼西元前408年，秦簡公時代「初租禾」承認封建土地私有之後，商鞅又於西元前350年宣布「開阡陌封疆」，即把代表國有土地的阡陌封疆去掉，所以也稱為「決裂阡陌」。

在西元前350年以後，商鞅又陸續頒布了許多改革的法令，秦孝公十四年（西元前348年）「初為賦」，是改革中的一項重要內容，它是以人口為計算對象，即按人口徵收「賦」——人頭稅，也就是除以田畝收「租」外，還要以人頭徵「賦」，從此「田租」（土地稅）和「田賦」（人頭稅）成為封建社會兩種重要的賦稅制度，它們像車之兩輪、鳥之兩翼一樣，是封建政府財政收入不可少的兩部分。

秦孝公十八年（西元前344年），秦國政府又下令統一度量衡，這也是改革中的一個重要內容。

縣，本來是秦國原來就存在的一級行政組織機構，不過，在以前它只設定於個別地區，商鞅在變法時，將縣制在全國普遍推廣，開始共設縣三十餘個，以後隨著土地的逐步增加，成為封建地方政權的基本組織形式，每縣設縣令和縣丞，這些官吏領取封建朝廷的俸祿，而國君則可隨時任免他們，與奴隸社會的世卿世祿制完全不同，是屬於封建性質的行政機構和官僚制度，這一套行政組織，為以後數千年的封建國家機器最初的雛形。

第二次大規模進行變法的時候，秦國還將國都從櫟陽遷到咸陽。

遷都的目的是十分明顯的，秦國的統治階級急欲向東發展，原來的國都櫟陽位於關中平原中部，處於和魏國競爭的重要位置上，由於秦獻公晚年和魏國的衝突中取得一系列勝利，迫使魏國在西元前361年將國都由安邑（今山西省夏縣）遷往大梁（今河南省開封市），這時，河西之地部分已

下篇　敗亡

為秦收回，衝突中心轉移至函谷關以東，秦國的視線就擴展至更遠的東方，如此一來，櫟陽就顯得偏北了，這裡不是去函谷關的大路，而咸陽（今咸陽市渭城區）北依高原，南臨渭河，適在秦嶺懷抱，既便利往來，又便於取南山之產物，若浮渭而下，可直入黃河，在終南山與渭河之間就是通往函谷關的大道，這對向東發展極為方便。

商鞅變法是對舊制度的改革，革除了奴隸社會的舊制度，封建制就在秦國確立起來，封建制代替奴隸制，是社會發展過程中的重大進步，新興的封建制對於當時的生產力發展是發揮著促進作用的，因此，經過變法後的秦國，「兵革大強，諸侯畏懼」，「家給人足」，其後，隨著封建制在秦國的確立，在商鞅變法過程中，秦國就逐漸改變了落後、衰弱的狀況，一步步地強大起來。

由於在變法過程中，秦國日益富強，對外戰爭也逐漸自敗而勝，秦國在各國間的地位步步提高。

在秦孝公實行變法以前，魏國對秦國的威脅是很大的，雖然在西元前362年前後，秦國奪回河西一部分地區，並迫使魏國遷都大梁，但河西大部分仍在魏國控制之下，西元前358年，在秦國將要大規模變法之前，魏國派大將龍賈沿洛水修了一道長城，從鄭向北，將河西、上郡等廣大地區圈在長城以內，虎視眈眈地佇立在秦的側翼。

在商鞅變法最初幾年，秦國無暇外顧，魏國也新遷大梁，雙方沒有發生大戰，但各國都在進行著緊張的外交活動，這期間，秦國也開始了大規模的封建改革，並初步顯示了成效，見到秦國開始強大，魏國也不敢再把它當作戎狄看待了。秦孝公七年（西元前355年），魏惠王與秦孝公在杜平（今陝西省澄城縣東）相會，從此結束了中原各國長期以來不與秦國會盟的局面，顯示了秦國地位的提高。

二 蘄年兵敗　魂歸北邙

秦孝公八年（西元前354年），趁魏、趙交兵之際，秦軍出兵攻魏，在元里一戰大獲全勝，斬首七千級，攻取了魏國的少梁，取得變法後第一次對魏的勝利。

當中原幾個大國正在酣戰之際，商鞅在秦國變法已取得初步成果，商鞅本人也升為大良造，控制著秦國的軍政大權，趁魏軍的主力在東面與齊、趙等打得難解難分的時候，商鞅率秦軍向魏國猛攻，他們穿過河西，直奔魏國過去的國都安邑，迫使安邑守軍投降，魏國雖在固陽繼續修築長城，也依然沒有能阻止住秦國的進攻。

秦孝公十一年（西元前351年），商鞅率兵圍攻固陽，魏國的固陽守軍在強大的攻勢面前只好投降，秦國取得再次的勝利。

秦孝公二十年（西元前342年），商鞅向孝公提出，趁此機會伐魏，魏國必支援不住，只能東徙，秦將魏趕走，「據河山之固，東向以制諸侯，此帝王之業也」，孝公當然同意商鞅的看法，九月，派他率兵伐魏，正在秦國向魏進攻之時，十月，趙國也出兵攻魏，魏國兩面應敵，力不能支，被秦國打敗。

秦孝公二十二年（西元前340年），秦、趙兩國又一次向魏進攻，魏國形勢危急，商鞅則率領秦兵繼續攻魏之西鄙，魏國派公子卬（ㄤˊ）率兵抵抗秦軍，以當時秦魏雙方兵力而論，秦軍很難迅速取勝，商鞅自忖正面交戰不行，就寫信給公子卬，原來商鞅在魏時，曾與公子卬有舊交，商鞅假意表示念舊，願意罷兵和好，並約公子卬前來飲酒會盟。

魏國正處於幾面受敵之際，公子卬接商鞅來書，自然欣喜異常，信之不疑，並應約前去會盟，不料會盟剛一結束，正待飲酒之際，商鞅早已埋伏好的甲士突然出現，公子卬立即成為秦國的俘虜，而秦軍則趁勢進攻魏軍，魏軍毫無防範，又失去主將，被打得落花流水。商鞅就是採用了這種

下篇　敗亡

手段，取得了巨大的勝利。

由於魏國連年對外作戰，屢遭攻擊，損兵折將，國內空虛，不敢再戰，只得將河西一部分土地割給秦以講和，秦國戰勝魏國，並取得河西的部分土地，從此，在軍事實力方面秦國超過了魏國，改變了劣勢的地位。

對外戰爭的勝利，反映了秦國內部變法的成功，經過近二十年的時間，封建制終於在秦國確立起來，秦國封建制的勝利和領地的擴大，也給商鞅帶來了高官厚爵，商鞅身為大良造，已經相當於國相的職位，有的國相無權率領軍隊，而商鞅則集軍政大權於一身，孝公對其言聽計從。秦孝公二十二年（西元前 340 年），秦打敗魏、俘虜公子卬後，商鞅又被封於（ㄩ，河南省內鄉縣東）、商（陝西省商洛市商州區一帶）之地十五邑，因而號為商君，至此，商鞅的權勢已達無以復加的程度。

商鞅採取暴力手段，鎮壓對改革的反抗，因而遭到舊勢力的代表人物攻擊和反對，自然是不可避免的，如在商鞅相秦十年以後有一個名叫趙良的人，就代表「宗室貴戚」去見商鞅，開始，趙良勸說商鞅讓位，繼而又勸商鞅放棄酷刑，最後直接攻擊說商鞅不得好死，由於商鞅擁有炙手可熱的權勢，早就在統治階級中間引起一部分人不滿，從趙良攻擊商鞅所舉出的事實就可以看出，他「相秦不以百姓為事」，殘傷民以峻刑，積怨甚多，商鞅自己也了解這種處境，所以也十分害怕，處處嚴加防範，每次出門，必有「後車十數，從車載甲」，並使武裝衛士「旁車而趨」，才敢出行，這表示商鞅在統治階級內部也有很多仇敵。

西元前 338 年五月，秦孝公卒，太子駟繼位，是為秦惠文王（西元前 356 年至前 311 年），公子虔之徒誣告商鞅準備反叛，惠文王下令逮捕商鞅，商鞅聞訊後立即出逃，至關下，見天色已晚，準備投宿客舍，但客舍主人拒絕收留他這樣沒有憑證之人，並告訴他這是「商君之法」。

二　蘄年兵敗　魂歸北邙

　　正是商鞅制定的法律，逼得他自己無處藏身，商鞅無奈又企圖奔魏，但魏國早已對商鞅恨之入骨，將他趕出魏國，商鞅歸秦後，奔回自己的封地──商邑，並把徒屬組織起來進行負隅頑抗，但惠文王派大軍粉碎商鞅的抵抗，終於將商鞅俘獲，除將商鞅本人處以車裂之酷刑外，還將商鞅全家族滅。當商鞅未死以前，封建制已經在秦國確立起來，所以，商鞅死後，而「秦法未敗」，秦國繼續發展、壯大起來，但是，使秦國發展壯大的商鞅本人卻落了個「作法自斃」的下場。

　　呂不韋將逝去的繁華勝景與今日淒涼境地對照，這位曾經當過闊少爺、公子哥、豪商、丞相的流放犯，經受著比肉體痛苦更甚的精神刺激，尤其想到商鞅「重本抑末」打擊商人的主張，他似乎感到某種神祕的規律，使他和商鞅殊途而同歸，想到商鞅的一生，他更感到人世滄桑，命運之難以捉摸，人生的大起大落使他看清楚了一切，也對一切徹底絕望了。

　　這位曾經冒過大險、立過大功、享過大福、掌過大權的大商人呂不韋精神終於徹底崩潰，秦王政十二年（西元前235年），在一個沒有人發現的日子裡，呂不韋絕望地飲毒酒自盡，結束了自己跌宕起伏的一生[70]。

　　消息傳到秦國朝廷，秦王嬴政知道後不由得長出一口氣，連他自己也說不出是高興還是難過，儘管無情的權力之爭已練就秦王嬴政一副冷酷心腸，但他畢竟只有二十餘歲，剛剛擺脫呂不韋的監護，撫育之情、骨肉之恩尚未完全泯滅，尤其想起隨呂不韋依附於權貴以求苟活圖存時的悽惶情景，一絲憐憫、幾縷同情油然而生，甚至有點後悔下手太狠，不該把他逼死！

　　不過這種情緒只是在嬴政頭腦中一閃，隨即消逝得無影無蹤，一種解脫枷鎖的感覺使他精神似乎昇華，從此秦王真正成為秦國至高無上的權威，在王位旁再也沒有權相的位置，在身邊也不會出現居高臨下俯視國王

---

[70]　見《史記‧呂不韋列傳》。

下篇　敗亡

的目光，沒有功高震主的元老，更不存在什麼「仲父」之類的威脅，嬴政的權勢欲在國內可以達到極大的滿足，想到此他從心眼裡感到無比痛快，剛剛掠過心頭的一絲陰雲，像輕煙一樣在晴空中消失，章臺宮的丹墀玉柱，而今顯得格外親切，宜春園的垂柳長洲、幽曲流水顯得更加迷人。

秦王的御座似乎突然高大了起來，高得快要接觸天際，大得已經超過秦國的本土，坐在這高高在上王位上的嬴政，當然不能把自己的權力、威勢限制在咸陽和關中。一種君臨天下、控制八絃的衝動，隨著呂不韋死訊的傳來，強烈地勃發出來。

正當秦王嬴政為除掉呂不韋這一心腹之患興高采烈、為吞併天下而躊躇滿志的時候，出現了一件怪事，給他發熱的頭腦潑去一瓢冷水。

呂不韋自殺後，屍體無疑就在蜀地掩埋，誰知這樣一個要犯的屍體，卻被人從蜀地竊走，並不遠千里將其運至洛陽北邙山下，重新埋在呂不韋從前的領地內，顯然，這件千里運屍的舉動，一定是呂不韋生前門下舍人、賓客和忠於他的故舊做的，而且參與其事者絕不是少數人。

這件事顯示出呂不韋在秦國勢力的根深蒂固，也像是呂不韋的舊黨有意向新掌權的年輕國君示威，當秦王嬴政得知此事後，其驚詫的程度絕不亞於聽到叛亂的消息，剛剛還自鳴得意的他，在這瓢冷水當頭一激之下，稍稍地冷靜了一點，他曉得呂不韋在秦執政十餘年，尤其是一貫招攬賓客的「養士」之舉，已培植了一大批忠心耿耿，誓為「知己」者死的士人，對這些人絕不可輕視，不徹底掃除以他們為基礎的呂氏死黨，秦王的王位很難坐穩，於是，震怒的秦王嬴政親自頒布極嚴厲的懲罰令：

「凡曾參與呂不韋葬禮者，是秦國以外的人，皆逐出秦國；是秦國人在六百石以上爵位者，處以削爵、流放之刑；爵在五百石以下且未參加葬禮的呂不韋舍人，雖不削爵，但也要處以流放之刑，今後若有和嫪毐、呂

不韋一樣對抗朝廷者,一律處以族刑,滿門抄斬!」

這一道手令打擊面之廣是前所未有的,大批的呂氏門下賓客、舍人、親友、故舊有的被逐出秦國,有的被奪爵、流放,幾乎與呂不韋生前稍有瓜葛的人,都遭到不同程度的打擊,從此以後,呂不韋的殘餘勢力終於被清掃乾淨,這時,秦王嬴政才舒了一口氣,解除了後顧之憂,他開始全力以赴地解決統一中國的問題了。

天,似乎也在震怒。

就在呂不韋和呂黨被消滅的秦王政十二年(西元前 235 年),天下大旱,整整一個春天沒有下一滴雨,晴朗的天空很少見到雲,就是偶爾有陰天的時刻,只見烏雲集聚,旱天鳴雷,但一陣狂風吹過,雲散天開,依然是烈日當頭,田裡的禾苗都已晒成枯草,大地裂得像龜背上的花紋,農民眼巴巴地望著乾得似沙漠的莊田,欲哭無淚,因為眼淚像河水一樣早已乾枯了,尤其可憐的是秦國農民,他們在什伍組織之內,不能擅自離鄉。

自商鞅變法後,就對脫離耕種「本業」的農民給以嚴厲制裁,此後的關中農民就形成死守鄉土的傳統,他們不像中原農民那麼瀟灑,一遇水、旱災或有兵匪,就毫不猶豫地棄家逃荒,或流入關中,或遠走江南,而關中的農民直到近代也沒有「逃荒」的習慣,就在秦王政十二年這場大旱期間,關東各國早有流民出現,而秦國的農民寧可餓死在家鄉,也沒有人敢離開什伍去加入「流民」隊伍,法家的重農政策果然發揮了威力。

幸好,到六月以後,終於下夠了雨。

這種反常的氣候似乎暗示著人世間也在發生轉折性的異常事件。是的,這是一個雖然沒有改朝換代,而實際上已由嫪、呂專政進入秦王嬴政獨裁的時代,一個大商人從投機發家直至控制一個軍事強國的歷史也在這一年正式結束,從此以後,秦王嬴政以秦國至高無上的國君地位,指揮著生

下篇　敗亡

性酷烈的秦民組成的「虎狼之師」橫掃六國，秦軍鐵蹄所到之處，玉石俱焚，六國之師望風披靡，秦王嬴政剷除了呂不韋的餘黨，卻充分利用了呂不韋留下的政治、經濟、軍事實力，特別是繼承了呂不韋招賢納士、不分畛域地任用秦以外智慧之士的策略，使秦國如虎添翼。

　　東方諸侯國像秋風中的落葉，一個個地被秦消滅，秦王政十七年（西元前230年），韓亡；秦王政十八年（西元前229年），秦兵攻入邯鄲，次年趙王遷被俘，趙亡；秦王政二十一年（西元前226年），秦軍攻克燕國國都薊；秦王政二十二年（西元前225年），秦軍水灌魏國國都大梁，魏王假投降，魏亡；秦王政二十四年）（西元前223年，秦派大將王翦滅楚，攻入壽春，楚亡；秦王政二十五年（西元前222年），大將王賁俘燕王喜，燕亡；秦王政二十六年（西元前221年），王賁率兵攻入齊國國都，俘齊王建，齊亡，從此，數百年割據分裂的中國全部統一在秦王朝一個政權之下，這一年秦王嬴政大規模建立統一全國的各項制度，最高統治者的稱號也由王而改為皇帝，嬴政自稱始皇帝，開創了兩千多年的帝制時代。

附：呂不韋生平大事年表

西元紀年（西元前）	秦紀年	主要大事
361	孝西元年	商鞅入秦，孝公決心變法。
338	孝公二十四年	秦孝公去世，商鞅被車裂而死。
337	惠文王元年	楚、韓、趙、蜀入秦朝見。
310	武王元年	惠文王去世，武王繼位。
306	昭王元年	昭王繼位。
292	昭王十五年	呂不韋生（？）。
282	昭王二十五年	異人（子楚）生。
262	昭王四十五年	呂不韋去邯鄲遇異人，秦攻野王。
260	昭王四十七年	秦大勝趙於長平，白起坑降卒四十萬。
259	昭王四十八年	異人二十三歲，秦王政生。
257	昭王五十年	呂不韋攜異人從趙歸秦。
251	昭王五十六年	昭王卒，孝文王繼位，嬴政母子由趙返秦。
250	孝文王元年	孝文王卒，莊襄王即位，呂不韋為相，封文信侯。
249	莊襄王元年	滅東周，伐韓，置三川郡。
248	莊襄王二年	派蒙驁攻魏，攻趙，取三十七城。
247	莊襄王三年	派王齕攻占上黨，置太原郡。燕、趙、韓、楚、魏五國聯合攻秦，直抵函谷關。秦行反間計，五國敗退。李斯入秦。五月莊襄王卒，嬴政繼位。呂不韋為相，號「仲父」。任李斯為長史，又拜客卿。鄭國來秦執行「疲秦」之計。治驪山修陵。

附：呂不韋生平大事年表

西元紀年 （西元前）	秦紀年	主要大事
245	政二年	秦將麃公攻魏國卷，斬首三萬。
244	政三年	蒙驁攻韓，取十三城。大將王齮死。十月蒙驁攻魏之有詭。
243	政四年	趙悼襄王使其相李牧來秦約盟，議定秦質子、趙太子各歸故國。
242	政五年	蒙驁攻魏，得二十餘城，置東郡。
241	政六年	韓、魏、趙、燕、楚五國以楚王為縱長聯合抗秦至蕞，撤兵，楚遷都於壽春，仍稱郢。 拔衛都朝歌，遷衛君於野王。
240	政七年	蒙驁攻趙，還取魏之汲，旋死軍中。異人生母夏太后死。
239	政八年	成蛟攻趙，叛，呂不韋、嫪毐兩黨對立尖銳化。
238	政九年	嬴政行加冠禮，開始親政。嫪毐叛亂，被鎮壓。楊端和攻魏。
237	政十年	呂不韋罷相。茅焦諫秦王迎太后回咸陽。呂不韋出咸陽，就河南封地。鄭國「疲秦」之計暴露，秦王下逐客令。李斯上〈諫逐客書〉。韓非入秦，上「存韓」策。李斯使韓，不獲而歸。尉繚至咸陽，任為國尉。
236	政十一年	秦伐趙。
235	政十二年	呂不韋死。

權商，呂不韋的秦相之路：
立國家之主、任相國專權、著《呂氏春秋》、行宮闈淫事……
結合商人與政治家的謀略，推動秦朝的統一大業！

作　　　者：	林劍鳴
發　行　人：	黃振庭
出　版　者：	崧燁文化事業有限公司
發　行　者：	崧燁文化事業有限公司
E-mail：	sonbookservice@gmail.com
粉　絲　頁：	https://www.facebook.com/sonbookss/
網　　　址：	https://sonbook.net/
地　　　址：	台北市中正區重慶南路一段61號8樓 8F., No.61, Sec. 1, Chongqing S. Rd., Zhongzheng Dist., Taipei City 100, Taiwan
電　　　話：	(02)2370-3310
傳　　　真：	(02)2388-1990
印　　　刷：	京峯數位服務有限公司
律師顧問：	廣華律師事務所 張珮琦律師

―版權聲明―

本書版權為河南文藝出版社所有授權崧燁文化事業有限公司獨家發行繁體字版電子書及紙本書。若有其他相關權利及授權需求請與本公司聯繫。
未經書面許可，不得複製、發行。

定　　價：420元
發行日期：2024年11月第一版
◎本書以POD印製

Design Assets from Freepik.com

國家圖書館出版品預行編目資料

權商，呂不韋的秦相之路：立國家之主、任相國專權、著《呂氏春秋》、行宮闈淫事……結合商人與政治家的謀略，推動秦朝的統一大業！/ 林劍鳴 著．-- 第一版．-- 臺北市：崧燁文化事業有限公司，2024.11
面；　公分
POD版
ISBN 978-626-416-067-4(平裝)
1.CST:(秦)呂不韋 2.CST:呂氏春秋 3.CST:傳記
621.92　　　113016619

電子書購買

爽讀APP　　　臉書